文案达人
威客传奇之网络掘金

创意产生传奇，文字创造财富！

陈晓华◎编著

科学出版社

北京

内 容 简 介

本系列书是针对国内威客中的文字工作者即文案威客、设计从业者即设计威客以及那些希望通过互联网赚钱的普通网民,量身打造的网络赚钱适用图书。

本书是市面上唯一一本针对文字工作者(文案威客)量身打造的威客网赚教程。系统详尽地介绍了一个文案威客的网赚发展道路。无论是想要兼职威客赚钱,还是全职威客创业,本书都是必不可少的参考教材。

图书在版编目(CIP)数据

文案达人——威客传奇之网络掘金/陈晓华编著.—北京:科学出版社,2011
(威客掘金的秘密)
ISBN 978-7-03-032537-2

Ⅰ.文… Ⅱ.陈… Ⅲ.①电子商务–网站–建设–教材 Ⅳ.①F713.36
②TP393.409.2

中国版本图书馆CIP数据核字(2011)第207648号

责任编辑:李小娟 赵丽艳 / 责任制作:董立颖 魏 谨
责任印制:赵德静 / 封面设计:柏拉图创意机构

北京东方科龙图文有限公司 制作

http://www.okbook.com.cn

科学出版社 出版

北京东黄城根北街16号
邮政编码:100717
http://www.sciencep.com

北京天时彩色印刷有限公司 印刷
科学出版社发行 各地新华书店经销

*

2012年1月第 一 版 开本:B5(720×1000)
2012年1月第一次印刷 印张:17
印数:1—5 000 字数:251 000

定价:35.00元

(如有印装质量问题,我社负责调换)

序 言

  对于熟悉互联网的朋友来说,相信对网赚一词并不陌生。这不仅是因为诸如网赚、网络兼职之类词语在作为互联网晴雨表——搜索引擎的搜索排名中,长期居于前列,而且各种形形色色的网赚骗局,让不少人着了道,甚至还有像网络传销这类的网络骗局,让无数人深陷其中,不能自拔,以至于有些人往往"谈网色变",给原本能够给人们增加收益的网赚一词抹上了浓重的阴影。

  那么,究竟网赚是不是真的呢?又有哪些真的网赚方式呢?这其中有没有不用任何资金投入就能赚钱的方式方法呢?对于无数期望通过互联网掘取真金的人来说,这是他们最迫切需要回答的问题,但要说清这个问题,得回到上个世纪。

  众所周知,自1995年互联网在中国诞生以来,互联网就像一个造富工厂,创造出了源源不断的财富。一批批创业者前赴后继,在互联网这片新大陆披荆斩棘,其中的不少人都成就了自己的一方霸业,成为最早的网络掘金者,我们可以称之为第一代网络掘金者。第一代网络掘金人身上往往都带着极客(技术高手)、VC(风险资本)色彩,他们或者是某一领域的绝世高手,比如李彦宏之于搜索引擎、马化腾之于即时通信,或者是谙熟商业精神的不世精英,比如马云、陈天桥等,并且他们的背后,都无一例外地离不开VC的身影。到今天,第一代的网络掘金人,不是"死掉",就是成为互联网江湖的一方霸王,主导着互联网的发展。

  在互联网发展的第二个阶段,包括各类行业网站、地方网站等开始进入。由于这一类网赚模式仍然需要大量资金、人力和物力投入,对于普通个人来说,也是很难做到的,因此,在我们的网络掘金的发展归类中，他们仍然属于第一批网络掘金者。当然，我们也可以称之为创业型网赚。总的来说，这一代的网络掘金者都是人中翘楚，一般人是很难企及的。

不过，藉由第一批网络掘金者开启的商业平台，第二批网络掘金者也就是个人站长、网商等开始登场。个人站长通过百度联盟、谷歌联盟等广告联盟或其他方式，创造流量获取收入，网商则通过第三方电子商务平台提供商品交易服务获得收益。第二批网络掘金者身上同样具有浓厚的极客资本色彩，不过随着各种开源程序的不断推出和网商门槛的降低，这种色彩正在不断减弱。但是对于我们普通人来说，这类网赚仍然具有较高的门槛，比如个人站长需要具备一定的网站建设技术和运营推广能力，而网商对于资金和时间都存在着一定的要求，仍然不具备"全民网赚"的基础。

至此，我们至少已经解答了两个问题。那就是通过互联网赚钱是毫无疑问的，而且赚钱的方式有很多，比如你有技术、有资金，你可以去创业、去做站长、去开淘宝店做网商。那么另外一个很自然的问题是，如果我只是一个文字工作者，或者是一个平面设计师等，那我能否通过互联网赚钱呢？答案是肯定的。来看2010年6月15日中央电视台新闻联播报道的一条新闻：烈日炎炎的夏日，河北廊坊的徐老师正带领着他的学生们在某威客网做威客，他们通过在网上帮助雇主完成设计任务而获得报酬。继2006年10月之后，时隔4年，央视新闻联播再次报道了这种网赚模式。不过与上一次报道威客模式刚刚兴起不同，此时的威客模式已经在中国进入了爆发式增长期，一些知名的威客网站不仅获得了国际风险投资美国国际数据集团(IDG)的千万美元风险投资，而且将分公司开到了美国。

由于威客网赚门槛低，只需要一台电脑、一根网线的投入，就可以在任何时候通过互联网将自己的知识、技能、经验、智慧转化为真金白银的收入。比如，如果你是一个搞网站制作的，你可以利用业余时间在威客网站承接任务，帮助别人建一个网站；如果你是一个文字工作者，你可以在威客网站承接一篇文章的写作任务；如果你是一个设计师，你则可以在威客网站承接设计任务，而报酬则通过威客网站支付给你。而且经过多年的发展，威客网站的任务种类已经十分丰富，可以说，几乎任何行业，任何人都可以通过威客模式进行网络掘金。因此，威客网赚成为了真正意义上的全民网赚模式，受到了那些有网赚和兼职需求的人们的推崇。

据知名互联网调查机构艾瑞咨询2010年11月发布的数据显示，通过威客网赚的人（也就是威客）已经达到了2000万人之巨，年交易额达到3.5亿元。而据国内某知名威客网站最新的数据显示，截至2011年10月，该威客网注册会员已经突破500万人，年交易额超过5亿元人民币。

纵观中国互联网的发展，威客网赚其实是伴随着中国互联网的不断深入发展而出现的。一方面，人们从早期的网络娱乐休闲，逐步转移到学习工作，另一方面，网赚主体也已经从早期的创业者、网商、站长向一般人过渡。那种打上浓重的极客、VC符号的网络掘金者造就的一批网赚平台，为更多的人通过网络掘金打开了大门。再加上来自生活的压力，或者职场的不如意，或者方方面面的原因，威客网赚这种自由的工作方式成为人们赚取外快，更或者创业的首选。

尽管如此，由于威客网赚的传播力度有限，在整个社会层面上，人们对于威客模式的知晓程度尚需进一步强化。同时，由于当前形形色色的网络赚钱、网络兼职中骗子不少，那些号称打字就能赚钱的网络赚钱骗局，让人们对网络赚钱产生了阴影，只要身边的人一谈及网络赚钱，就会潜意识地抵触，认为又是一种骗力骗钱模式，这给威客网赚的传播带来了不利影响，同时也让这些人错失了改变自己的机会。

因此，为了帮助人们认清各种网赚骗局，寻找到真正的网赚方式，我们特别策划推出了网络掘金系列图书。我们根据威客网站上数量最多、交易量最大的任务，归纳出三大行业，即设计、文案、程序，并分别针对这三大行业的人群，编写了一套威客网赚图书教程，希望能给那些有着网络掘金和兼职创业需求的人们提供一些思路。

前　言

　　如果你是一个文字工作者，或者是一个爱好文字、对驾驭文字比较擅长的人，你有没有想过将你的这种对文字的爱好或者特长转化为额外的经济收入？

　　在生存环境日益严峻的今天，相信这是每一个人都会考虑的问题。或许已经有人先走了一步。比如有的是为杂志投稿，有的是在网站写网络小说，但是由于这类方式门槛相对较高，而且市场容量太小。更多的人可能只是写写博客之类的，独乐乐或者跟几个"道友"众乐乐。而另外一批人则窥得网络先机，通过威客网站或者在互联网上承接任务，帮助有需求的个人或企业完成软文、图书之类的文案写作，让自己心中的文字随着键盘四处开花，成为威客网赚一族。由于威客写作多用于网络，因此门槛较低，而且市场份额通过威客平台成倍放大，这使得大量的文字工作者特别是那些爱好文字，对文字有所擅长的人加入进来，成为威客网赚最主流的三大行业之一。

　　据不完全统计，目前猪八戒网上的文案类任务数量累计达到4万个，累计交易额突破4000万元人民币，日均交易额10万元，文案类威客注册人数近万人。其中约有一半的威客写手，原本都只是纯粹的文字爱好者，平时写写博客，泡泡论坛，文字很难转化为收入。随着威客模式的兴起和快速发展，威客网赚给这批人提供了一个将爱好转化为收益的平台。一个典型的案例是，国内某威客网站上的一名威客，她本来是一个物理老师，但是平时又比较喜欢写作，在各大论坛和网站，写下超过200万字的作品，也算是网络中的一位知名写手。不过，她码下的海量文字并没有给她带来实质性的收入。虽然我们说爱好本身就不是因利而为的，但是正如我们都知道的，能够将爱好转化为收入的话，那当然是最理想的状况。所以这位老师在朋友的建议下，开始替别人有偿写作剧本，但线下的外包工作往往缺乏相应的规则和监管机制，因为种种原因，这名威客帮助别人写了几个剧本，仍然没有获得半文收入。最后在好友的介绍下，半信半疑地注册威客，在威客网上接单兼职网赚，短短几个月，收入近万元。

关于这个威客的故事，在本书后面的章节有专门的介绍。这里想要说的是，互联网作为一种新的生产工具，极大地放大了人们的生产力，是值得每个人关注的，而不应该想当然地认为，自己离互联网很远。威客模式作为一种互联网应用，它的深层意义在于，让每个人都可以通过互联网赚钱成为现实。在威客网的威客人才组成结构中，我们可以看见大量的70后、60后甚至50后，这些人本来只在传统领域工作，但是威客模式帮助他们将自己在传统领域的智慧、创意、技能、经验直接转化为财富。对于文字工作者来说，如何在这一轮网赚大潮中抢得先机，如何通过互联网增加收入，是我们每个文字工作者都在思考的问题。本书作为网络掘金系列图书中的文案类网赚教程，相信会对各位读者有所帮助。

目 录

第一章　那些网赚的大神们
　　在校大学生：以青春的名义，拥抱明日朝阳…………………… 2
　　白领威客：为梦再次起航……………………………………… 7
　　物理老师：最初的理想，只是多赚一份脂粉钱………………… 12

第二章　5亿元的威客网赚市场
　　艾瑞报告：2000万人正在做威客赚钱………………………… 20
　　每年5亿元，你能拿多少……………………………………… 27

第三章　准备工作
　　认识威客网…………………………………………………… 34
　　威客网文案类型……………………………………………… 46
　　取　名………………………………………………………… 53

第四章　文案类任务网赚全攻略
　　软　文………………………………………………………… 58
　　策　划………………………………………………………… 84
　　广告语………………………………………………………… 101
　　演讲稿………………………………………………………… 109
　　产品说明……………………………………………………… 112
　　剧本脚本……………………………………………………… 114
　　写　书………………………………………………………… 119

	报　告	120
	应用文	124
	取名任务	127

第五章　开始做悬赏任务

认识悬赏任务 …… 136
悬赏任务的特点 …… 140
悬赏任务是网赚的必经阶段 …… 146
悬赏任务过程中可能遇到的问题和解决方式 …… 148
文案类悬赏任务图文教程 …… 161
文案类悬赏任务经验心得 …… 171

第六章　招标将有效提高赚钱效率

认识招标任务 …… 176
招标任务的特点 …… 177
可能遇到的问题及解决方式 …… 178
文案类招标任务图文攻略 …… 180
文案类招标任务经验心得 …… 186

第七章　如何让雇主找上门来

网赚的最高境界是让客户找上门来 …… 190
加入人才库 …… 192
诚信保障计划 …… 203

第八章　向互联网进军

打造个人品牌 …… 210
一步一步打造品牌门户 …… 216
用威客网推广员系统增收 …… 219

第九章　威客网赚体验日志

品味真情，书写洒脱，无心插柳成就的威客梦 …… 236

放飞梦想，任成功飞扬……………………………………… 240
越努力，运气就越好……………………………………… 243
做一个任务，交一个朋友………………………………… 248
激扬文字，酿造生命的芬芳 ……………………………… 252

第一章
那些网赚的大神们

在我们即将踏上文字的网络掘金之路前,先来看看那些已经成名于威客网赚江湖的文案大神们的故事,这些故事都是这些网赚大神在网赚过程中的真实点滴。通过他们的故事可以告诉我们,无论我们是在校学生,还是在职工作者,无论我们是新手,还是行业精英,只要肯努力,只要肯用心,我们都可以通过互联网、通过威客网赚实现自己的价值,成就自己的梦想。没有背景不可怕,没有资源也不可怕,可怕的是我们丧失了对于未来的希望和梦想,我们可以而且应该通过自己的双手,为自己、为家庭创造更好的生活,这也是威客精神的本质。

在校大学生:以青春的名义,拥抱明日朝阳

威客昵称:vivian901214

威客收入:60000元

威龄:1年半

能力标签:文案

也许,每个人的青春都是一张珍藏在记忆深处的照片

当你回首俯望

那些弥散在时光间隙中的青春岁月

那些交织着喜悦与苦痛的成长历程

都将伴随着渐渐流逝的光阴

定格成镜头下最动人的所在

就像18岁那年

与威客网不经意的邂逅

仿佛一夜之间褪去了稚拙的外壳

青春，就在一次次的付出与收获中

蜕变成华丽的蝶

在梦想的天空

展翅，飞翔……

关于威客，那场邂逅比烟花更绚烂

　　2008年的夏天，带着简单的行囊，我离开了新疆，踏上了求学的旅程。彼时的我只有17岁，在天津的大学校园里，当最初的新鲜感渐渐散去，越来越多的疑问涌上心头：千里迢迢来上大学，究竟是为了什么，我未来的人生规划又究竟是什么？并不喜欢的专业，形式呆板的教育，懒散颓废的同学……所有的这一切都让我深深迷茫。于是，我开始了兼职、模特、礼仪等，174cm的身高使我能够容易地找到这类高薪的工作，但很快，那种浮躁、虚荣，甚至不小心就会碰到"潜规则"的行业让我倍感疲惫。到2009年大一结束的那个夏天，带着种种烦恼，我踏上了南下的旅程，期望着那盛开如锦的凤凰花能够涤荡内心，让我找到未来的方向。

　　未曾想到，在这次短暂的旅程中，除了那朵朵绽放的美景，我还收获了一个影响我当下，乃至一生的美丽邂逅——我注册了某威客网的会员，并投出了人生的第一标，为一个服饰品牌撰写品牌故事。

　　现在想来，当时是在一个论坛偶然看到威客网赚的，当时觉得那种模式很新颖，一时心血来潮就注册了。理所当然的，在这种无所谓的状态下，我的第一次投标以失败告终。但此次投标却让我触动不小，因为那个雇主把我的稿件作为了备选，并且加了我的Q，和我聊了很久。虽然最后还是因为经验不足而落选，但雇主诚恳的态度，让我开始相信网赚是真的，威客网是真的。更何况，对于一个从小喜爱文学，却一再向现实妥协的我来说，威客网那繁多的文案任务无疑成为了照亮我生命的一道曙光。想起当年自己因为所谓的"发展前景"选择理科，想起自己为了更好的成绩放弃心爱的小说……我知道，这一次，我不能让自己的青春再留遗憾。

威客网，请你让我证明我自己。

第一次中标，叮咚的声响是青春最好的注脚

第一次投标失败后，我又陆续做了几个任务，渐渐熟悉了威客网的模式，对各个任务类型也有了一定的了解。而在这种不断努力与学习的过程中，我也迎来了自己的第一次中标。

那是一个美图秀秀的征稿任务，10000元的赏金平分给100位中标者。当时我一口气写了三篇，从不同的角度介绍美图秀秀的用法、优点等。交稿完后我第一时间去Q了雇主，请她对我的稿件评判。短暂的等待，感觉像是过了一个世纪。终于，雇主的头像晃动了起来，她告诉我说，稿件不错，不过不能直接用，还有很多地方要修改。

修改就修改，我立马投入了工作。由于那类稿件里面要插图，所以我一遍一遍地打开美图秀秀，每操作一步就赶紧截图保存，再放入PS里面调整……就这样从中午一直修改到晚上，从桌前起来时，才发现双腿已经全部麻木了。

功夫不负有心人，第二天早上，当我打开威客网站，听到那陌生又熟悉的叮咚声时，所有的辛苦都仿佛化为了泡影，我中标了，第一次。虽然中标的金额加起来只有几百元，虽然这些钱也许比不上我原来做模特的几个小时，但它毕竟是我真正意义上想做的，是我梦想的延续与实力的见证。那天，阳光灿烂，天空湛蓝如洗，倒映着青春最美最美的剪影。

不断进取，学习的道路永无止境

自那以后，我开始越来越多地中标，也开始接触更多的文案类型。从软文、品牌文案到产品说明、策划……有很多是我闻所未闻的写作类型。每到此时，我就会耐心地去翻阅前辈们中标的文案作品，从中汲取灵感，学习经验。渐渐地，我发现文案都是相同的，其基本的三要素是文字、逻辑与情感诉求。最初自己的文案不够打动人心，很重要的一点就是没有用文字传达情感诉求。当时有一个"安秀时尚"的品牌介绍任务，600元。我在细心研究了

任务要求后投了初稿：

> 作为国内休闲女装新晋品牌，安秀时尚摒弃当下奢华主义的浮躁气息，以其独到的设计理念，将现代女性从容淡定，知性优雅的气质融入服饰当中，结合极致鲜明的时尚元素，为职业与休闲装带来与众不同的清新风格。
>
> 安秀深信，女性成熟之美源自淡定的心境。唯有保持内心的清和，才能在纷繁的社会中拥有一份属于自己的自信与独立。Just love the style——It's my style!秉承"我的风格我做主"的理念，安秀时尚在追求内敛上身效果的同时，极力赋予每件服饰以深刻内涵——淡定，优雅，明净，豁达与知性。加上细腻柔和的色彩搭配，新颖多变的款式设计，将唯美风格与时尚气息完美结合，彰显专属于年轻女性的独特魅力。
>
> 自2005年注册成立ANNSHOW.com时尚主题网，经过几年的发展，安秀时尚已逐步形成以日韩、欧美及原创风格为主题的多元化产品体系。目前，其产品涵盖牛仔、T恤卫衣、毛衣、外套、休闲裤、连衣裙、鞋子、箱包及围巾项链配饰等多个范围。清新自然的纯休闲风格，成熟妩媚的休闲女人风格，精致简约的OL职场风格，为年轻女性的多彩生活尽添格调。同时，安秀也以其人性化的贴心服务，完美诠释品牌内涵，让每一位女性在拥有淡定之美的同时，尽享愉悦心情。

这篇稿件，雇主给出的意见是"介绍得还不错，但文章不够灵动，没能用文字表达出一种心境。我们想让每位读者都能从文章中感受到安秀内在的灵魂，而不是简单的文字堆砌与介绍"。

说实话，当时看了这样的评价，有点灰心。毕竟这篇初稿也是花费了很多时间来写的，但既然雇主不满意，自己就要继续努力。我开始大量翻阅别的成功品牌的介绍，推敲里面每一个打动人的细节。改完稿子后先给宿舍的姑娘念一遍，如果不够打动人，就推翻重来……3天之后，当我把修改稿交给雇主时，我知道我成功了。

> 作为专为18～35岁女性量身打造的特许经营连锁品牌，安秀时尚始终以最真诚的经营理念，结合低调柔和，简约随性的产品风格，努力为您营造专属于自己的时尚主张。如果说，安秀的美，是在遇见您的那一刻，以知音知遇的心情，倾心演绎的深姿浅色，那么，您的时尚，或许就是在与安秀心灵交汇的瞬间，散发自灵魂深处，那一抹清幽淡然的动人芬芳。
>
> 一直以来，面对愈来愈纷繁的尘世，安秀时尚都以一份执着的清和，与

您一起透析女性内在的魅力——淡定如诗的心境，娴静如画的性情；纯净如莲的修为，优雅如荷的气质。Just love the style, It's my style! 不惊，不傲，轻扬似风，淡淡似水，这便是安秀一直崇奉的淡定之美。也正是怀着这样的信念，安秀在追求舒适质感的同时，极力通过多变的服饰风格，将您由内而外的独特气质尽情展现。清新自然的纯休闲服，优雅得体的休闲女人风，精致简约OL职场装，以洗净铅华的温婉澄澈，凝结成镜，映照着外表的时尚，也折射出心底的自信与悠扬。

自2005年注册成立ANNSHOW.com 时尚主题网，经过不懈的努力，安秀时尚已逐步形成以日韩、欧美及原创风格为主的产品体系。从凸显个性的牛仔、T恤卫衣，极致洒脱的外套、休闲裤，精致婉约的毛衣、连衣裙，到款款精美的箱包、围巾，安秀都在追求内敛上身效果的同时，和您一起感悟形象显现的轻灵境界。而亲切恬淡的经营方式，温情贴心的服务态度，以毫不矫揉造作的平和之姿，让您在享受多彩生活的同时，拥有一份舒适愉悦的心情。

淡定，时尚，独立，自信，从容。年轻的日子，安秀时尚愿意和您一起，为了最纯美的梦想，展翅飞翔。

不出所料，第2天我收到了网站发给的中标通知。那一次有很多猪友前来恭喜我中标，而我明白，在学习的道路上，我还差得很远，必须不断前进，才能使自己更快的成长。

"大标女王"，今天的成绩是昨日汗水浇灌的硕果

后来，随着学业越来越紧张，我参加任务的时间少了很多，仅有的时间里，我会选择一些"性价比"较高的任务，也就是所谓的"大标"。凭借着敢闯敢做的精神，我的中标数也直线上升。到目前为止，我总共参加任务170个，中标近50次，线上收入两万余元。也就是说，我在保持25%中标率的前提下，平均每中一单就有400元的纯收入，很多人开始叫我"大标女王"，但只有我自己明白，大标意味着更大的任务量，更高的任务要求，对个人的能力要求也更高。当同宿舍女生都在看韩剧，我在写稿，当她们在打扮化妆，我在改稿，而当她们相约出去玩时，我可能还在为某一位雇主的小小要求苦恼不已……尽管如此，我还是想说，我热爱这样的青春，它也许没有华丽的外衣，没有动人心魄的故事，但它是一颗种子，一颗充满希望的种子。而我

要用自己的努力,让它发芽,茁壮,直至挂满芬芳的果实。

从2009年到2011年,一年半的时间,让我在威客网上也变成了一位"资深人士"。虽然刚刚过完20岁的生日,却有很多新人来向我这个"前辈"请教中标的秘诀。而我想说,成功没有所谓的秘诀。想要有所收获,第一要虚心求教;第二要不断学习;第三则是要持之以恒。有了这三点,再加上勤奋与细心,每个人都能在威客网这片美丽的天空中自由翱翔。

因为威客,那一年的青春不再苍白。

因为威客网,内心深处的梦想得以起航。

衷心地祝愿每一位已经踏入或即将踏入威客行业的朋友,用自己的青春、智慧与汗水,拥抱明日最最灿烂的朝阳!

白领威客:为梦再次起航

威客昵称:lzm780803

威客收入:52000元

威客年龄:1年3个月

能力标签:文案

20岁时，感觉30岁像死一样遥远，
以为自己凭着新闻专业终将走在记者的职业道路上。
30岁时，感觉20岁年少轻狂的岁月却恍如昨日，
每天面对各种英文报表，还有没完没了的销售方案和毛利分析。
兼职做了1年3个月的威客，
一个当时看起来不可能完成的挑战。
就像5年前，我居然从小秘书晋升为部门经理。
不可思议的背后，是苦乐自知的人生代价。
从文案到翻译，客户好评率100%，一切值得。

昆明樱花妖娆盛开，
在这个浮云朵朵，天气有些微凉的午后，
写下属于我的威客故事。
长期合作英文软文的Jason告诉我，
"你让我如此相信，就像办公桌就在隔壁。
进度从未拖沓，结果从未失望，希望你永远都不会搬走。"
我不知道对方年龄，没听过对方声音，甚至不能确定对方性别，
所有工作都在短信和QQ中沟通完成。
如果没有网络，如果没有威客网，这些都是浮云。
人生的另一片天空，威客。

文字开启的另一个虚拟但不虚幻的世界

22岁非著名大学新闻本科毕业。因为人生计划不如变化，终于在2年后离开报社，进入现在这家世界知名的外企，一待8年。

经验让我在这个职位开始变得游刃有余，不像当初那么手足无措。曾经满脑子新闻梦想的少年，却全身心投入在利润、销售、损耗的数字世界。

2008年年中，生活里出现重大转折。猝不及防的伤痛让我重新拿起手中的笔，在新浪博客注册"下辈子的梨落"，写下有时一览无余有时掩盖生活所有真相的文字。白天继续与供应商斗智斗勇，夜晚就着红酒和文字释放所有伤感。我的个人博客像迷离绝望的花朵，却灼灼然开放，甚至还有博

文得到新浪博客郑重推荐。

"微笑的鱼",基本是"一上线必登录、一更新必评论"的铁杆博友,终于在QQ上成功接头。那是唯一一次长达3小时的交心,最后的话是:"我理解你过去那些伤痛,但如果你的文字是疗伤,那就是茅台酒兑水,同时糟蹋两样好东西。"于是,我第一次看到了某威客网网址。"微笑的鱼"只是神秘地说,登录就知道了。

那是2009年。在威客网注册完,就写了几个小软文,然后投身到我忙得头不点地的年终销售工作里去。第一次中标不惊喜,第一次收到"提现成功"的站内信也不惊喜,一直到支付宝上真的收到威客网打来的50元汇款,才觉得原来网络赚钱不是忽悠。

报名参加任务,在规定时间前提交稿件,战胜其他威客获得中标。从此,文字开启另一个虚拟但不虚幻的世界。到现在,线上交稿1239次,成功完成交易255次,任务类型涵盖文案类和翻译类。

如果你问我威客是什么,那我的答案是:知道自己擅长什么,然后参加相应的任务类型,才能最终获得真金白银。有竞争有淘汰,但坚持的威客才能获得更多。有成功有失败,但高手云集的威客江湖才更有趣。

客户的信任,不仅延伸了威客领域,更让我职场加分

因为第一个中标任务就是写软文,于是我在起初4个月以软文分类为主。2010年3月份,一位客户主动在QQ加我,希望完成他们公司商业计划书的整理任务,那是我无论实际工作还是威客兼职里都从没碰过的领域。客户看出了我字里行间的犹豫,但依然鼓励说:"看过你之前的中标任务,相信这只是小菜一碟。"第一次获得指定任务,被信任的快乐超过赏金本身。

而我和这位北京的客户也成为偶尔扯点闲篇的合作伙伴,甚至在生病或心情不好时相互问候。之后,我们成功合作了跨领域的5份商业书,3份品牌整体包装文案,威客生涯领域慢慢延伸。

因为其中合作过国内当时才刚刚起步的团购网站商业计划书,让我对这个新兴行业有了更早、更全局的了解,包括在国内市场的发展现状。于是

在2010年夏季新品策划方案中,我提出了和团购网站以3.2折进行网络推广,并附上详细的财务预算和预估销售达成。平时总爱拉长脸装阴沉的老板难得露出赞赏的微笑,虽然最终因为当时团购网发展还没那么火爆,总部否决了提案。但我在促销创意上的推陈出新,却在老板那里得到加分。

追美剧追出的幸福晴天

可以什么事儿都不做的时候,我就像个土豆沙发,看一集又一集的《康熙来了》,然后在康永的幽默和小S的搞怪中笑得哈哈的。BF实在忍受不了我的肤浅,就硬拉我看各种美国大片和经典电视剧,于是我爱屋及乌,最终成了美剧迷。《绯闻少女》、《寻人密探组》、《绝望主妇》、《傲骨贤妻》、《识骨寻踪》、《犯罪心理》,一直到《生活大爆炸》,从而学习了不少美语非常口语化的表达和不太一样的思维方式。甚至,还和同事一起讨论了很久的《六人行》字幕。

原来我无视英文任务。毕竟,平时看英文报表就一个头比两个大,实在不想兼职也搅合进ABCDE。看到Milanoo发布的英语软文任务纯属巧合,参加也只是一时鬼使神差,但结果却是我写的稿件全部中标,还和Milanoo建立了长期的合作关系。光这一项,每月收入就多了近2千元。Milanoo告诉了我不少美国英语论坛的常识,还提供相应关键词让我有效组织400个单词以上软文。我第一次知道关键词营销到底是啥东东,也才知道原来可以把我追美剧爱好和英语软文有很好的融合。《绯闻女孩》里恰克因为父亲突然车祸病逝,逃到曼谷花天酒地的情节,让我有了《在日本街头巧遇萝莉塔时尚女孩》的软文灵感。《绝望主妇》里,嘉比为了让失明老公复明后再次看到自己完美身材所经历的变态减肥,启发我切入漂亮晚礼服的故事创意。

After a wonder holiday in Thailand, I Got Sweet Lolita Girl in Japan!

Summary: Firstly show my vacation in Thailand. Then I will show you those sweet Lolita Girls in Tokyo. Wonderful experience! If you have chance, do not miss it.
Key Words: Thailand, Lolita, Tokyo.

More Than a Trip to **Thailand**, It was the Beginning of a Journey to Inner Peace I stayed at KMC for a month in 2009 and will be returning for another month in May of 2010.　While this is not a plush spa it is a clean and comfortable retreat center with wonderful yoga and mediation

新闻，岁月里幽远的一声叹息

大一到大四，我在两家报社做实习记者，报道领域覆盖时事、财经、校园和健康。24岁时被迫放弃心爱的职业，是人生真正意义的成熟。在威客世界里重新写出一篇篇新闻稿，让我相信冥冥之中的岁月轮回。

2700元征婚网站新闻稿任务，我拿下5个一等奖中的4个；800元一号房东网新闻稿征集，我拿下了唯一的一等奖；北京一家房地产公司和我形成了长期合作，每星期一篇新闻稿；北京一家木业公司找我定期写行业新闻稿；广东英文教育机构与我形成软文、新闻稿两大合作……

和参加其他类型任务不同，每次写新闻稿总感觉到岁月里幽远的一声叹息。但我真的很开心，能再次拥有这样从事专业的机会，哪怕只是兼职里小小一部分。

放弃，是威客不能走的路；成长，是威客不能拒绝的路

如果之前的叙述，让你感觉到除了给力还是给力，那现在痛疼的部分要来了。就像去年世界杯的荷兰，我欢天喜地一路看着橙色军团杀进决赛，最终还是含着眼泪看着无缘冠军的结局。

2010年6月份在威客网社区里，我写下了帖子《六月，我威客路上的滑铁卢》：从6月5日到6月23日，没有任何中标的消息。参加的软文任务，团灭；参加的翻译类任务，团灭；参加的产品介绍类任务，团灭。虽然线下长期合作的任务继续，但难掩我郁闷至极的心情。

人无远虑，必有近忧，工作也出了问题。老板不知道怎么回事，愣是把好不容培养熟练的两个助理硬生生派到其他部门，换成两个刚刚提拔起来的新人。这样的人事变动让我工作压力陡增。其中一个助理冒失地越级汇报，被老板当做管理不力的理由，在宽大透明的总监办公室，我被狂飙了一顿。而那个晚上，难得有威客网新站内短信，居然是"对不起，您有一个稿件被买家列为淘汰"，还有个软文任务获得的评价是"似曾相识，疑是作弊"，Milanoo在QQ那头发出了临时要求提前交稿的信息。

压力全部涌了上来,我在浴室哭成个年久失修的水龙头。敏感的BF停下打得正乐的CS走了过来,递上纸巾。然后像对我们家哈士奇一样,温柔摸着我的头。"傻瓜,如果受不了,就停下兼职的部分。反正,大不了节约一点过日子。"坚持还是放弃,我感到从未有过的犹豫。

想起大一刚刚做实习记者时,被同办公室的老鸟们使唤着做各种杂活,包括到半城外折腾1个小时只为送张支票;想起刚进这家外企时,用不停重复"I BEG YOUR PARDON(请再说一遍)"加指手画脚搞定了总部工程部的英国同事;想起刚接手部门时,我这个空降兵被称作白痴菜鸟。

放弃,是威客不能走的路;成长,是威客不能拒绝的路。谢谢曾经的打击和失败!

物理老师:最初的理想,只是多赚一份脂粉钱

威客昵称:sisi1978

威客收入:35000元

威龄:8个月

能力标签:文案

让爱好创造财富

2008年,一个很平常的日子,有一位在网上一直追随着我的文字的网友

苗子问了我一个问题："到目前,你赚了多少稿费?"

这个问题一下子让我愣住了。从2000年开始上网,到彼时,我在网络上写下了200万字的网文,获得过腾讯网奥运征文的特等奖、搜狐社区的十大高手以及无数个网络征文的一等奖,但是,除了许多网站的实物礼品,我没有赚到过一分钱的稿费。

当我把实情告诉他的时候,他有些震惊,说了一句话:"其实,喜欢文字虽然不应该是功利的事情,但是,用自己的才华赚钱也是一种能力。"

这位朋友,从2001年认识,追随我从腾讯到搜狐,转战过诸多的论坛,后来,当他开始涉足影视剧的时候,也用过我的文字拍过短片。可以说,我写字的动力更多地来自于这样的网友。如果,因为什么原因有两天我不写点什么,他们就会追着问。

在网络里,我知道了,有一种友情叫追随。

坎坷的编剧之路

虽然,网友认为我没有把文字转化为财富有些可惜,但是我当时还是无动于衷。2009年,我的人生遇到了另一个机会。

苗子在青岛参与了一部电影《我们有一套》的拍摄,在剧组他遇到了编剧赵书林,聊天的过程中,他们发现都是我的网友。苗子和赵老师的会面,完成了一件至今他们觉得很正确的事情,就是说服我写剧本。

编剧,在中国,不是赚钱的行业。当然,我们不能以海岩为例,中国绝大多数的编剧处于无钱也无决定权的地位。

但是,赵书林老师认定了我是写剧本的材料,所以,动用了三寸不烂之舌说动我跟他写剧本。

我幼时,家里经济条件很好,所以形成了对钱财一向不在意的性格,即便后来家道中落,工作后工资收入少得可怜,我也从来没觉得金钱对我有什么诱惑。

但是,女人总有一些软肋的,比如漂亮的衣服,比如化妆品。

最后赵老师说了一句最实在的话:"sisi,你就当给自己赚点买化妆品的钱还不成吗?"

我被说动，决定试试。在此之前，我对剧本的了解仅限于中学语文课本上的《雷雨》。我是有些悟性的吧，所以，才能在对剧本几乎一无所知的情况下独立完成三个电影剧本《侠骨少年》、《千万豪宅》和《滨城情缘》。

在写剧本的过程中我一边找来专业书籍学习，同时在网上结识了许多编剧朋友。他们以过来人的经验告诉我怎么写剧本，同时也告诉我编剧这个职业是个需耐得住寂寞的职业。有的人辛辛苦苦写了三四年的时间，可能一部影视剧也不能最终开拍。

做编剧，靠的是才情，更要靠运气。

我一直以为自己运气是不错的，第一个剧本只用了1个月的时间完成，导演和制片都很满意，眼看就要开拍，最终却因为投资链条断裂而一拖再拖。期间经历了一次次修改剧本梗概，一次次谈判剧本稿酬，却没想到，所有的工作终因投资而变成了无用功。

心灰意冷之下加之工作的忙碌，2009年下半年和2010年上半年整整1年的时间，我没有再写下一个字的剧本。各种各样的剧本创意充满了我的大脑，但是，我却没有敲打键盘的动力了。

威客生活，打开了另一扇窗

2005年，我办公室的同事曾经在网上通过点击广告赚钱，但是，那时候他们的收入非常微博，让我觉得比浪费时间好不到哪里去。2010年6月，我从搜狐一位知名博友那里了解到这种职业叫做"威客"。

因为之前同事的参与，我最初对做威客能赚钱不怀疑，但是，究竟能赚多少钱是有怀疑的。那一段时间实在有些无聊，我打算试试。

我的威客生涯开始于一个叫做携手网的网站，我在那家网站参与了许多在论坛回帖的任务，半个月的时间，赚了大约50元钱。那时候我知道我的性格并不适合这种琐碎的推广任务。但是，在这个网站我也知道了，网上还有许多人需要比较专业的文案。我开始寻找能在网络上兼职做文案的网站。

在百度输入"威客网"三个字，我注册了排名比较靠前的几家网站，猪八戒网、任务中国、威客中国等，后来，因为猪八戒网的文案类任务最多，于是我留在了这家网站。我记得我的注册时间是2010年6月26日，一个很吉利的日子。

在等待网站身份验证的日子里，我开始研究文案写作类的任务，很高兴地发现，有许多任务是自己有把握写好的题材，这一下激起了我的兴趣。

总有一些惊喜，在不知不觉之间

❖ 第一次中标来得那样简单

第一次中标文案类任务来得很快，应该是身份通过之后两三天，有一家婚庆网站征集新闻稿件。因为我在搜狐网写过3年的新闻评论，所以新闻稿件对我来讲是小事一桩。几天后，站内信告诉我，中标一等奖，稿费大约是200元的样子。一个任务的收入就是之前在论坛回帖半个月收入的好几倍，这一下子坚定了我留下来做威客的信念。

2010年夏天我正好有接近3个月假期，于是，在我的同事们都游山玩水的时候，我窝在家里，敲打着键盘。

❖ 我拿到了第一份编剧费，这只是一个开始

做威客之前我并不知道，有一天在威客网站上能继续我的编剧之梦。

在威客网中标的第一个与编剧有关的任务是深圳东部华侨城的一个网络视频创意，我采用了当时非常流行的新版《红楼梦》为切入点，创作了一个搞笑视频。这个任务后来经历了3次改稿，最终通过。大概三四分钟的视频，拿到了240元稿费。

之后，在北京清视界婚纱机构的系列任务里，我不但第一次通过威客网的"招标"方式拿到了2000元的稿费，同时在与清视界负责人大卫交流的过程中让他认识到了我的编剧才华，拿下了清视界的一个宣传视频的脚本创意。10分钟的视频，1000字的脚本，稿费1000元。达到了目前编剧界初入行编剧的稿费水平。

这只是一个开始，2011年以来，威客网有了越来越多的视频创意征集任务，我相信，我最终能让自己的编剧才能通过这个舞台发挥出来。

❖ 做威客，客户请我坐飞机

2010年10月我参加了广东嘉美灯饰的系列任务，并且与嘉美灯饰的王总相谈甚欢。这位从河南走出的瘦小女子在广东打下了自己的一片天地，让我甚为佩服。

参加任务的过程中，我对网络推广的深入认识让王总颇为欣赏。她邀请我去广东她的公司实地考察。

自从工作以来，除了短期旅游与公差，我没有一个人去过外地，何况是千里之外的广东，我很犹豫。但是，和王总的交流一直都没有中断。在此期间，我完成了嘉美灯饰的诸多文案任务，同时写出了自己的第一个公司网络宣传年度策划案。

2010年11月，王总再次相邀，想走出去看看的念头终于战胜了我的犹豫。2011年11月26日晚上8点，我从济南遥墙机场登机，2小时后飞机在深圳宝安机场落地。跨越半个中国，我从山东第一次来到了广东。

记得当时在机场候机的时候，我和在威客网认识的深圳网友通过QQ聊天告诉他我就在他的城市，让他惊奇不已。其实连我自己都觉得有点像做梦，我竟然因为做威客，第一次坐上了飞机。

因为工作的缘故，我在广东只待了短短的2天，但是，这2天的经历让我的人生有了更多的经验与感悟。南北方的差异，行业之间的差异给了我很大的震撼。并且这次2天之行为我在接下来的一个大标中积攒了丰富的经验。

我的身份是一名高中物理老师

在做威客的过程中，许多人问过我的职业。得知我是一名教师，少有人奇怪，威客网上教师并不少，但是，我的专业还是让他们吃了一惊——物理老师。

我是典型的理工科出身的人，思维严密，但是从小对于文字的喜爱又让我感情细腻。这两方面的特点让我面对策划案的时候能够细致周到地照顾到所有的细节，而在面对文案写作的时候又能行文流水，直入人心。

教师，尤其是高中教师，是一份很辛苦的职业。但是多年写字的习惯让我即便在每天4节课的高负荷运转下也能高效地完成各种威客任务。

做威客虽然只有半年的时间,但是,在威客网文案类威客中我的成文水平以及与雇主的高效交流方式让我迅速地成长为文案类的高手。

如今做威客的收入已经直逼我的工资收入,而威客网站乘着网络的飞快发展进入了快车道运行,我的威客收入早已超出了我最初只是想赚脂粉钱的希望了。

2011年,我准备组建自己的团队,发展的第一个成员就是做庆典策划的老公。到明年,再写总结的时候,我希望我有更多的故事和大家分享。

第二章
5亿元的威客网赚市场

在第一章中，几个威客网赚大神亲口讲述了他们的网赚故事。但是相信不少读者仍然会问，到底威客网赚是不是真的，威客网赚的市场规模有多大，为什么会出现威客这种网赚模式，自己是不是适合做威客网赚，能不能赚到钱？下面，我们将对这样的问题一一作出解答。

艾瑞报告：2000万人正在做威客赚钱

据知名互联网调查咨询机构艾瑞咨询集团2010年11月发布的首份《中国威客白皮书》数据显示，截至2010年11月，中国威客总人数达到2000万人之巨，威客网赚市场规模达到3.5亿元。尽管这个数据已经相当令人惊叹，但是对于这样一个正在超速发展的行业来说，仍然不足以表述威客模式当前发展的现状，因为仅仅从某知名威客网站显示的数据看，在2010年11月到2011年5月的6个月时间里，其注册会员人数就已经超过100万人，市场交易额亦超过1.8亿元，预计到2011年年底，交易金额将达到5亿元，增长速度高达100%。

作为一种虽然出现较早，但在近几年才得到迅速发展的商业模式，威客模式正在快速地改变着人们的工作方式。关于威客模式的影响力，在2010年召开的首届全球威客大会上，与会的各界专家曾表示，威客已经与网商共同组成了中国电子商务完整的产业链。以阿里巴巴为代表的实体电子商务在改变传统商业特别是物流销售环节的同时，威客模式正在潜移默化地改变着企业的人力资源体系，掀起了一场全球工作革命。

当然，关于威客模式在当下和未来对于商业社会的影响，将不在本书的讨论范畴之内，本书将以个人网赚为中心，介绍威客模式的相关内容，以帮助读者更好地认识威客模式，了解威客模式，并通过威客模式赚取真金白银的收入。

那什么是威客网赚呢？

要说什么是威客网赚，就必须介绍威客和威客模式。

所谓威客，威客的英文是Witkey，是The key of wisdom的缩写，是指通过互联网把自己的智慧、产品、能力、经验转换成实际收益的人，他们在互联网上通过解决科学、技术、工作、生活、学习中的问题从而让产品、智慧、经验、技能体现经济价值。威客的类型有很多种，包括悬赏招标威客、积分型威客、知识和能力出售式威客、地图型威客等。而威客模式就是这种通过互联网将自己的智慧、产品、能力、经验转换成实际收益的赚钱方式，也就是我们要说的威客网赚。

众所周知，随着互联网的飞速发展，各种各样千奇百怪的网络赚钱方式层出不穷。其中要么为诸如网络传销之类的骗局，要么是像淘宝卖家一样的需要大量资金、时间投入的网赚。对于绝大多数的人来说，一种不需要任何投入，只要在业余时间用自己的工作技能就能够赚取外快的网赚方式才是更好的选择，而威客网赚正是为这类读者而诞生的新的网赚方式。

威客网赚的真实性

关于威客网赚的真实性，我们来看看媒体对于威客网赚的相关报道。

CCTV1《新闻联播》：徐老师的威客生活

（视频地址：http://v.youku.com/v_show/id_XMTgxODI3NDAw.html）

播音员：今年来，互联网上涌现出一种新的网络新人群——威客，威客们在互联网上出售创意，威客经济正在发展成为一种网络经济的新模式。

播音员：徐志海老师在河北一所高校教设计学，过去有空就会出去找一些兼职工作，不过现在不往外跑也让他忙得不可开交，正常教学之外大多时间就要放在网上去做一名威客。徐老师说的威客，也就是个人或者企业在威客网站发布任务，并支付一定悬赏金，然后向网民征集最佳方案。去年5月，徐老师在一家威客网站上，看到某公司花100元征集企业形象设计标志，抱着试一试的态度，徐老师发去了设计草图。

徐志海：客户是在11点半的时候给我打的电话，当时已经很晚了，接到这个电话的时候，感觉挺兴奋的。

播音员：足不出户就能把创意变成产品进行销售，徐老师的创造热情一下子被点燃了。而此时，国家正大力发展创意产业。

猪八戒网CEO朱明跃： 创意产业本质上都是一种无形的商品，这种无形商品，是最难商品化产业化的。威客网提供了一个让创意产生价值，让创意变现的这样一个平台。

播音员： 网上发布任务的企业越来越多。自己的创作空间也越来越大，短短1年间徐老师就参与了近2000家企业的创意设计。

徐志海： （企业）可以选择很多优秀的作品，去做一个评价和选择。在市面上比如说花几万或十几万的钱，在（威客网）上面只花几千块钱，或者几百块钱就可以达到。

播音员： 尝到了卖创意做威客的甜头，今年年初，徐老师组织起学生们做威客，并成立了专门的威客设计小组，结合教学，有针对地参与一些企业设计。

徐志海： 很多同学毕业后，就成立了自己的设计公司，大部分从网上去接这些任务。

播音员： 徐老师说，现在威客大军正在速猛增加，国内的威客网站超过百家，最大的一家注册威客数达300万人（目前已近500万人）。

人民日报海外版：白领网上兼职收入比工资多9倍

"我兼职做的是网站，主要经营日用品，同时和朋友合开了一家公司。收入虽然不能说很多，但是比我的工资要多出9倍。"上海的曹先生说，平时的业余时间比较多，"做兼职我得到一些额外的收入，通过开公司也结交了不少的朋友"。

目前，像曹先生这样除了本职工作外做兼职的白领日渐增多。在金融危机的影响下，各类兼职网站更是十分火爆。

主业副业：双管齐下增收入

挣外快并不是新鲜的事情，早在2007年，中华英才网的调查就显示有

98.8%的受访企业白领表示会主动寻求全职工作以外的副业,回答肯定不会的仅占1.2%。同时有67.7%的受访者坦言"搞副业"是为了"增加收入"。

北京的苏先生已经做兼职2年了,兼职做的也是和他本职相关的手机研发工作。"作为一个男人来说,要考虑很多的东西,比如房子、家庭、子女、未来,等等。做副业我觉得最大的收获还是钱。"他谈道。

目前,金融危机下,公司裁员减薪,白领们绞尽脑汁开源节流,但月支出仍是"捉襟见肘",为解决燃眉之急,很多职场白领更是选择做副业赚外快来保障收支平衡。

在中华英才、智联招聘、工作吧等网站发现,近些月来寻找兼职的帖子增加了不少。据了解,近期寻找兼职的白领数量猛增两成。

参加工作3年的李女士目前就在网上开了店。她在上海从事外贸工作。"因为我们做外贸,往外国超市销售产品,所以受金融危机影响还是比较大的。"她说,"我在淘宝开了一个销售日用品的店,一个月能挣两三千元,反正闲着也是闲着。"

网店、兼职:多种形式挣外快

利用网络平台赚外快是不少白领的副业选择,而网上小店是最常见的网上副业选择。

威客是工作提供者和寻找工作方在互联网完成交易的一种模式。"给餐厅起个名字"、"为企业设计logo"、"化妆品广告文案"……这些五花八门的任务只要中标就可以做并由此获得不菲的报酬。自由、可以根据自己的时间安排是否接活儿,这是很多人选择做威客的原因。

表2.1 某威客网2011年3月15日威客提现汇款明细表

处理批次号	用户昵称	汇款金额	状态	打款原因	处理时间
27431	idealdesign	8322.44	已处理	提现汇款	2011-3-15 16:00
26637	生者为过客	7000	已处理	提现汇款	2011-3-15 16:00

续表

处理批次号	用户昵称	汇款金额	状态	打款原因	处理时间	
27100	陌上风萧萧	6980	已处理	提现汇款	2011-3-15	16:00
26934	fangdaofu	6400	已处理	提现汇款	2011-3-15	16:00
27170	tmk123	6144	已处理	提现汇款	2011-3-15	16:00
26522	leafsl1234	5940	已处理	提现汇款	2011-3-15	16:00
27459	有事可乐	5580.5	已处理	提现汇款	2011-3-15	16:00
26623	cuijiweilove	5359	已处理	提现汇款	2011-3-15	16:00
27217	bailing42	5220	已处理	提现汇款	2011-3-15	16:00
27373	hustwzhw	5182	已处理	提现汇款	2011-3-15	16:00
26933	ndht	5000	已处理	提现汇款	2011-3-15	16:00
26832	旋风工设	4950	已处理	提现汇款	2011-3-15	16:00
26891	xiaoyang1188	4800	已处理	提现汇款	2011-3-15	16:00

国内威客行业的发展历史

"威客"并不是一个舶来品,而是扎根在中国生长和发展的新一代互联网应用。

威客模式的雏形诞生于20世纪70年代末的BBS(电子公告板系统),是人们最初通过互联网查找信息的工具。BBS有四大功能:发布新闻;发布交易信息;发布个人感想;互动式问答。前3个功能逐渐从BBS中分离出去,发展成3个方向的网站——新闻类、电子商务类和博客类,这三类网站经过整合逐渐成为各自的门户,如新浪、淘宝、博客中国。作为第四个功能,互动式问答正在分离,但还没有完全分离形成一个单独方向的网站,更没有形成门户。一些网站早已在做这方面的尝试,但还处在萌芽阶段,如Google answers、百度知道,这个方向的网站模式就是威客模式的雏形。

从2000年开始,一批威客类型网站就已开始了招标任务流程的道路,2000年中国深圳的"设计者之窗"开始用招标任务的方式为世界著名企业服务,将这些企业的设计任务通过互联网发包给高水平的设计师。

2004年7月创办的"K68创意产业平台"是我国最早的商业威客网站,

但由于"威客"的概念尚未提出,"K68创意产业平台"只是定位于WEB2.0的一种应用形式,没有形成明确的"威客"概念。

直至2005年,中国科学院研究生院工商管理专业硕士研究生刘锋开始建立威客网witkey.com试图将中国科学院的专家资源、科技成果与企业的科技难题对接起来。在建设网站的过程中,刘锋发现通过互联网解决问题并让解决者获取报酬是互联网一个全新的领域,第一次明确地提出了威客的概念。

广义上的威客主要分为四类:(1)A型威客(Answer Witkey)即积分型威客,通过自身掌握的知识和技能或者积累的经验,可以对一些问题进行解答或提供建议,例如百度知道、爱问、yahoo知识堂等。(2)B型威客(Bid Witkey)即悬赏招标威客,通过对某个项目进行投标,并争取中标从而获得项目开发机会,最终产生价值,如猪八戒网、k68、任务中国、创意网等。(3)C型威客(C2C Witkey)即知识、能力出售式威客,通过对自身能力进行展示、证明和良好的经营,将智力转化为能力产品,与需求者之间建立C2C的买卖交易关系,如淘智网、智狼网等。(4)D型威客(Map Witkey)即地图型威客,威客地图(wit map)的定义是通过互联网将人的地理位置、专业特长或兴趣、联系方式和威客空间这四个最重要的属性(不排除其他次要的属性如年龄、职业、性别等)聚合在一起从而形成的关于人的搜索引擎,如威客网的威客地图栏目。

2005年6月百度推出基于搜索的互动式知识问答分享平台——百度知道,11月转为正式版。同年11月,《21世纪经济报道》第一次报道了威客概念。在此后的4年里,中央电视台、《人民日报》、《中国青年报》、《英国经济学人》、《德国明星周刊》、《俄罗斯国际文传电讯》、《韩国民族日报》等数百家媒体对威客概念进行了报道。

2006年9月中旬,中央电视台《新闻联播》、《新闻60分》、《中国新闻》、《环球360》等栏目对活跃在互联网上用知识和智慧白手创造财富的"威客"群体进行了报道。"威客模式"受到媒体"热炒"后,国内部分威客网站甚至因访问流量暴增而多次瘫痪。如其中的"猪八戒威客网"在2天内的访问量由原先的1000个独立IP增长到上万个,点击量突破10万次,悬赏任务数也从过去8个月间累积的101个飚升到228个，网站不得不增添多台服务器以维持运转。不少风险投资机构也开始关注威客网站，并期望与之洽谈资金支持、携手开发等合作事宜。

2007年，威客的概念进入中国高考试题，数百万考生因此了解威客模式。同年8月，"威客"成为教育部公布的171个汉语新词之一。2007年11月18日，首届威客大会在中国北京召开，这次会议由中国科学院虚拟经济与数据科学研究中心主办。有来自互联网、威客模式网站、新闻媒体等领域的专业人士300多人参加了此次会议，多名互联网专家和威客模式网站负责人从理论和实践的不同角度对威客模式进行了探讨。

2009年10月，中央电视台《理财在线》栏目对活跃在互联网上用知识和智慧白手创造财富的"威客"群体进行了专题报道，威客现象再一次成为了炙手可热的话题。

威客模式与实物电子商务

威客模式与实物电子商务有许多相同点，比如其都建立在互联网的基础上，并通过互联网进行产品的生产和交易，供求双方都通过互联网上的第三方平台进行集中和分散，而且在交易过程中诚信问题都非常重要。实物电子商务的最典型代表就是阿里巴巴淘宝网，而威客模式由于起步较晚，在发展过程中遇到的困难远比实物电子商务大得多，因此到今天其市场份额并不大。大威客网站目前的累计交易额在1.5亿元人民币左右。不过，威客模式的前景十分广大。理论上，虚拟电子商务市场规模可与实物电子商务市场规模相当。而据艾瑞数据显示，仅在2009年，中国实物电子商务市场规模已经达到1.86万亿元。要知道，实物电子商务已经发展了10多年，在国外已经有成熟的商业模式，但威客模式才刚刚起步，而且没有可资借鉴的经验，整个威客行业还正处于探索的过程中。当然，威客模式与实物电子商务也有明显的区别。比如，实物电子商务的交易都是一对一地进行，而威客模式则可以是一对一、多对一地进行。

每年5亿元，你能拿多少

威客网赚市场的快速发展离不开人们对威客模式的认可，因为只有雇主认可该模式的价值，将越来越多的工作任务外包到威客网站，才能给威客提供更多的网赚机会。当前，仅仅某家知名威客网站1年的交易额就接近5亿元人民币，按照威客模式发展的速度，这个数目将在今后呈现爆发式的增长。

威客模式为什么会越来越受到雇主的重视呢

在宏观层面，我们可以从开源节流、全球借脑、创意营销三个方面来论证。在微观上，我们将结合具体的行业——软文营销来讨论。

❀ 开源节流

开源节流是企业经营管理中永恒的命题，可以说企业的所有活动都是以这个为中心展开的。尽管在一些企业存在着诸如技术驱动效益、创意驱动效益等优势现象，但是，对于绝大多数的企业来说，在技术、创意等方面并没有十分明显的市场竞争优势，特别是随着社会化大生产的发展，市场竞争的门槛不断降低，大量企业的进入更加剧了这一现象。因此，在一定的市场环境下，对于这些企业来说，如何降低成本、增加收益将是企业唯一的生存之道。

人力成本作为企业经营管理中最主要的一项成本开支，一直是企业着力挖掘的空间。这种情况，在代工企业尤为明显。缺乏核心竞争力的代工企业无法在技术或者创意等方面突破，创造较高的利润，因此只好向内压缩员工开支。这种现象，将随着市场竞争的日益加剧而变得更加明显。

不过，这种情况也不可能一直持续下去，当企业在人力成本的压缩达到一个临界点后，将不再有继续压缩的空间。因此寻求各种渠道降低企业成本成为大多数企业最为迫切的需求。

威客模式的意义在于，它通过互联网让社会人力资源得到了优化配置，基于专业化的动态人才雇佣系统，使得企业的许多工作可以通过威客模式得到即时高效的解决，从而在许多岗位上无需雇佣固定的员工，减少这部分员工的投入，释放了发展的空间。因此，在现在和将来，采用威客模式外包的企业将越来越多，从而将带给威客市场更多的赚钱机会，甚至自由工作也将在一定范围内成为常态。

♣ 全球借脑

所谓全球借脑，就是企业以开放的态度，向不属于企业的其他人征集一切有利于企业经营发展的各种方案、建议、创意、智慧等，全球借脑是全球创意时代企业面临的新命题。

众所周知，创意经济在全球市场，正日益凸显其超凡的经济价值，以苹果为代表的以创意驱动利润的企业，正在不断地证明右脑科技的胜利。约翰·霍金斯在《创意经济》一书中写道，创意经济现在每天创造220亿美元的产值，并以5%的速度递增，在一些国家增长得更快，美国为14%，英国为12%。2004年，七大工业国中半数的工作人口从事创意产业，而且它的增长速度比传统服务业快2倍，比制造业快4倍。这意味着，创意已经成为经济主流，全球创意时代已经来临。

全球借脑的普遍需求促使企业不断寻求外部借脑的平台和载体。在21世纪的前一个10年，由于这类平台的缺失，实力雄厚的企业在专业化市场寻求无果后，开始谋划自己搭建平台，比如最早将这一战略实施的日化双雄之一宝洁。20世纪末，宝洁经历了数十年的快速增长之后，进入了发展的瓶颈，新CEO雷富礼上任后，主持了知名的"开放式创新"的项目，搭建了一个开放式创新平台，利用这个平台，宝洁汇聚了大量人才，并利用这些人才的创意智慧，使陷入增长困境的宝洁公司再次爆发出生机。

目前，类似宝洁这样的全球借脑已经在世界500强企业中广泛采用。比如戴尔的"头脑风暴"、百事的"百事焕新"、IBM的"创意梦工厂"等，都是全球借脑的体现。但是对于占企业最大比重的广大中小企业来说，要实施全球借脑战略，并不具备足够的条件，比如搭建平台、汇聚人才等，都是一项耗资巨大而无法预估成本的事情。对于这些企业来说，威客模式将成为其全球借脑战略的助力。

2010年，国内某威客网推出的创意板产品可以说是这种助力的最佳体现。所谓创意板，就是该威客网依托其450万创意人才资源和相对成熟的创意交易服务体制的优势，针对企业、政府、机构等客户广泛存在的创意需求提供的一款创意产品，旨在帮助客户在全球创意时代建立属于企业的创意中心，以大众智慧解决客户的创意需求问题。

创意板的诞生，让所有企业都可以分享该威客网的创意人才资源，这解决了全球借脑最核心的问题——人才问题。因此，随着全球借脑进程的逐步推进，威客模式将越来越受到雇主的青睐。

❀ 创意营销

当市场进入买方市场后，营销就一直是企业经营管理过程中最重要的部分。无论是企业的产品销售还是品牌推广，都离不开营销。而且，随着买方市场的程度越来越深，营销也将面临越来越大的压力。因此，层出不穷的营销方式也是乱花渐欲迷人眼。在这其中，创意营销逐渐成为近些年营销界比较热门的词语之一。

所谓创意营销是通过营销策划人员思考、总结、执行一套完整的借力发挥的营销方案，带来销售额急剧上升，一份投入十分收获。创意营销给广告主带来意想不到的收获，市场往往会突飞猛进地发展，让企业利润倍增。

创意营销的特点是投入少、效果快，借助传统媒体、网络媒体和口碑宣传。而威客模式催生的威客营销，正好具备创意营销的精髓。

关于威客营销，国内威客营销研究人"细雨骑驴"总结为，所谓威客营销，是指出现在威客网站上的，以互联网为基础，以威客参与为主体，以威客网站为纽带，以整合为核心，以互动为精髓的新营销模式。威客营销突破了传统营销模式的诸多瓶颈，给营销学带来了革命性的冲击，尽管其还未进入营销学术领域，但是其模式已经在实践中产生了惊人的效果。

按照不同的使用方式，威客营销可以分为初、中、高三个层次。初级应用即当前最为成熟的发帖比赛、软文征集、百度知道百科等基础性应用；中级应用如企业网站共建、论坛顶贴、微博互动等；高级应用则需要一定的统筹能力，能够整合线上线下资源展开相关营销活动，目前这一领域还处于开发和探索阶段，比较成熟的一种应用为主题活动营销，营销方式为企业发布一个主题，综合利用初、中级威客营销方式，通过这些初、中级营销方式在时间和空间上的统筹安排，进而达到营销的奇效。

最近的一次高级威客营销案例，应该是"天友乳业杯·中华七大传统节日形象标志征集大赛"了。从某威客网2010年9月14日发布传统节日形象创作大赛任务，到2011年1月26日结束，任务专题页面累计收到了超过了2000万人次威客的关注。当然如果再加上网友的自发网络传播，这个数字会更加惊人，比如仅百度收录的专题页面就超过150万个。这次活动同时得到了媒体的广泛关注，从各大电视台到报刊杂志再到网络媒体，总数达到200多家，成千上万的网友广泛地参与到了这次弘扬传统节日新文化的活动中。天友乳业集团作为这次活动的冠名方，无论是品牌曝光度，还是美誉度，都有了比较大的提升，为天友乳业的西南突围奠定了深厚的基础。

软文营销放大文案网赚市场份额

文案类网赚市场的井喷，离不开作为主要任务类型的软文的发展。由于软文在文案网赚里面占有重要地位，本书后面的章节会专门讲到软文营销。

当然，软文营销的发展，除了在宣传推广方面的作用，还在于其基于搜索引擎优化基础的也就是SEO中的排名优势，关于这一点，可以看以下这篇文章。

❀ 原创与外链的悖论

在SEO行业中，长期存在着"外链为皇，内容为王"的说法。简单来说就是，一个网站的关键词排名，最重要的因素是外链的数量和质量，内容其次，由此导致了搜索引擎优化中原创和外链的悖论。即一方面，原创内容作为搜索引擎的生命，是搜索引擎本身进步的基础，因此，搜索引擎一直鼓励网站原创内容，但是另一方面，搜索引擎在鼓励网站原创内容后，对于原创内容的考量却缺乏一个科学合理的标准，而外链理所当然地就成为一篇文章好坏的参考。尽管这个标准的出发点是没有任何问题的，但是，互联网是一个信息的海洋，任何一篇好文章，如果缺乏有效的推广，它也会埋没在互联网的汪洋大海里。而另外一些文章，则由于作者擅于网络推广，因此往往会获得大量的外部链接，因此在搜索引擎的判断中，这篇文章将远远高于那些没有或者只有少量外部链接的文章。但实质是，那些淹没在信息海洋而没有获得较好排名的文章，其质量也许是这些高权重的文章的成百上千倍。最典型的一个例子是，在近来的半个月内，在百度输入关键词软文，排名第一的一篇文章竟然是A5论坛的一篇承接软文写作业务的广告，我不知道这样的广告排在第一位究竟有何意义，它的价值难道高过了许多专业的软文写作资讯网站或者是软文工作室？

❀ 无价值外链的海量制造

基于外链的关键词排名算法带来的另外一个结果就是，大量站长和SEOER陷入了一种对于互联网或者搜索引擎本身都没有任何意义的外链制造。不仅浪费了大量的时间和精力做了对于互联网没有任何贡献的事，而且极大地影响了互联网原创内容的发展。因为原创内容是需要花大量时间的，而那些通过制造垃圾信息获得外链而带来的关键词排名优势，让这些原创网站的排名居后，总让人觉得说不过去。最典型的代表就是论坛的签名，论坛的无意义灌水而获得的大量外链，对于网民没有任何意义，说白了制造的是信息垃圾，但是这种行为竟然会成为搜索引擎算法的依据，无论是从站长本身还是搜索引擎提供给网民的用户体验，这都是极不合理的。

❀ 算法优化推动原创发展

无论是从站长（SEOER）还是搜索引擎本身，如何给用户提供最新、最全、最有用的信息和服务才是网站发展的关键。搜索引擎要想获得发展，要依赖于其他网站为它提供源源不断的新的有用的内容，如何鼓励原创才是搜索引擎要做的内容，如果这种无意义的外链建设一直成为网站排名最重要的因素，相信互联网将陷入停步不前的境地，最终会被人们所抛弃，或者被新的技术代替。所以，优化算法、推动原创应该是搜索引擎始终该做的工作。但是目前技术是否已经成熟，我们显然不得而知。

❀ 软文营销将成为SEO中心

软文营销，在网络中通常称为软文推广，属于市场营销的范畴，而网络中的软文推广,亦可归属到网络营销中去。尽管一直以来,外链成为影响搜索引擎关键词排名的最重要因素,但是原创内容仍然是很核心的一部分,而软文则是网络中原创内容的最佳载体,大量站长和SEOER使用软文推广这种方式,不仅向别人分享自己的经验心得,同时也完成了网站的外链建设,真正体现的是互联网分享共赢的精神。如果以此次百度的调整为标志,对于网站原创内容的权重加大,将有效促进软文营销的发展,不仅站长和SEOER们会继续引领软文推广的发展,大量的企业也将加入进来,软文营销将成为SEO行业中最重要的手段之一。(文章来源:www.xinwen100.net 作者 细雨骑驴)

威客网文案类任务综述

通过前面的内容,我们了解了威客网赚为什么会发展起来,接下来我们以某知名威客网站为例,来看看该威客网的文案网赚市场现状。

那么什么是文案呢,文案就是以文字来呈现创意策略,执行一定的营销步骤的统称。文案不同于设计师用画面或其他手段的表现手法,它是一个与广告创意先后相继的表现的过程、发展的过程和深化的过程,多存在于广告公司、企业宣传、新闻策划等。

文案的内容主要包括撰写报纸广告、杂志广告、海报;撰写企业样本、品牌样本、产品目录;撰写日常宣传单页、各类宣传小册子;撰写DM直邮广告,包括信封、邮件正文;撰写电视广告脚本,包括分镜头、旁白、字幕;撰写电视专题片脚本;撰写电视广告的拍摄清单;撰写广播广告;起名命名、创意阐述、企业内涵编辑、审核文字、撰写企业方案策略等。

在威客网上,网络发布的文案征稿就包含这些内容。文案写作、需要有一定的文笔基础,在以纸质媒介为代表的传统媒介当中,文案仅存在于公司内部,为少数具有写作功底的文员从事。随着网商的增加和网络悬赏模式的出现,以网络软文为代表的网络文案逐渐地渗透到广大网民中间。大多数网民只要会基础写作,就能够获得来自网商的文案征集报酬。在某威客网上,每天至少发布200个文案类任务,总赏金在20万元左右。而软文类任务则占5成左右。其中囊括网络零售商、个人站长、公司企业等各种不同的文案征集源。

第三章
准备工作

认识威客网

看了前面的网赚大神故事,了解了威客网赚市场的现状,开始我们的威客网赚之旅吧。笔者将带领各位有志于网络威客掘金的文字工作者,去探索网上的威客世界,那里有着上百万的创意人才,那里蕴含着网络上最大的财富,那里是每一个拥有梦想的年轻人创业的舞台。

以成立于2006年10月9日的某知名威客网为例,该威客平台现有威客442万多名,累计发布任务25万多个,交易金额高达2.7亿多元。笔者深深地被这样庞大的数字所震撼!而据该威客网的官方人才库数据统计,已登记文案写作人才15860人,起名取名人才1240人,这些仅是已经登记的文案写作人才就将近20000人,而从事文案的威客的实际数值会更高。如果你已经准备好了,那么就赶快加入庞大的文案军团吧!

昨日指数：	交易额：¥677625	交易数量：567个	人才新增：4205个
本月指数：	交易额：¥25975566	交易数量：21739个	人才新增：147065个
半年指数：	交易额：¥91386657	交易数量：84726个	人才新增：748139个
一年指数：	交易额：¥175578014	交易数量：160671个	人才新增：2043023个
累计所有：	交易额：¥270202515	交易数量：254860个	人才数量：4424016个

图3.1 某威客网最新成交量一览

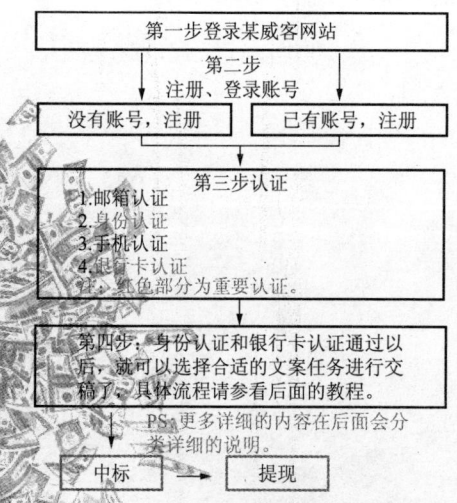

图3.2 某威客网文案威客任务流程图

由于国内各家威客网运营模式及登录注册程序大同小异,因此,作为一名文案威客,我们首先结合实例来看一下该威客网的工作流程。只有真正地了解了网站的运作,才能方便我们今后的工作更加随心所欲!下面我们先看一下登录、注册该网站的流程图(如图3.2所示)。

图3.2即为文案威客初入某威客网的一些准备工作和整个交易流程的

图示,下面笔者会针对每一个问题进行详细的说明,准备入行的威客一定要看仔细!

注册账号

首先打开所选威客网的首页(如图3.3所示),一般在首页醒目的地方例如左上角或右上角会有"免费注册"和"登录"字样的方框。

图3.3 某威客网首页示意图

如图3.3所示,在图中用方框标注的两处地方,可以用来登录和注册该威客网的账号,下面我们讲一下注册时的各种信息的填写方式和注册流程(如图3.4所示)。

图3.4 注册界面截图

从上面某威客网注册界面截图我们可以看到,注册的方式主要分为:快速注册、邮箱注册、手机注册。其中快速注册和邮箱注册需要填写的内容一致，手机注册则需要填写手机号码。

❀ **特别说明：**

邮箱注册：需要填写真实的邮箱地址，以便于在邮箱中查看激活邮件，在弹出的激活账号界面点击"立即去邮箱激活账号"按钮登录邮箱查收邮件（如图3.5所示）。

图3.5 激活账号界面

手机注册：需要填写真实的手机号码，一般会在30秒左右收到威客网站发来的手机短信，将收到的6位纯数字验证码在该网站的手机验证界面输入，点击"提交并完成注册"按钮，完成注册（如图3.6所示）。

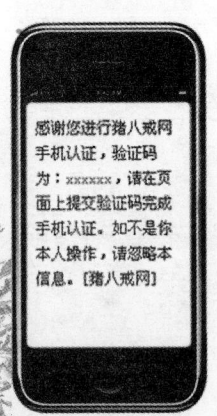
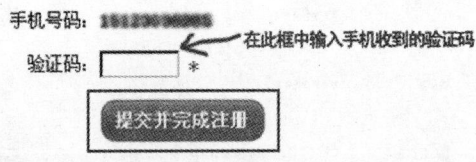

图3.6 手机验证界面

用户名：用户名就是所谓的登录账号，当然也是你今后在该威客网显示的昵称，支持中英文及字母输入。建议新手文案威客尽量使用唯一（即此用户名网站只此一家）的中文账号或英文账号，尽量不要在昵称中添加数字，以便于雇主在今后的任务过程中方便识别。很多威客在成名之后对于前期随意注册的账号不满，但是这时打算更换账号会有点为时已晚的感觉。

另外在每个输入框的边上都会有提示，如果出现"√"的标志表示符合要求，如果出现"×"的标志表示不符合要求，请注意修改错误的内容，当账号注册成功后会有页面弹出提示（如图3.7所示）。

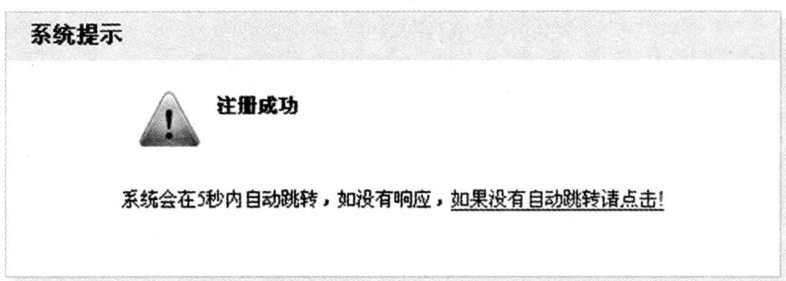

图3.7　注册成功界面

登录账号、了解界面

现在我们已经拥有了网站的账号了，那么开始尝试登录该威客网，进入崭新的威客网络世界（如图3.8所示）。

图3.8　某威客网登录界面

在账号中填写注册的中文昵称或者英文昵称,并填写注册时设置的密码,点击"登录"即可。在此说明一下登录成功后,默认是返回上一次未登录的界面,在首页的左上角会出现"×××欢迎来到×××网!"的信息,另外在网站的最上方会提供各种便捷菜单(如图3.9所示)。

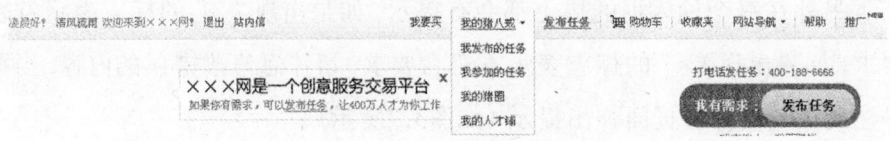

图3.9 某威客网首页上方功能菜单

从上图中我们可以看到首页最上方的便捷菜单栏功能非常强大,下面我就为大家从左到右依次介绍每个菜单栏的功能,以便于我们在使用网站过程中的快捷操作。

昵称: 左边的昵称(我的昵称:清风流雨)单击后可进入文案威客的人才铺。

站内信: 相当于威客网内部的Email,分为系统提醒、个人收件箱、已发站内信。

系统提醒: 主要是威客网发布的系统邮件,一般有任务到期提醒邮件、中标提醒邮件、赏金支付提醒邮件等。

个人收件箱: 主要是用于威客、雇主之间相互联系使用,也就是说在这里收到的信息都属于个人信息(请注意一些宣传信息或者中奖信息皆为假冒)。

已发站内信: 主要是威客自己发出的信息一览。

我要买、发布任务、购物车: 主要是用于买家发布任务或者雇佣威客时使用,因为和我们威客无关,这里就不做详细阐述了。

我的猪八戒: 单击这个菜单直接进入个人中心,鼠标指向这个菜单会出现下拉菜单,包含"我发布的任务、我参加的任务、我的猪圈、我的人才铺"四个选项。

收藏夹: 主要是用于快速查看收藏的任务、收藏的稿件、收藏的人才铺、收藏的服务、收藏的作品时使用。其中收藏的任务是威客时常用到的一种功能,如果你看到某项任务出于某种原因需要考虑是否接受任务的时候,可以先使用收藏任务把任务收藏下来,这样以后就能在收藏夹中快速找到这个任务。

网站导航: 这个选项的功能更加强大,鼠标指向"网站导航"后出现一个下拉菜单（如图3.10所示）。

我们可以看到它包含了该威客网的主流服务和板块。

圈子：类似论坛的一种东西，更形象的说法就是类似于某威客网的群，当然里面肯定会包含各种文案写作的圈子。

此处其他内容的具体功能在这里就不一一阐述，有兴趣的新手威客可以一一尝试。

买家服务
我要买 发布任务 我要充值
创意板 客服中心 真假客服查询

卖家服务
任务大厅 人才铺 我要提现
推广员 诚信保障 简版猪八戒

社区服务
猪圈 向钱冲 圈子 创意直通车
创意时代 创意梦工厂

所有服务

图3.10 网站导航下拉菜单

我的威客

这里主要想介绍一下某威客网我的威客界面，因为在网站的使用期间文案威客几乎每天打开网站的第一个选择一般都会是单击首页上方的"我的威客"进入我的个人中心（如图3.11所示），而且在进行身份认证、邮箱认证、银行卡认证、手机认证甚至提现的时候，都需要进入我的威客完成。

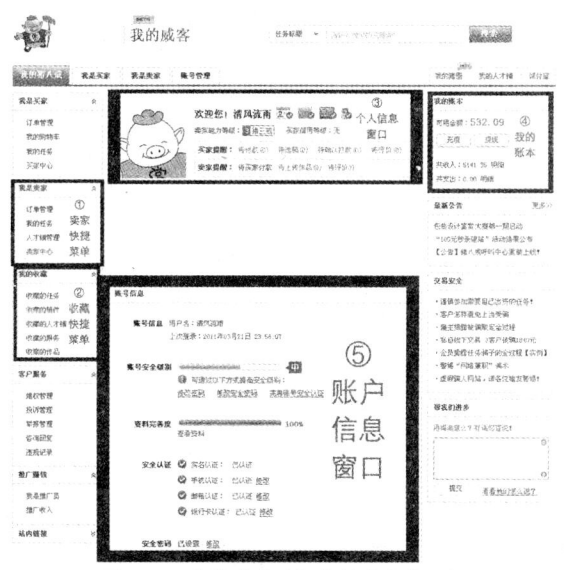

图3.11 我的威客（即我的个人中心）

在上图中我们可以看到进入到"我的威客"后的整个界面，而其中最重要的五个区域都已经标注出来，它们分别是：①卖家快捷菜单；②收藏快捷菜单；③个人信息窗口；④我的账本；⑤账户信息窗口。下面将为大家一一详细说明每个窗口的作用和使用方法。

(1) 卖家快捷菜单

订单管理：单击后进入"交易订单管理"界面，包含了："所有订单、等待买家付款、等待上传作品、已上传作品、需要评价、成功的订单、退款中"七个选项卡（如图3.12所示）。

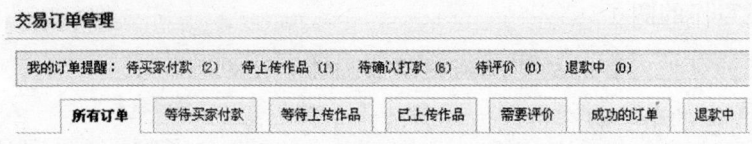

图3.12　交易订单管理界面

这里需要说明的是"等待买家付款"选项下主要显示的是招标任务和人才铺雇佣中买家未托管赏金的任务；

"等待上传作品"选项下主要显示的是招标任务、人才铺雇佣中未上传作品的任务和悬赏任务中中标后签订版权协议上传源文件的任务；

"已上传作品"选项下主要显示的是招标任务、人才铺雇佣以及悬赏任务中中标后威客上传作品等待买家确认的任务；

"需要评价"选项下主要显示买家已经确认作品并同意付款的任务需要威客（即卖家）评价的任务；

"成功的订单"选项下主要显示交易已经完成（即威客已经收到买家支付的稿费）且威客（即卖家）已经完成评价的任务；

我的任务：单击后进入卖家"任务管理"界面，包含了"所有任务、报名未投标、待选任务、备选任务、中标任务"五个选项卡（如图3.13所示）。

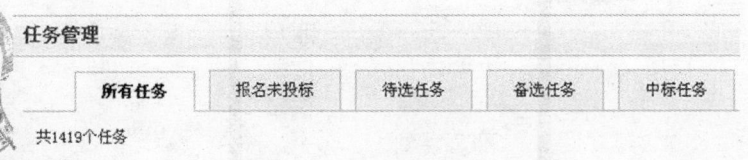

图3.13　任务管理界面

"报名未投标"的任务即威客在悬赏任务中已经报名，但是还没有交稿；

"待选任务"即威客已经交稿，但是任务还没有结束或买家还没有选稿；

"备选任务"即买家觉得你的稿件基本符合要求，但有待进一步与其他稿件对比，也可以说备选任务就是后备稿件（注：稿件备选并不等于买家一定会选你中标！）。

人才铺管理：人才铺即威客的网络虚拟工作室，主要用于威客向雇主和买家展示案例、销售作品之用，而人才铺管理选项主要是用于装修人才铺时使用，详细内容请参看本书的"第七章如何让雇主找上门来"，在这里就不详细阐述了。

卖家中心：主要是威客网针对威客设计的单独的卖家界面（如图3.14所示），其中大部分功能在上面已经一一介绍，新手威客可以针对一些个别的

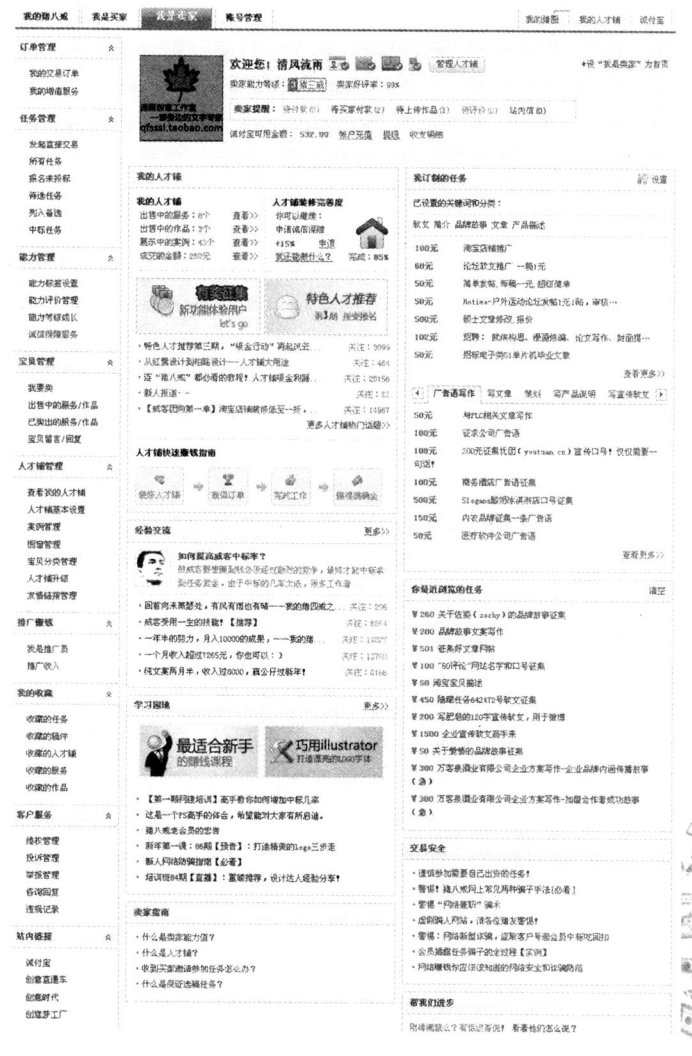

图3.14 卖家中心界面

选项自行尝试使用。

（2）收藏快捷菜单

主要是用于快速查看收藏的任务、收藏的稿件、收藏的人才铺、收藏的服务和收藏的作品时使用。其中收藏的任务是威客时常用到的一种功能，如果你看到某项任务出于某种原因需要考虑是否接受任务的时候，可以先使用收藏任务把任务收藏下来，这样以后就能在收藏夹中快速找到这个任务。

收藏的任务：主要是用于任务备选之用，当你看到一个文案任务但是由于时间或者能力问题考虑是否接受任务的时候，可以先收藏任务，然后在此界面查看即可。

收藏的稿件：目前对于文案类威客收藏稿件基本没什么用，因为过了公示期以后，只有雇主才能看到稿件，所以此类功能主要是为雇主快速找到自己需要的稿件而使用的。

收藏的人才铺：人才铺是威客网店的页面，当你看到别人的人才铺装修或者其他部分值得借鉴，可以收藏人才铺，然后在这个界面查看。

收藏的服务：一般是雇主使用，类似于淘宝的宝贝收藏，当然威客也可以通过收藏别人的服务来借鉴和改善自己的服务。

收藏的作品：一般也是雇主使用，是雇主用来收藏威客人才铺中比较有趣或者满意的作品时使用。

（3）个人信息窗口

个人信息窗口主要包含：个人头像、能力值显示、认证状态显示和卖家提醒。

（4）我的账本

相当于你在威客网的账房先生，其中包含了"可用金额、充值、提现、共收入和共支出"五个方面的内容。

可用金额：就是目前你在威客网赚取的稿费余额（提示：可用余额超过50元以上才可以提现哦！）。

充值：这个对于文案威客（即卖家）一般没用，当然如果你要购买服务或者发布任务时可用余额不够的情况下可以选择充值！

提现：这个很重要哦！单击提现后，会弹出"我要提现—诚付宝"界面（如图3.15所示）。

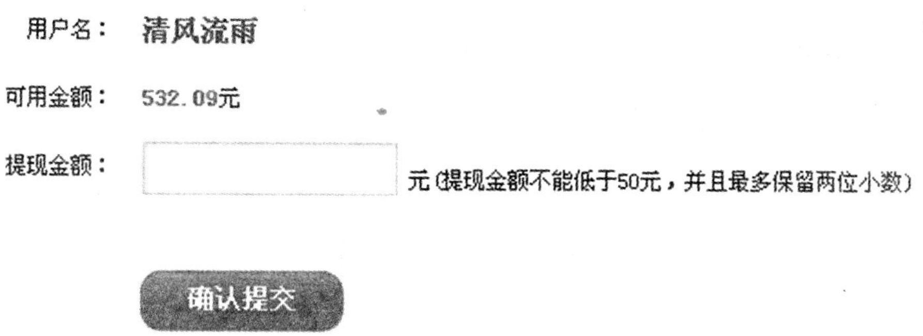

用户名： 清风流雨

可用金额： 532.09元

提现金额： ____ 元（提现金额不能低于50元，并且最多保留两位小数）

确认提交

图3.15　我要提现——诚付宝界面

在输入确认提现的金额后（如图3.15所示金额不得低于50元，且最多保留两位小数），会弹出"确认提现"界面（如图3.16所示），首先要保证你的银行卡已经通过该威客网的认证，其次要保证银行卡的开户人姓名与身份认证的姓名一致，然后输入安全密码（此密码与该威客网的登录密码不同，具体可参看后面的介绍）确认提现即可。

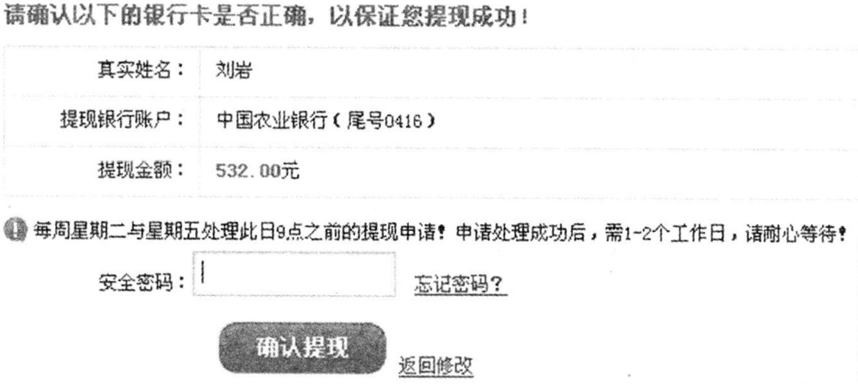

请确认以下的银行卡是否正确，以保证您提现成功！

真实姓名： 刘岩
提现银行账户： 中国农业银行（尾号0416）
提现金额： 532.00元

⚠ 每周星期二与星期五处理此日9点之前的提现申请！申请处理成功后，需1-2个工作日，请耐心等待！

安全密码： ____ 忘记密码？

确认提现　返回修改

图3.16　确认提现界面

总收入：这个没什么特别的，就是显示文案威客在威客网的总收入，它的后面有一个"明细"的选项，单击后会弹出"收支明细——诚付宝"界面，里面可以查看详细的历史收支记录。

(1) 账户信息窗口

账户信息窗口是账户安全保证和认证信息的重要窗口，主要包含了"账户基本信息、账户安全级别、资料完善、安全认证、安全密码"五个区域（如图3.17所示）。

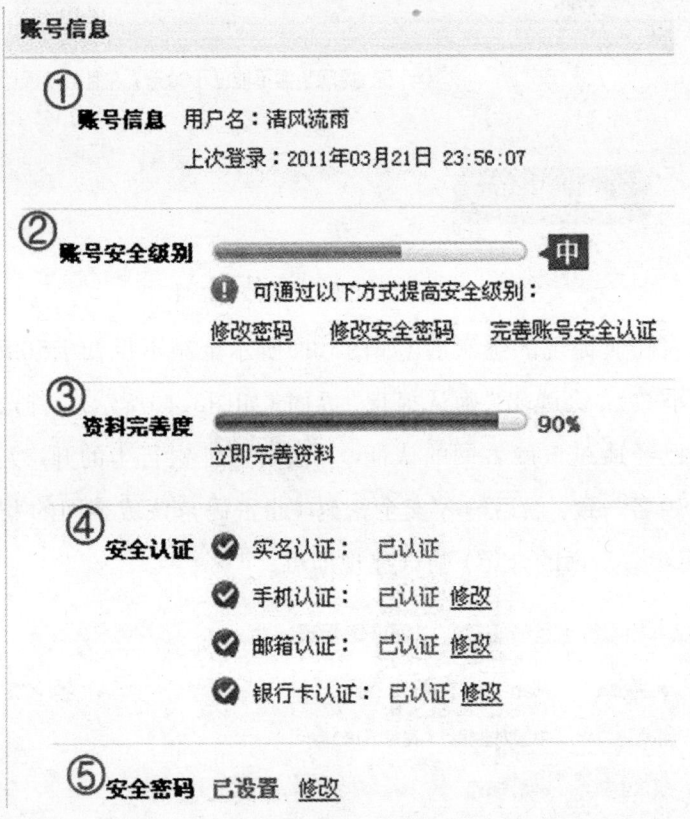

图3.17　账户信息窗口

账户基本信息：主要显示用户名和上次登录的具体时间（注：如果显示的时间你没有登录，证明你的账号有被盗取的嫌疑）。

账户安全级别：快速修改登录密码、安全密码和完善安全认证。

资料完善度：单击立即完善资料可以进入"个人资料"界面（如下图所示），用于修改基本资料、联系方式、头像照片、工作经历、学习经历和技能证书（注：资料越详细越有助于雇主更好地了解你）。

安全认证：安全认证是每一个文案威客开始投稿和接单的前提，主要包含"实名认证、手机认证、邮箱认证、银行卡认证"。

"实名认证"：即身份证扫描件的认证，这个认证是每一个想赚钱的威客都必须完成的，只有通过实名认证才能完成后面的银行卡认证，然后进行提现。另外实名认证也是一种诚信的展示，让雇主和买家能够有一种安全感（注：①实名认证建议采用扫描仪、数码相机进行图片的采集，要注意图片的尺寸、清晰度、大小。②实名认证通过后，将不能修改，如发现资料有误，或被人恶意篡改，可提出账号申诉。③大陆地区的新版身份证需要提供正反两面的图片。④部分威客网目前已全面开通国际服务，不仅支持大陆及港澳台同胞的实名认证，更支持海外地区实名认证）。

图3.18　个人资料界面

"手机认证"：通过手机注册账号的朋友可以不用申请手机认证，手机认证最大的用途就是有利于威客网人才铺的排名。

"邮箱认证"：通过邮箱注册账号的朋友可以不用申请邮箱认证，邮箱认证最大的用途就是可以取回密码，还有就是接受任务中标提醒、稿费支付提醒。

"银行卡认证"：需要在实名认证通过后才能进行认证，再次重申银行卡的开户姓名必须要和实名认证中的身份证姓名一致（注：每个账号拥有3次免费进行银行卡认证的机会，如果3次均失败，再进行银行卡认证时，需支付5元认证手续费。如果再失败3次，又将支付5元手续费，依次类推）。

本章不仅结合某威客网实例讲述了威客网的基本工作流程，更针对威客的常用界面进行了详细的讲解，按照笔者讲解的顺序你是否已经完成了注册、认证和完善资料了呢？

威客网文案类型

作为一个文案威客，一定要有目的地参与到任务当中，人无完人，作为文案威客的我们也一样，不可能面面俱到，所以要学会选择一些自己擅长的文案任务。

在某威客网首页的左侧我们可以看到一个"交易分类"的导航栏（如图3.19所示），这样就可以便于不同领域的威客快速寻找到适合自己的任务。

"起名取名"、"文案写作"就是文案威客聚集的两大领域，为什么要把它们统一规划为文案写作的范畴呢？首先，二者皆通过文字的方式向大众倾诉某种需求，其次，二者皆为"字字千金"的形象代言人，所以将二者统筹为文案领域。俗话说："闻道有先后，术业有专攻"，虽然它们同为文案威客的领域，却有着不尽相同的内容和需求，下面针对每一个领域及其下属的详细分类进行简要的说明，以方便打算从事文案威客和新手威客朋友能够依据自身的优势选择合适的领域去长久立足、发展。

图3.19 交易分类导航栏

文案写作

文案写作又分为"写软文、写演讲稿、广告语写作、写策划案、写文章、编辑校对、写新闻、写产品说明、写剧本脚本、写书、撰写报告、写应用文"

这12个子分类（如图3.20所示）。

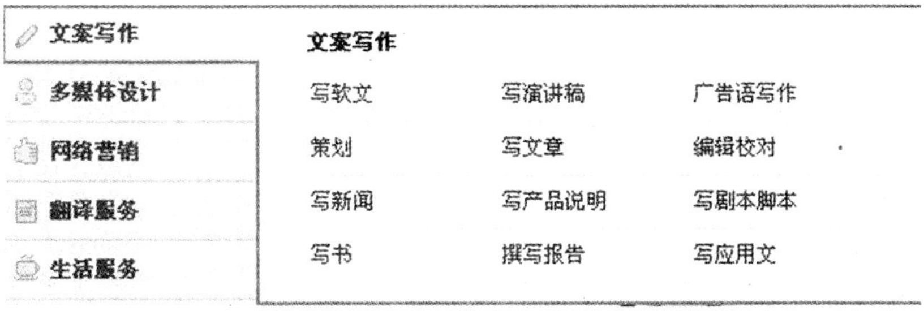

图3.20 文案写作子分类图

起名取名

而"起名取名"的下属又分为"宝宝起名、成人取名、公司起名、品牌起名、店铺起名"这5个子分类（如图3.21所示）。

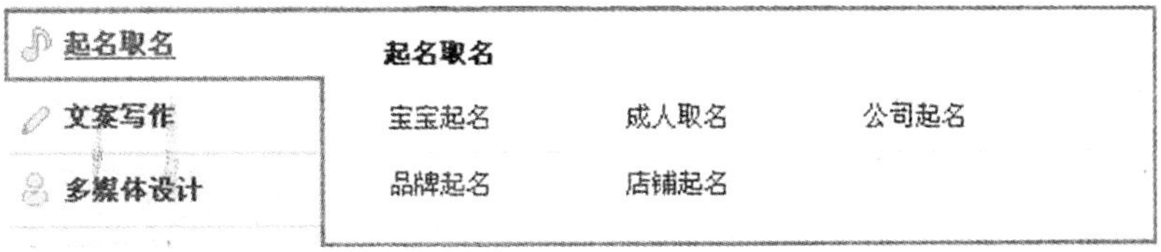

图3.21 起名取名子分类图

在文案写作的两大领域和17个下属子分类中，每个不同频道的任务对威客自身专业知识、创意、文笔和思路的要求都不尽相同，相信读者在看到上面的分类表后对自己日后的领域已有了一个初步的判断，在下面的章节中将针对每一个子分类频道进行介绍，请仔细甄别适合自己的领域。当然成长的道路上不仅仅是选择，更多的是学习和进步，所以在"第四章 文案类网赚全攻略"中会为大家详细讲解各个子分类的基础知识，所以精彩正在继续，千万别错过哦！

软 文

软文作为威客网文案写作领域最活跃的一个频道，素有"平台四大任务之一"的美誉。同时，软文是一个覆盖范围很广的写作领域，就好比一个企业的名字一样需要时时伴随着企业。一个企业从创业到辉煌可能只需要一个好名字，但是一个企业从创业到辉煌可能需要无数篇的软文作为成长道路上的铺垫。在第二章中，我们曾对软文营销做了介绍，相信各位读者已经有一定的了解了。这里我们再结合某威客网的情况对软文简单地介绍一下。

众所周知，在互联网极其发达的今天，软文已经成为一个企业自我宣传推广的王牌利器，可以说每一个成功的企业背后都会有一个甚至无数个专业的写手或团队。他们的任务就是利用自己的文笔写出犀利的软文，然后散播到世界的每一个角落。不论是报纸、论坛、还是门户网站，生活中软文比比皆是，这就是软文的用途。它像一张大网罩住了所有的读者，它有一种魔力可以将读者转换为企业或者产品的潜在消费者。

据某威客网软文频道的负责人透露，仅2010年该网站的软文交易额就高达3000万。未来软文写作的需求将从区域、渠道、需求量、交易额等各个方面成倍数地增长，例如单从渠道上来看，就有报纸软文、门户软文、论坛软文、邮件软文和现在正在发展的微博式的微软文，软文正在不断发展。

就是这么一篇发表在天涯论坛的看似普通的文章，但可以毫不犹豫地说这是一篇游戏软文，虽然只有可怜的10次回复，却拥有着10336次的点击量，剩下的10326位网友中如果有没有玩过这款游戏的朋友，可能就会去搜索相关的技能名称（如图中下划线标注的技能名称），从而找到这款传说中的魅力网游！这就是软文的魅力所在，"我悄悄地来、悄悄地走，却带走了读者好奇的心理……"

你可能会问为什么要在"《》"之间留下空白？这也正是此文作者的独到之处。没有写入网游的名字能防止广告给读者带来的反感，通过技能名称的影射吸引了读者好奇的心理，软文就像一个杠杆，明明很小的一个东西却可以撬起地球，这就是它的神奇。

策　划

什么是策划？策划又称"策略方案"和"战术计划"（Strategical Planning/Tactical Planning），是指企业为了达成某种特定的目标，借助一定的科学方法和艺术,为决策、计划而构思、设计、制作策划方案的过程。文案威客都应该了解,文案领域发布最多的任务是软文和起名,而最赚钱的任务就是策划和论文了。当然,一篇好的策划不仅需要投入大量的人力、物力和丰富的创意构思,后期还要投入大量的财力和时间去有效地实施,但是它所带来的前景和效益也是最大的。策划是文案工作中比较深入和高深的一门学问,它不仅需要一份周密的计划,更多地考虑策划的可实施性和后期的回报,没有任何一个企业和公司会花费大把的金钱、人力、物力、时间耗费在一份可执行度低或者回报率低的策划案上。

据某威客网的粗略估计,该网站从2011年11月改版至今策划写作任务的成交额是约64万元,任务发布数量为689次,以此数据估算年成交额应该在160万元左右。当然,或许你会问软文任务每年的成交额在3000万左右,比策划任务高出这么多,怎么还说写策划书比写软文赚钱呢?首先一份策划的平均成交价格在928元左右,但一份软文的成交价格仅在218元左右。其次写软文的人才比比皆是,但是能够写策划的人才却不多哦!这说明竞争不甚激烈,那么你的中标几率就会高出许多!

一份有执行力、有创意、有发展性、后期回报丰厚的策划可以拯救一家濒临破产的企业,但是一篇再有水准的软文也不可能爆发出这样的能量吧?所以一份好的策划并不是我们想象中的那么简单,它至少需要包含前期的市场调查、总结、预算、执行细节描述、人力物力分配和后期效果预测等,这就需要我们对整个市场有敏锐的洞察力、丰富的创意思维以及很好的财务预算能力,等等。

由于策划案的篇幅一般都会长达数千字,甚至几万字,所以就不在这里进行案例展示了。希望从事策划写作的威客朋友们,可以自行登录网络寻找相关的范文和素材,关于策划的写作基础知识请参照本书第4章的相关内容。

演讲稿

任何人对于演讲稿应该都不陌生,从我们上学到工作,总会有着各种各样的机会需要我们在某些较为隆重的仪式上和某些公众场发表讲话文稿。其实人生处处都是演讲，我们在与人交谈的过程中本身就是一种生活式的演讲，只是听众或许只有一个人而已。语言艺术是需要人类一生学习的一门艺术，为了引起别人的共鸣，许多人选择寻求帮助，从而衍生出了演讲稿的专门写手。

目前某知名威客网演讲稿写作任务的年交易额大概在30万左右，任务发布数量大概在1000次左右，平均成交价格238元。相对来说写演讲稿的专业威客也较少，如果你在这方面有着一些自己独到的见解和经验不妨可以尝试一下哦！

广告语

除了企业和品牌名之外，广告语就是最能体现企业灵魂的一种简短概括性的描述。一条优质的广告语可以起到爆炸性的作用，能够迅速地吸引消费者的关注。好的广告语可以快速地在各种媒体上传播，尤其是那些脍炙人口的广告语，每一条都耐人寻味！

比如：

李宁——一切皆有可能！

农夫山泉有点甜！

安踏——我选择，我喜欢！

……

这些家喻户晓的广告语，总是能让我们在第一时间反应这是某某品牌，所以广告语蕴含的能量非常巨大。在信息时代的今天，广告语用简练、生动的语言，集中而形象地表现商品的特色和性格，表达消费者的愿望和要求；它用富有感情色彩的语言来吸引群众、感染群众，不仅使人们了解其商品、信任其商品，同时也成为一种社会文化。

目前某知名威客网的广告语写作任务年交易额高达200万左右，发布任务数量高达5000次。这也充分体现了广告语对于企业市场推广和宣传的重要性，而且广告语对于威客的要求更注重文字的思维、创意和概括性总结。所以当你有信心写出简短精辟、脍炙人口的广告语时，不妨来尝试一下！

文章

目前文案领域除了软文、取名、广告语及策划案，最具潜力的就是论文写作了，每年中国有多少各行各业的人士需要撰写论文？大到国家政治、学术研讨，小到刊物发表、教研探讨，生活中论文无处不在，这个数据我们无从统计，但可以肯定的是论文写作领域未来的发展潜力非常巨大。

目前某知名威客网写文章频道每年的成交额大概在120万左右（当然这个数值里可能包含其他文章的交易额，但是还有很多的雇主会将论文写作的任务发到该网站的写应用文频道，也就是说论文写作的年交易额绝对不止这些），发布任务次数在5000次左右，平均成交价格在每千字百元左右，但根据论文的难易度和专业不同，价格也略有不同。

编辑校对

编辑校对任务主要是对文档进行整理、修改，然后对文档文稿再次进行核对，达到减少文档错误、优化文档内容的作用。另外威客网编辑校对频道还经常会发布一些文字录入、Excel表格编辑、文字排版美化、扫描及打印件手打等任务。目前某威客网年发布任务数量在500次左右，年交易额在40万左右。

新闻

写新闻就是对最近发生的有价值的事情进行描述、评论，形成文字内容档案。常见的有企业新闻稿、软文新闻稿、报纸新闻稿等相关的新闻稿件写作。比起传统的软文，新闻稿则显得更为正式一些，也需要作者在稿件中应用一些特有的格式和新闻术语。公司、机构、政府、学校等单位为了对外公布有新闻价值的消息，通常会用电子邮件、传真、书信（电脑打印）形式将新闻稿分发给报纸、杂志、电台、电视台（电视网络）、通讯社的编辑。

由于近年来网络的逐步发展，门户网站类新闻稿的需求也在逐步攀升。某威客网的新闻稿频道的交易额每年能达到近百万元，任务数量每年发布有2000次左右，而且新闻稿的平均成交价格要比普通软文的成交价格高出1/3左右。

产品说明

目前这一类任务主要的客源来自淘宝网，因为大部分需要产品说明的人均是淘宝的店主，他们需要的也就是我们常说的"宝贝描述"，只不过这里的宝贝描述大多数指的是文字，而不是图片设计。当然这个频道里还会包含一些企业简介、品牌故事和一些产品说明书、产品介绍软文，等等。

写产品说明的潜力还是非常巨大的，而且店主聘请专人负责产品说明的文字编写也是非常有必要的，生动的文字能够更快速地勾起消费者的欲望。笔者目前长期担任中国西南最大网上古珍玉玩店的产品编辑一职，主要负责旗下销售古玩玉器等相关产品描述的撰写工作。

目前某知名威客网的产品说明频道年成交额在100万左右，年发放任务数量在4000次左右。这里值得注意的是网店的宝贝描述任务，很有可能是长期的任务，所以很多雇主会在这里发布任务并选择一个长期合作的编辑或写手，也就是产品说明的年成交额可能是100万的几倍。

剧本脚本

剧本脚本是一种故事构成的文学形式，是戏剧艺术创作的文本基础，它是以代言体方式为主，表现故事情节的文学样式。目前威客网剧本脚本频道主要发布小说、电视、电影、广告、漫画等各领域的剧本剧情及可执行脚本的征集任务。

虽然该类任务的发布数量较少（某威客网每年发布数量在400次左右），但由于该类任务对于字数、时间的要求较高，所以平均成交价格高达4000元左右，年度累计交易额高达200万左右，而且该类任务对于相关的威客人才要求较高，所以竞争不是非常激烈。

写 书

写书按照内容范围划分比较广泛，可以是个人自传、小说、教材等。许多雇主有这方面的想法但苦于自己的写作水平欠佳或者由于时间不充裕等其他因素，会在这里找人帮他（她）完成创作。

值得提及的是笔者现在有机会参与此书的编写工作，也是在某威客网的写书频道参与投标而来，虽然该威客网的写书频道每年发布任务的次数仅有可怜的200多次，但是年度总交易额却高达50万之多哦！

报告写作

撰写报告是用于向上级机关汇报工作、反映情况、提出意见或者建议，答复上级机关的询问时使用的公文。撰写报告包括各种开题报告、汇报报告、调查报告、可行性分析报告等。某威客网此类任务的年发布数量大概在1500次左右，年交易额100万左右。

应用文写作

写应用文主要是在各类社会活动中，用以处理各种公私事务、传递交流信息、解决实际问题所使用的具有实用价值、格式规范、语言简约的多种文体。应用文范围比较广泛。

如今某知名威客网每年的应用文任务发布数量为600次左右，年度总交易额在30万左右。

取 名

在威客网有一批神奇的文案威客，那就是专门从事取名的文案威客，为什么说他们神奇呢？因为他们就是传说中的"字字千金"，下面就介绍一下威客网到底有哪些取名的任务。

宝宝取名

古人云：赐子千金，不如教子一艺；教子一艺，不如赐子好名。威客网上衍生了一批从宝宝的五行、命理、星盘、生辰八字、寓意等角度起名的专业人士。

不要小看这两三个字,它们的平均成交价格在88元哦!而且仅一家网站每年发布任务的数量就高达1万次之多。可想而知,中国每年有多少宝宝诞生,有多少宝宝需要起名,行业的潜力巨大哦!

公司取名

公司名对一个企业的发展至关重要,因为公司起名不仅关系企业在行业内的影响力,还关系企业所经营的产品投放市场后,消费者对本企业的认可度。如某威客网的公司取名频道,经过4年的风雨历程,已经有超过15000个中外企业在网站发布任务征集到了各色创意的公司名。

如某威客网此类任务的年发布数量5000多次,总成交额近200万,平均成交价格在320元左右。

成人取名

如果您想改名,起个更好的名字,那么各家威客网成人取名、改名频道是你最好的选择。为自己或朋友征得一个锦上添花的名字,帮助人建立自信,挑战人生吧!

成人取名、改名服务单笔成交价高达300元,目前某威客网站每年有近7000人订制该类服务,年交易额高达250万元左右。

品牌取名

众所周知,企业及企业产品的"牌子"对消费者的选购有着直接的影响,品牌名的好坏,与产品销售之间有极大的关系,命名恰当,可以扩大影响,增加销售!怎样为自己的品牌起一个响亮的名字呢?这就出现了大批的雇主争相到威客网站为品牌取名的现象,平均成交价666元,是真真正正的字字千金。某威客网每年都有近6000条关于品牌取名的任务发布,年度累计交易额高达350万元。

店铺取名

店铺起名主要是一些私人的店主和网店主发布的名称征集任务。店铺名称必须与经营相吻合，反映经营特色；不落俗套，能迅速抓住消费者的视觉；应简洁明了，易读易记，寓意美好；同时应给人以美感和有艺术修养，而且数理必须吉利。

由于好的名字能让顾客迅速记住，减少广告成本，将精力更专注于店铺本身，所以很多私营店主选择花费200元左右的起名费，在威客网发布任务。据统计某威客网每年大概有4500人定制该类服务，成交额在60万元左右。

到此第3章已经完结，你是否已经决定自己未来在文案领域从事的方向了呢？在下一章会为大家详细介绍不同文案类任务的基础知识，希望可以帮助大家更清楚地认识自己和选择未来从事的具体领域。

第四章
文案类任务网赚全攻略

软 文

基础入门

❀ 什么是软文

所谓软文,是相对于硬性广告而言的,以宣传企业产品或服务,以促进销售为目的而创作的具有较高可读性的所有文体形式,包括特定的新闻报道、深度文章、付费短文广告、案例分析、经验分享等,其本质与电影电视剧植入式广告是一样的。

软文之所以"软",是在于它通过诸多文字技巧,将企业所要传达的产品或服务信息,巧妙地植入到具有较高可读性的文章中,让人们在感受阅读快感的时候,主动地自然地接受企业所要传达的信息,进而产生购买行为。

早期的软文主要应用于报纸,即将企业的产品或服务信息通过系列的策划,由企业的文案人员按照报纸新闻稿件的格式和写作方式撰写成文章,发布在报纸上。由于这类文章在表现形式上基本与新闻类似,人们不大容易分辨出是新闻还是广告信息,往往容易落入营销人员的圈套,实现了很好的广告效果。由于报纸软文刊登成本较高,对于绝大多数中小企业来说并不容易负担,所以报纸软文在"脑白金软文营销神话"之后,并没有获得快速的发展。

不过,随着互联网的发展,软文迎来了新的契机。一方面,包括综合门户网站、行业门户网站、地方门户网站等一大批针对特定人群的网络媒体迅速崛起,由于网络媒体的成本低廉,广告发布成本较低,极大地冲击了报纸媒体的广告市场,降低了中小企业进行软文营销的门槛。另一方面,随着媒体的碎片化发展,媒体受众的细分化导致的媒体软文的效果不断减弱。同时,以论坛、博客、SNS、微博等为代表的个人传播平台快速发展,媒体的长尾部分开始日益凸显其价值,软文也从单一的新闻式软文向个人的体验式软文发展。当然基于网站优化层面的SEO关键词软文也越来越多地出现。因此,从某种意义上说,软文营销是属于互联网的,在互联网时代,如果企业的营销体系中缺了软文营销这一块，那么企业的营销体系是严重缺位的。

随便说一下，杂志和图书其实是软文营销的最成熟形式，它们的操作模式，就跟在电影电视剧里植入广告一样，由于其制作成本低，广告植入成本相当低廉，适合绝大多数的企业。

❖ 什么是软文营销

要更深刻的理解软文，就不得不提到软文营销。

所谓软文营销，是指企业市场营销人员根据企业的产品和服务特征，利用软文这种独特的传播载体，有系统、有组织、有策略地进行软文写作和软文发布，从而实现销售目标的营销方式。

软文营销的发展可以分为两个阶段，前一个阶段主要以纸媒（报纸、杂志）为主要实施对象，软文以新闻稿形式出现，也称新闻软文，形式比较单一，软文往往由企业自己的文案或广告公司专业文案写作（也包括记者），并发布到报纸广告版，刊发费用较高，适合资金雄厚的企业，目前仍具有一定市场。

后一个阶段主要以综合门户网站、地方门户网站、行业门户网站、论坛、博客、SNS、微博等互联网平台为实施对象，软文形式多种多样，以新闻式软文、体验式软文为主。这个阶段的软文往往由具有一定文字功底，同时对广告和网络营销也具有一定研究的文字工作者提供。相比第一阶段的软文，这一阶段的软文对于软文的质量要求并不是太高，由于软文写作和软文发布的成本较低，使得企业或个人都可以大规模地在网络中使用。部分企业甚至采用人海战术，将自己的信息通过具有一定可读性的软文海量地发布到网络中，也取得了较好的营销效果。

尽管这个阶段几乎所有的企业都可以运用软文营销这种市场营销方式，但是也呈现出不同的特点。其中部分企业将软文营销纳入了企业市场营销的整体价格，将软文营销有组织、有策略、有系统地组合运用，取得了令人意想不到的效果。绝大多数的企业只是将软文营销作为一种临时的宣传方式，往往在网上随便找几个写手就开始写，然后发布到各种网络平台上，效果并不十分理想。

个人站长是后一个阶段软文营销最早也是最成熟的群体。对于网站来说，由于软文不仅具有广告宣传作用，而且对于优化网站排名具有特别的作用（具体作用见后文），软文营销成为每个站长最主要的营销手段之一。一些早期的站长和网络营销工作者，通过软文营销不仅宣传推广了自己的网站，更是以此打造出了自己的行业地位，比如江礼坤、牟长青、老周等人。

♣ 软文的作用

软文是软文营销的核心，而软文营销作为企业市场营销战略的重要组成部分，在塑造企业品牌和促进销售方面发挥着举足轻重的作用。

1. 软文往往具有较高的可读性，容易在人们享受阅读快感和学习的过程中实现主动传播。这与其他任何形式的营销方式都有不同。在软文创作中，软文写手往往根据企业的产品或服务特征，通过分析企业目标客户的消费心理和行为习惯，在此基础上，或者契合当前社会热点，或者立足行业趋势，或者分享个人经验心得进行创作。这些文章或者给读者以精神愉悦的享受、或者提供给读者学习资料，读者总体上对于软文的广告是主动接受的。

2. 软文营销具有多重作用。由于软文多用于互联网，在搜索引擎的关键词排名算法中，外链是其排名的重要因素之一。通过软文可以为企业网站建立大量高质量的外链，因此软文营销不仅可以让企业的宣传信息在软文发布的过程中得到广泛的传播，同时也将对企业网站的排名带来重要作用。一旦企业网站的关键词排名做起来后，其后续流量是十分可观的，因此软文营销成为每个站长或网络营销人员的必备手段之一。甚至有人说，一个不懂得软文营销的人，就不是一个合格的网络营销者。所以，在当前阶段，即使诸多企业并没有将软文营销纳入企业市场营销的整体架构，但是这种营销模式已经在他们企业网站的网络营销人员中广泛使用。

3. 软文营销是最经济的营销手段之一。由于软文是建立在最基础的传播载体——文字之上，而文字是每个人成长或学习的必备工具，因此软文的门槛总体来说是比较低的。理论上，绝大多数的人都可以成为软文写作从业者。这种背景给软文营销带来的结果是成本的大量降低，使得几乎每个企业或个人都能够采用软文营销这种推广方式。对于大多数的站长来说，基本都是通过自己来做软文营销，基本上是以零成本在运作。当然大型企业做软文营销，往往有着整体的战略，成本也相对较高，不过与其他营销方式相比，仍然是比较经济的营销方式。

软文的分类

日志软文

是反映网站日常工作情况和问题的文章，如"武汉百度网站日志"等。这类软文的撰写比较复杂、繁琐，也是值得借鉴和探索研究的。撰写的时候要注意：迅速及时，尤其是在网站日常工作进行中或出现问题时，更应注重速度；突出重点，一事一议，内容集中；记录网站更新过程，反应网站所处问题，实事求是。这样当别人看到你的日志软文时，才能学以致用，共同探讨。

新闻软文

是针对某条新闻的专题软文，比如谷歌ICP备案续期，它是为专题反映新闻事实而撰写的软文，要与时俱进，不然就过时了。

业务软文

它主要是针对某个商品或者服务所撰写的软文。主要内容是通过介绍商品和服务，围绕商品或者服务优势开写，要写得吸引读者，引发读者的购买和合作欲望。当然有些商品或者服务比较简单，写得比较短，但也不能缺少了对购买和合作的煽动性。

评论软文

主要用来交流经验，引用典型的事迹来进行评论解说。这种软文必须要营造矛盾点，激发读者评论，针对性要强，要简明扼要。

综合技法

软文写作要经历的八个阶段

本篇内容是朱则荣老师对于软文写作的一个总结（有删减），给有志于在软文方面有所建树的威客一个成长路线。所以，如果你打算将软文作为网赚的主攻方向，这是不可错过的一篇文章。

软文写作大体上要经历8个阶段：模仿阶段、浮躁阶段、练笔阶段、成熟阶段、摸索阶段、职业阶段、规模阶段和炉火纯青。

模仿阶段

时间：1~3个月

当对软文写作有了一股冲动，想写篇文章、想在网站上发表一篇文章、想让软文写作成为自己的一种重要能力时，通往网站写作的旅程就开始了。

这一阶段，是刻意地模仿，作者可以阅读大量关于软文写作的文章，寻找一些参考性的软文准备写作。

(1) 准备自己动笔写，完全用自己的语言来表达写作意图，前10篇写起来会感到非常头痛，硬着头皮去写，删除和重写现象频繁出现，也会遭遇投稿无门的窘况。当第一篇文章在心中期盼的网站发表时，有一种极度喜悦感。

(2) 移花接木式写作，在整合修改其他人的文章基础上写作，通常会将两三篇文章东拆西补，挪移拼凑，改成自己的，然后署上自己的大名，向相关网站投稿。如此写作发表速度较快，发表后有一种窃喜感，既为文章发表而喜悦，又有一种怕被人发现的担忧。

朱则荣建议：

(1) 师傅领进门非常重要，和学习书法一样，最初需要一些可供临摹的碑帖以及一定的技巧方法指导。如果没有老师，作者将长期陷入模仿阶段直至浮躁阶段，不能自拔。

(2) 要以向稍有名气的网站投稿为主要目标，不要以博客、论坛等没有专业编辑的站点发表为目的。前者会快速提高你的写作水平，一旦第1篇处女作发表，第2篇第3篇很快会发表，快速达到一种初级的写作水准。而后者的发表方式，将使你始终徘徊在低层次的写作阶段。

浮躁阶段

时间：3~6个月

如果自学写作，会出现这个前后矛盾、徘徊往复、拿捏不定的阶段。如果有名师指点，则不会出现这个阶段。

这一阶段，主要是急于发表又发不了的矛盾心理，急于通过软文为网站带来流量又无法创造流量的徘徊心理，以及想通过软文实现产品的销售而又见不到客户的焦躁心理。

（1）一小部分人会坚持下去，他们将问题归结在自己身上，认为是自己的写作能力和写作水平不够，尚需加倍努力，因此继续试图将网站写作作为自己的一项重要能力。

（2）一大部分人会半途而废，认为自己不是这块材料，认为这种方法效果太慢，或者一时兴起的兴趣已经淡化，遂罢笔。

朱则荣指出：

这一阶段，之所以浮躁，是急于找到一些诀窍、方法，自己摸索时难以找到窍门，故心态不稳。

练笔阶段

时间：3个月~2年

凡事要讲循序渐进，学习本身就是个苦差事，需要狠狠下一番功夫，勤于学习者自当勇往直前，练笔不辍。古人将砚台指称墨海，自有学海无涯之意。

练笔阶段下的功夫如何，完全取决于你自己，你可以三天打鱼，两天晒网，也可以闻鸡起舞，废纸三万。

就练笔而言，浅学者会初步入门，随意搞点软文没有多大问题，深学者会日渐精深，逐渐成为写手。

成熟阶段

时间：3个月~2年

有些人学写软文几个月，就认为自己已经是专业软文写手，即所谓的6个月无师自通，就是这种情况。通常在学习软文写作几个月以后，一般人就会认为自己已经掌握了软文写作的基本技巧，可以顺利地写几篇像样的软文了，也就自我满足了，对软文的写作追求也即到此结束。

我们将这一阶段，称为成熟阶段。学习写作，本身是一种付出，只是有的人付出得多，有的人付出得少罢了，这些都源于兴趣，如果兴趣一般，到这一阶段能够熟练写作软文，已经不错了。而对于有浓厚兴趣的人来说，从练笔到成熟阶段，需要花上3~5年的时间，这是从初级写手——普通写手——高级写手的蜕变过程。

摸索阶段

时间：2~5年

摸索阶段即是重点的学习研究阶段，对一般人而言不会进入这一阶段，他们只是简单地摸索一些写作窍门、写作方法而已，看看有哪些可以套用的写作模式。

对于深入的学习者而言，摸索的重点则是遣词造句、把玩文意、研练文风，他们希望找出一些写作规律，创造出一些自己的写作风格。因此在这一阶段，写作软文已经成为一种意境上的追求了。

在这一过程中，作者会研究各种软文和各类文章的写作，以图寻找出一种自己擅写的风格。就像十八般武艺，不仅追求样样精通，还要最终确定几件自己拿手的武器，厚积薄发，渐成大家。

职业阶段

职业阶段，就是我们通常所说的写手、职业写手，此时，写作已经成为自己的一种重要能力，完全可以靠写作吃饭。

通常，一个人从初次写作到成为职业写手，少则2年，多则5年。当有一天，你感到很多人愿意付费请你写作，或者用写作可以赚取到一些额外收入时，你就会把自己视为职业写手了。

由于写作可以为你带来收入，你的兴趣将更加浓厚，也希望成为一名高级写手。而且到了这一阶段，一些网站经营者、网络公司的创办者、网络项目和业务的管理者会发现，软文写作已经成为自己重要的营销方式，会加大和写手们的交往沟通，有意识地将软文写作纳入公司和网站的策略运筹之中，有明确的目标招揽写手，用文章为网站为公司为业务打天下，软文已经被视为公司进攻市场的一种强大武器。

规模阶段

规模阶段，即软文已成规模，已成批量化，这是一种追求。

（1）写手自身，可以在中央级媒体、著名网站随意发表文章，文章能被众多高端重要媒体全面转载，到了这一阶段，自己已经成为高级写手，彻底达到用文章打天下的境界。

（2）网站或公司，可以使用文章大规模炒作，使网站或公司的实力完全达到大规模批量写作、大规模批量发表、大规模批量传播的地步。到了这一阶段，这些网站或公司可以彻底实现以最低成本实现最大规模的营销，软文给网站或公司所创造的将是奇迹。

炉火纯青

李白斗酒诗百篇，是每一个写作者的至高追求。

需要时间：10～30年

（1）在写作水平上，达到文笔精深，挥洒自如，下笔万言，笔下千秋。写作时连腹稿也不必打，此时的写作已经是随意而写，随心成文，飘逸洒脱，可以开创出独有的写作风格，更可能成为数以万计的写作者崇拜学习的宗师泰斗。

（2）在营销上，你很可能创造出谷歌式的营销奇迹，因为你的公司最重要的核心营销武器将是极其发达的通讯社模式，极低成本的文章传播将会取代耗资巨大的广告投放策略。在整个互联网上下，正所谓：小网抄大网，大网抄于你。这种境界，有心人自会深入体会。

朱则荣语：同志们，软文宣传大行其道的时刻开始了，这一雷电烨烨、震铄互联网的大时代到来了，让我们齐头并进勇往直前，果断拿起你手中的笔，坚决敲起你身前的键盘，用文章冲锋陷阵，用软文攻城掠地，翻江搅海，笑傲山河。

优秀软文的五大要素：对谁说？说什么？如何说？何时说？何地说？

美国学者H·拉斯维尔于1948年在《传播在社会中的结构与功能》一篇论文中，首次提出了构成传播过程的五种基本要素，并按照一定结构顺序将它们排列，形成了后来人们称之为"五W模式"或"拉斯维尔程式"的过程模式。这五个W分别是英语中五个疑问代词的第一个字母，即：Who（谁）、Says What（说了什么）、In Which Channal（通过什么渠道）、To Whom

（向谁说）和With What Effect（有什么效果）。

软文营销也是一种传播活动，软文自然也就遵循着5W原则，有软文高手将此总结如下：

对谁说（向谁推广）：软文的目的就是要把我们所要表达的信息传达给目标受众，因此对谁说实际上就是锁定要传达的目标对象。

编辑写软文实际上就是为了在相应的用户群体中进行网站推广、树立网站品牌形象。对于家装视界网，要锁定的对象不外乎几大群体：一是制造商，也就是我们平常所说的厂家，二是经销商，三是设计师，四是消费者，然后根据四类群体的不同利益点和需求进行软文写作。

说什么（推广什么）：就是把我们要表达的信息准确地说出来。

对于制造商和经销商，感兴趣的基本是跟自己产品相关的东西。比如，品牌形象推广、销售渠道拓展、怎样将自己产品销售出去、材料供应渠道，等等。我们要对这两个群体所传达的核心信息是网站本身所拥有的资源，比如2万多名室内设计师资源、品牌宣传推广平台、产品招商平台、每天访问的众多终端消费者用户等。就目前来说，最受广州家装设计师认同的"十大家装建材品牌"投票活动就是一个关系到制造商产品品牌的最好推广范例。还有行业博客、地方频道的品牌推荐、新品推荐、卖场推荐、名店推荐，以及以后的企业会员中心都是很好的针对制造商和经销商的网站平台，也是写软文很好的网站产品素材。

对于设计师这一群体，他们感兴趣的东西包括三个方面，一个是制造商或经销商，一个是有设计需求的终端消费者，还有一个是网站本身对于设计师提供的服务娱乐一体的交流、展示平台和一些功能性的网站资源，如设计师作品和案例的展示平台、设计师博客、设计师相关活动、虚拟家装相关软件，等等。

对于消费者，这一群体是编辑应该最清楚和最了解的用户群体，而且我们很多内容都是针对终端消费者的需求来做，比如装修宝典、货比三家等。我们要给消费者的应该是一套完整的装修装饰解决方案，这包括三个需求阶段：装修前、装修中和装修后。我们写软文的时候就可以包括这三个阶段，比如我们可以用消费者的身份，以装修日记的方式来记录是如何通过家装视界网来完成这一过程的，并达到了什么样的效果。

如何说（怎么推广）：就是你准备通过何种表达方式将你要表达的信息有效地传递给目标受众，让其在潜移默化中接受你的引导。"如何说"是五大要素中最重要的一个环节，直接关系到软文质量的优劣和影响到最终的推广效果。

无论是对哪一类用户群体的软文，我们在写软文的时候都应将所推广产品或者内容的主要卖点针对性地表述出来。要保证内容对目标受众有帮助，这样才容易被接受。题材要选取目标受众所关注或者时下业界比较热门的话题，通过话题把所要表达的信息引出来并传达给目标受众，但切记所要表达的信息和话题之间的关联性。

何地说（在哪推广）：就是选择在什么样的信息载体上投放。每一种信息载体都有自己的定位，有自己的特定阅读群体。因此将完成的软文投放到目标受众聚集地，才会得到最佳的推广效果。

何时说（什么时候推广）：即选择什么时候投放软文。虽然投放软文是一项长期不断的宣传策略，但事实上在投放时段上还是有一定的技巧性。例如，网站新产品上线之前的软文，可对网站用户群体起到"预告"的作用，能制造一定的悬念和神秘感，并为网站新产品正式上线起到良好的铺垫作用。在网站新产品上线一个时期后的软文，则能强化消费者的记忆并促进其产生长期使用的欲望，增强他们对网站的黏度。

当然，在网站新产品半生半熟的时候千万不能到处推广。先不谈推广到底能带来什么样的效果，我们要注意的是宣传越到位，带来的流量越多，我们的损失可能越大。所以，对一个我们自己都觉得不够成熟、没有足够信心的网站产品不要去做盲目的推广，不然可能会产生一些负面效果。因为增加一个IP容易，但增加一个用户需要做很多工作。

其实无论是针对任何一方面的用户群体，软文创作所有的目的只围绕一个核心：即为推广网站产品和传播企业品牌形象服务，在写作上都具备万变不离其宗的共性，可以做到触类旁通。只要做到了以上的几点，就一定能以最小的代价取得最大的收获。而且软文不能单纯地做到网站推广的效果，同时还要推广自己，写的文章多了，更容易让更多人认识你，有利于今后的网站间合作。软文也容易被别人转载，越容易被转载的软文带来的效果越大。

软文标题创作技巧

前面的内容在广义上谈到了软文写作的一些内容，接下来我们来看看软文创作中最重要的部分：标题。

标题是文案的"眼睛"和"灵魂"，尤其是在报刊平面文案中，软文能不能吸引受众去读，标题起着举足轻重的作用，它直接决定文案效果的好坏。那么，如何写出一个好的软文标题呢？

1. 利用人们对新闻的注意及阅读新闻的习惯

这类标题类似报纸新闻标题，以新闻报道的方式对产品或服务进行介绍。这类标题提供的事实，应该是新鲜的、大家感兴趣、想了解的，这才能引起消费者的注意。

2. 承诺能给消费者带来的利益

这类标题首先是提出消费者最想得到、最为关心的利益，并作出负责任的承诺。这种利益除能满足消费者物质上或心理上的要求外，还包括价格实惠、省时、安全、方便等方面的好处。如"红桃K生血剂关怀装（副题），加量不加价（主题）"，这个标题让读者感到实惠。这类标题中所允诺的利益越大，越能引起消费者的兴趣，但应注意所允诺的利益要能兑现。

3. 诚恳地为消费者提建议

这类标题主动地劝说或强烈地暗示读者去做或去思考某些事情。如"龙牡壮骨冲剂"建议家长："别让孩子输在起跑线上噢"；"果珍"建议："冬天要喝热果珍"。建议型标题宜用平缓、礼貌、恭敬的言词来敦促人们采取行动，一般句中多采用"请"、"欢迎"等字眼，不宜用惊叹号。

4. 巧妙运用与同类商品或服务的比较

通过与同类商品或服务的比较，来显示自己的优越性，使消费者对本产品服务的独到之处有深刻的认识。如中国驰名商标产品红桃K生血剂的一则报纸广告，标题就很巧妙："经常被模仿，从未被超越"。它暗示读者：同类产品经常模仿它的质量、技术、效果、服务等,但都没能超过它。不过,这类标题绝对不能指名道姓,以采用泛比为宜。切记:避免伤害其他同类商品。

5. 使用夸耀的词句来赞誉企业所取得的成就或商品的优点

一般来说,这类标题主要用在消费者信得过的名牌产品上,有坚实可行的事实基础,并能增强购买信心与荣誉感。如有则药品的广告标题是:"30岁的人60岁的心脏,60岁的人30岁的心脏",意指此药治疗心力衰竭,使之恢复为健壮心脏。

6. 用生动贴切的比喻增强形象性

运用贴切、生动的比喻来进行表达,标题将变得活泼俏皮,令人读后回味无穷,持久难忘。如"此音只应天上有,人间哪得几回闻",以天上人间的遐想比喻宝石花牌收录机的美妙音色。

7. 有意在文案标题中布下悬念

在文案标题中布下悬念,将会使人产生惊奇感,为了满足好奇心,一定想刨根问底。这种标题以疑问的形式提出问题,以引起消费者的注意,产生共鸣与思考,并把文案的主要信息用答案的形式说出,或只问不答、引导消费者从正文中去寻找答案,这种会给目标受众留下较深的印象。如"您的面容不想再白嫩些吗?"(美容保健品广告)

8. 运用联想手法诱发消费者现实的或潜在的心理需求

文案中运用联想手法可以诱发消费者现实的或潜在的心理需求。如"虎标万金油"的广告标题:"张飞都怕"。人们不禁联想:猛将张飞怕什么?再看正文方知,原来张飞也怕跌打损伤。

9. 借助情感的力量打动人心

文案创作需要借助情感的力量。如红桃K生血剂的广告中有一个标题读来有情有义:"送爱心,表孝心,红桃K最贴心。"它借情感的力量去触动受众买红桃K当礼品送。这类标题应考虑消费者的接受心理,在语气上尽量婉转和客气些,避免引起人们的反感。

10. 用优美的诗句引起受众对商品的美好联想

优美的诗句,总能引起受众对商品的美好联想,有效地消除人们对广告套话的厌烦心理。在文案标题中适当借用和改用古今诗歌原句,或者采用诗歌式的语言做标题,可以起到醒目传神、引导消费的作用。例如:"举杯邀明月,对饮成三人"(白酒广告标题);"欲穷千里目,更上一层楼"(售楼广告标题)等。

11. 巧妙"借名"以突出自己的特色

借用古今中外著名的人、事、地、物的名气和影响,赋予新意,这样做常常能使消费者信服,或得到一种心理上的满足。如上文提到的"虎标万金油"的标题:"张飞都怕","张飞"一词就属此列。

12. 在标题中包含一点含蓄和寓意

一般来讲,广告文案应直截了当地把信息告诉受众,为什么又要讲含蓄呢?因为某些产品使用时涉及人体"隐私部位",比较特殊。如丰胸与壮阳药品广告标题:"女人'挺'好,男人'根'本"。一些寓意式文案标题能给我们以启发:"难言之隐,一洗了之"。一个"洗"字道出"洁尔阴"的诸多信息。

10种软文撰写技巧

软文撰写要考虑行业特点、产品特点、消费成熟度、目标消费者文化结构、地域文化等因素。现介绍10种应对不同情况的软文写作形式,供大家参考。

1. 以假乱真

软文最主要的发布媒体是报纸,而读者购买报纸是为了看里面的新闻,没几个人是为了看广告而买报纸的。如果能把软文写得像新闻一样,以假乱真,便可增加被阅读的几率及可信度。

撰写时尽量使用同新闻一样的语气,比如一个治疗高血压的药品,其采用的就是新闻形式的软文,软文主标题为"河南惊现百年前治疗高血压秘方",副标题为"河南省整理民间文化遗产,宫廷御医第四代玄孙贡献祖传秘方"。这篇软文被包装得很像新闻,会深深地吸引关注新闻的人士及患有高血压的患者。但要注意,这样写不是要欺骗读者,而是要以事实为基础,否则只会弄巧成拙。

2. 语出惊人

软文内容与标题极具颠覆性,语不惊人死不休,制造新奇与轰动性。现在媒体泛滥，被关注是个很不容易的事，用此法可以有效抓住读者的眼球。但要把握分寸，不要让读者有被愚弄或虚张声势的感觉。"16亿人该关注的问题"、"人真的可以长生不老？"、"昨天丈夫发现了我的秘密"都是采用了这种形式。

3. 围魏救赵

不直接宣传自己的产品，通过评论同类产品、消费者所获得的利益等，引出自己产品的优势。比如某治肝新药的软文：先讲当前没有特效治肝药物，再谈容易复发、药价高等一些同类产品的情况，最后引出自己的产品，产生了强烈的对比。"谁能阻止冠心病的魔手"、"想听歌需要几步？"、"传统染发损伤的不仅仅是头发"等软文均属此类形式。

4. 动之以情

就像充满了感情在讲一个真实的故事一样，让读者融入其中，使其在听故事时无形间接受了产品信息。

如某整形医院的软文——《让爱再次托起一个女孩11年的梦想》。内容是通过一封感谢信的形式来传达的，大意是一个从7岁开始学习舞蹈的美丽女孩，她最大的梦想就是成为国际级芭蕾舞演员，可半年前的一次车祸中，女孩的脸被划开了一个4cm的口子，女孩去了很多家医院，做了很多治疗，都无法消除脸上的疤痕。绝望之际来到了×××整形美容医院（软文所宣传的医院）得到医生肯定的回答后，女孩又喜又忧，喜的是可以恢复容颜，重返她心爱的舞台，忧的是，本来家境就不富裕，父母都是农民，自己的学费、生活费大部分都是自己课余时间做了3份家教赚来的，根本无力承担手术的费用。院方了解了情况后，全免了女孩的手术费用。几个月后，女孩的脸基本恢复如初，施淡妆后看不出任何的痕迹……×××医院的医护人员用爱心再次托起了女孩的梦想。

5. 含沙射影

通常用于打击竞争对手，形式多为"某某专家发现"、"某某报道"，以一个权威、客观、公正的角度和语气，指出某行业或产品的不足，或自暴行业内幕等。当然，前提是所说必须是事实，且自己的产品能具备弥补这些不足的能力。

虽然这类软文效果明显,但应谨慎。因为这种软文通常会造成行业的波动,对整个行业造成不良影响,甚至会引火上身,成为行业公敌,操作不当,甚至消费者都会对你产生反感。奥克斯公布的行业白皮书、一个跨国企业操作的"微波炉可以致癌"、"做过美容手术的朋友,看看你3年后的脸"这些都是此类软文,而效果则是喜忧参半。

6. 狐假虎威

借一些知名专家、权威机构的名义或傍知名企业、品牌,这样可以增加消费者对该企业或产品的好感度与信任度,尤其适合新企业、小企业、新产品、小品牌,可以达到事半功倍的效果。此类软文的写作要善于发现,找出能与强势资源挂上关系的地方。

如某牙膏品牌为了提高其品牌知名度与可信度,打出了"××牙防组织推荐"的旗号。其实这个组织并非国家授权机构,只有几个人,并且由该品牌所控制,根本谈不到权威性,但对于一般消费者而言是没有这个辨别能力的。"耐克运动鞋一半都是我们代工生产的"、"权威机构推荐,畅销8年"、"经科学证实,××具有有效抑制癌细胞的作用"这些软文的借势手法都很成功。

7. 巧借东风

利用事件来借势宣传,事件可以是突发事件、政府文件、科技成果的发布、特定节日等。比如前些年药监局查出某感冒药中含有PPA,一时间PPA成了大家关注的热点话题。该药在感冒药这一品类中是龙头品牌,把其他品牌的产品压得透不过气。这次该药出了事,一家制药企业最先敏锐地发现了这个借势的机会,展开了全面的借势营销。其中的软文着重表达自己的品牌产品不含PPA成分,获得了巨大的成功。虽然随后其他感冒药生产企业也纷纷效仿,说自己的药也不含PPA,但效果远不及最早提出的那家企业。可见,敏锐地发现机会并果断地行动是很关键的。神舟六号飞船升空,举世关注,一些企业借势炒做,如"航天员专用牛奶"等。

端午节的时候,一家大型食品厂做粽子产品宣传时,不直接介绍自己的产品,而是先讲端午节的由来、粽子的由来、正宗的粽子是如何制造的等一些端午节的文化,最后才讲他们生产的产品——"最正宗的粽子"效果十分理想,因为消费者在品尝甜美的"最正宗的粽子"的同时,还能品尝出浓郁的端午文化。撰写借势型软文需要敏锐、准确地把握可以借助的势能,并挖掘最恰当的切入点,把自己的产品或品牌,巧妙地结合进去。

8. 水乳交融

该种软文形式是通过与目标读者产生互动来达到提升软文效果、促进销售的目的。通常是给读者一些奖励,调动其参与的热情。如:答对所提出的问题可赠送礼品、有奖征文等形式。要注意的是互动应是和目标读者(消费者)之间产生的互动,否则,大量的非目标读者参与就是失败。这就要软文撰写者巧妙地设置互动形式与内容。如某手机卖场推出了一篇软文"8部免费手机,哪部是你的?"内容是回答8款新品手机的一些新功能是什么。活动结束后在答对问题的读者中抽取8位幸运读者,每人赠送手机1部;抽取30位幸运读者,赠送手机挂饰;抽取50位幸运读者,赠8.8折购机卡等。问题答案可在该卖场的这8款手机宣传海报中找到(这8款机型中,当时有3款仅该卖场有售)。软文刊发后,参加者十分踊跃,一时间卖场人头攒动,极大地调动了卖场的人气,销售节节攀升,出现了重要节假日才有的火爆场面。软文中使用的互动形式十分准确地抓住了目标消费者,并通过在卖场找问题答案等形式,把活动引向了深入。这种软文形式的成败主要决定于互动形式的选取。

9. 设置悬疑

多用问句,设置一些目标消费者关注或设法引起其关注的问题,而最终解开谜团时,也是其要宣传的产品出场的时候。此时可以继续设下悬疑,抓住读者的好奇心理,继续阅读下去。要注意的是,你的解释要合情合理,不要给人故弄玄虚的感觉,否则容易使读者产生反感。

10. 环环紧扣

经常能在报纸见到连续几期的"软文连载",撰写得当,可吸引读者连续阅读,加深读者对品牌或产品的印象和了解。药品行业惯用此法,如通过推出"问题篇""求医篇""治疗篇"等系列软文,娓娓道来,从生病求医,再到使用某某药品的过程。

软文撰写的禁忌

如果暂时领悟不了方法,那么不去碰触禁忌也算是一种不是方法的方法。为此,有软文高手总结软文写作禁忌如下:

1. 忌知己不知彼

通常软文写作者会对所要宣讲的产品做深入系统的研究,这样做的确是写出有血有肉、生动传神的好软文的一个重要因素,但往往忽视了另外一个重要因素——对市场情况的调查研究。应把握市场热点,抓住目标受众对产品最关注的是什么、易于接受的传播方式是什么等问题。否则,即便你妙笔生花,若不能迎合消费者也不会有理想的市场回报。比如,某手机卖场要为一款女士专用手机做软文宣传,他们对该款手机深入了解研究后发现该款手机具备很多新功能及高端的配置,于是软文撰写内容便围绕这些新功能、高配置进行诉求。该文对手机的新功能、高配置与同档机型进行优势对比,写得十分到位,可刊发后市场反映平平,问题就出在该文操刀者对目标市场了解得不够——女性消费者对手机强大的功能并不十分感兴趣,而更在意手机的款式是否漂亮、新潮、小巧等。后经过调整,重新撰写的软文传播定位在"小资的化装包"(该款手机具备屏幕镜子功能),不求所有人都来购买,因为这样可能所有人都不会来购买。定位人群特征是:中等收入,年轻且追求时尚的小资一族,软文重点描述该机型时尚高雅的造型设计与小资一族内在气质的和谐搭配及女性补妆时可做镜子使用的功能。软文刊出后市场反映强烈。同样的费用,效果却截然不同。

2. 忌软文写作忽视标题

软文的标题是整篇软文的重中之重,大家看报纸都是先看每段内容的标题,感兴趣后再接着阅读。一般读者决定是否看某一个内容70%是由大标题和副标题决定的。标题是整篇软文的点睛之笔,所以,要在标题上下足工夫。

3. 忌软文写作拖泥带水

读者看软文广告通常没什么耐心,如果不能在几行字之内抓住读者的视线,后面的内容即使再精彩也毫无意义,避免像写流水账一样,要精练语言,前后呼应,使一篇软文浑然一体。

4. 忌软文传播无战略规划

传播目的要十分明确,是要配合硬广告进行延伸传播还是塑造品牌或是新闻造势等。确定了目的便可根据目的制定传播计划:前期什么内容、中期什么内容。后期什么内容。而随着市场变化,方案和内容还会做相应调整,且不可一篇软文打天下或韩信乱点兵。

5. 忌篇幅过长过多

如今快速的生活节奏,让读者习惯了快餐式的阅读,看到大篇幅的文字就头疼,即使阅读也很难读完整篇内容,更何况是让其读广告了。增加了版面费用,效果却反而不好。软文要短小精悍,言简意赅,让读者很快就能了解整个内容。当然,如药品等行业有其传播的特殊性,篇幅可能较长,但还是尽可能简短的好,如果是很长的软文就要把整篇内容进行合理的划分,像写作一样——启、承、转、合,环环紧扣,条理清晰,每句话不可过长,尽可能用短句(每句话10字以内最佳)。这样易读易记,自然容易产生阅读兴趣。努力做到读者觉得读你的软文是读这份报刊中最容易阅读的文章。

❀ 行业软文写作攻略

前面我们谈的都是一些广义上的软文写作方面的思路和方法,在本节我们则要谈谈行业软文的写作。由于篇幅有限,我们不可能去针对每一个行业来讨论,所以这里我们选取了房地产行业来谈谈软文的写作,尽管每个行业都不同,但本质是一样的,所以其他行业的软文写作可在本文的基础上举一反三。

房地产软文写作方法汇总

任何事物都有规律可循,地产软文亦是如此,总结出并把握好事物的规律后,我们运用起来就会如鱼得水,事半功倍了。本文简单地总结出了地产软文的写作方法,希望对大家能有所帮助。

❀ 一、地产软文的三种境界

1. 垃圾广告

此类软文在报纸上经常看得到。它的特点是:一般都在报纸的广告专版，很少有图片，有的还加了边框，其内容从头至尾都是王婆卖瓜似地吹嘘项目，诸如地段如何好、景观如何美、物业服务如何周到，等等；标题大都缺乏创意，地址、联系人、电话都明显地标注在文后，像是生怕别人联系不到似的。

这类软文全是付费的。因为对于报纸来讲，这些版面是当作广告版面销售的。真正看报纸内容的读者一般连看都不看一眼就翻页了。因而它的传播效果极差。企业为这种软文花了大量的广告费用，却得不到良好的效果，实在是可惜。

评论：很显然，这类软文是境界最差的。但是大多数项目宣传却停留在这个阶段。我们要在观念上搞清楚软文与平面广告的不同。软文完全以文字表现，它通过读者逐字阅读来传递内容。所以，软文有没有效果，首先是看它能不能吸引读者的阅读兴趣。而平面广告则不同。一个具有创意的设计，一幅极富冲击力的图片，或者是几句富有诗意的短句，都有可能给人以无法抗拒的感染力。因此，软文的制作必须充分注意到这些差异，要扬长避短，决不能将软文当做广告的方式来处理。

2. 正面报道

此类软文属中等境界。它们常常出现在报纸的正文版面，特点是文章篇幅不大，属于新闻报道式（如开盘报道、样板间开放报道等）。当然，其内容是以媒体的视角来报道企业，在字里行间或含蓄或直白地把项目赞扬一番。从而为项目进行"客观"的宣传。因为它们是新闻形式，所以这种软文还是有些阅读率的。不过，随着"有偿新闻"的泛滥，读者的眼睛也越来越亮，对于一些明显带有倾向性的报道，他们也是心知肚明，这迟早要影响到文章的阅读率。

评论：此类软文需要注意的是：一要注意编辑、记者将报道写得过于平淡，甚至有些负面味道（后者可能是公关未做好）；二要防止他们不负责任，把企业给的宣传资料不加改动就照发，要把稿件的调子定在不是明显吹嘘的感觉上。你觉得编辑、记者应该"拿人钱财替人消灾"，一切都给你做好？非也非也。他们到时候都很忙，没有心思逐字逐句符合你的意思。

况且这种稿件对他们来说简直和垃圾没什么两样,很多稿子写出来他们都不愿署真名。

3. "三赢"软文

软文的最高境界是:不管你怎么看都很难确定它是不是软文。它是"三赢"的,即读者、媒体和项目三方都获益。这类软文说起来较为复杂,从某种意义上说,这种软文已经不是普通意义上的"软文"了,而是媒体发表的代表其"公正性"的文字。它一般分为两类,一类是企业无需付费,文章中的内容是企业提供的非常有价值的东西;另一类则是媒体付费采写的关于某企业正面或中性的报道。

评论:总的来说,这种软文的特点是:媒体产出了有价值的文章,读者获得了有益的信息,项目经媒体报道提升了知名度和美誉度。这种"三赢"的结果应当是所有文案人员梦寐以求的。

三种境界的软文一经列出,高下立判。

二、建立软文标准件

地产软文写作的初级阶段,就像手工作坊,来一个订单,做一件产品,但是经过一段时间之后,项目接触的媒体多了,积累的报道也不少了,这时就应该走向"规模化"、"产业化"。建立软文的标准件是一个聪明的办法。

软文的标准件就是把项目给外界说的话统一起来,避免重复性的工作,也避免了项目对外口径不一致的现象。标准件必须非常谨慎、细心地编撰,因为它代表着项目对外的正式发言。标准件一旦出台,就要马上在公司宣传、散发,最好让员工统一学习,这样就可以在不同场合保持统一口径。

有的项目有标准件,但仅仅是几篇介绍开发公司和项目的文章,由于在各种报刊上都用,结果让人看都看烦了。有一种"模块化"的标准件制作法,通过对各模块的组合搭配,写出的软文不但口径统一,而且千变万化。

具体做法是,在公司数据库建立一个专门的文件夹,其中包括以下几个模块(可以视情况增加其他模块):

(1)开发公司历史:列出开发商自成立以来发生的较大的、有新闻价值的事件、具有里程碑意义的阶段。通过内部采访,了解开发商从创立前到现在的整个历程、故事，比如曾经遇到何种困难，是如何克服的；何种机会，又是如何抓住的，等等。

（2）开发公司规模：包括经营规模、人员规模、成员企业以及营销网络等代表开发商发展状况的信息。

（3）项目基本情况：项目的基本情况介绍，突出产品的概念定位及功能特性，并统一口径。

（4）项目认证、荣誉和市场地位：包括项目的市场影响力、各种认证和排名等。这一块通常需要及时加入新的内容。

（5）项目规划：包括开发公司制定的对于项目持续开发的情况，包括目标、战略发展方向、计划等。

（6）重点人物：包括公司的董事长、总经理，还有其他一些在项目发展中举足轻重的人。介绍他们的观点、故事、轶事以及一些简短的语言花絮。这类模块必须注重积累，并不断充实内容，对媒体曾经对他们的报道加以整合。

（7）图片、影片库：例如项目标志性建筑、办公场景、重要事件场面、项目包装、广告图片以及重要人物照片等。

需要强调的是，标准件自始至终要按照"寻找新闻点"的思路编写，要"换位思考"，充分考虑媒体和读者的视角，切忌王婆卖瓜，切忌纠缠于产品功能细节而忽视真正具有新闻价值的东西。

那么，究竟什么时候运用这些模块，怎样排列组合呢？

有两点需要注意：一是要把握时机。要在时间方面找到一个由头。例如新项目上市、获得奖项、大项目的中标、与其他企业建立合作关系、本行业突发事件以及企业诉讼，等等。二是要有针对性。不同报刊有自己的背景和特色，而不同版面内容侧重点不同，这样，最终软文的风格也一定不同。不过，由于需要的资料都来源于软文标准件，它们的基本内容是一致的。

三、宏观把握地产软文

软文写作是一门科学，科学后面总是有规律可循的。

首先是标题，软文的标题分为主标题和副标题两个部分。主标题要求一下就要抓住眼球，要惊世骇俗，不能平庸无奇。像"8000万人骨里插刀"

这样的标题绝对是软文的圣品。副标题要求能说明问题，概括性要强，要把很长的文章分成几个组成部分，以便使阅读性增强。

软文的核心内容还是一个销售主张"USP"，也就是一定要有一个核心的卖点，一个足以产生销售的刻骨铭心的理由，或者"以理服人"或者"以情动人"，最终的目的是"销售达成"。千万忌讳"论文式软文"（理性太强，没有吸引力）和"无病呻吟"（缺乏趣味和销售力）。

软文写作有一个中心——以感受（或者称体验）为中心；两个基本点——制造需求和引导消费。所谓感受为中心，以保健市场为例，要突出消费者切身的感受，患病的感受、治疗的感受、使用产品的感受等（从听觉、视觉、触觉各方面入手），一定要写出顾客的"切肤之痛"，要通过感受使你的目标人群走进你设定的思维圈。反之，离开了感受，你的思维再严谨、你的感情再真实，也很难使顾客的需求变得迫切。制造需求和引导消费是软文的目的和宗旨，也是软文写作的细节把握。如何把感受变成消费的理由、把弱需求变成强需求，就要从软文的内容、版式、思想和色彩各方面着手，使之成为经得起推敲的严密思想系统。

♣ 四、微观把握地产软文

软文有软文的一套，写地产软文一定要注意这样几点：

（1）软文相对硬广告的主要特征之一，就在于它给人的可信度比较高。因此楼书上可以风花雪月，但软文一定要显得实在，尽量不要阳春白雪。

（2）可以把自己当作记者、当作购房者，但要少把自己当作卖房的，也就是说要换位思考。想想自己买房注重和疑虑的是什么？

（3）内容可以平一点，但是小标题要玄一点，这样才能吸引人看下去。同时，在大标题及小标题上尽量不要突出案名信息。因为，这样做广告味太浓，容易让读者产生抗拒意识。另外，要对概念区别对待，不要一味地将标题向概念上靠。否则的话，将会牺牲标题及整篇软文的营销力。

（4）尽量多分段落，让读者通过最先进入眼帘的标题找到他们感兴趣的东西，深入了解下去。

(5) 软文不要啰嗦，少在大家都知道的公共信息上泼太多笔墨，要尽量精简，突出自己要讲的核心内容。自己想想，在同一份报纸上，甚至是同一个版面上，面对多个都可能满足我们需求的楼盘软文，我们是否会将又臭又长的"老太婆裹脚"类文章抛到一边？当然，有事件噱头的软文可稍长处理。

(6) 平常多看看报纸，瞧瞧人家的地产软文是怎么写的。

(7) 对媒体进行详细的分析，有针对性地进行写作。

五、地产软文的几种写作方式

(1) 悬念式：也可以叫设问式。核心是提出一个问题，然后围绕这个问题自问自答。例如"真的可以赚得盆满钵满么？"、"什么才是品质住宅？"等，通过设问引起话题和关注是这种方式的优势。但是必须掌握火候，提出的问题要有吸引力，答案要符合常识，不能作茧自缚，漏洞百出。

(2) 故事式：通过讲一个完整的故事带出产品，使产品的"光环效应"和"神秘性"给消费者心理造成强暗示，使销售成为必然。例如"1.2亿买不走的秘方"、"神奇的植物胰岛素"、"印第安人的秘密"等。讲故事不是目的，故事背后的产品线索是文章的关键。听故事是人类最古老的知识接受方式，所以故事的知识性、趣味性和合理性是软文成功的关键。

(3) 情感式：情感一直是广告的一个重要媒介，软文的情感表达由于信息传达量大、针对性强，当然更可以叫人心灵相通。"老公，烟戒不了，洗洗肺吧"、"女人，你的名字是天使"、"写给那些战'痘'的青春"等，情感最大的特色就是容易打动人，容易走进消费者的内心，所以"情感营销"一直是营销百试不爽的灵丹妙药。

(4) 恐吓式：恐吓式软文属于反情感式诉求，情感诉说美好，恐吓直击软肋——"高血脂，瘫痪的前兆！"、"天啊，骨质增生害死人！"、"洗血洗出一桶油"。实际上恐吓形成的效果要比赞美和爱更容易被记住，但是也容易遭人诟病，所以一定要把握度，不要过火。

(5) 促销式：促销式软文常常跟进在上述几种软文见效时——"北京人抢购***"、"***，在香港卖疯了"、"一天断货三次，西单某厂家告急"……这样的软文或者是直接配合促销使用，或者就是使用"买托"造成产品的供不应求，通过"攀比心理"、"影响力效应"多种因素来促使你产生购买欲。

实战案例

接下来将结合某威客网的软文案例来进行阐述。我们截取了一篇该网上发布软文雇主的要求实图：

任务要求

任务要求：征集推广我的淘宝店铺的软文，小店做进口食品。具体的可以先了解我的店铺 http://shop60256401.taobao.com/（200999下雪了）
写作要求

1. 标题广告味不要太重，最好要有新颖吸引眼球的标题，让人一看就有点击查看的欲望！

2. 广告痕迹不要明显，语句要自然流畅，巧妙地加入本店部分图片，本店地址链接，产品链接。

3. 文章要穿插一些图片，

4. 软文要适合在相关博客论坛

5. 要求原创，第一次发布，不侵犯他人著作权，否则由设计者承担责任，字数300字以上

图4.1 某淘宝店铺征集推广软文

以上是各家威客网上经常征集的软文类型——网络论坛软文。这类软文因为是需要用通俗的近乎和网络帖子相同的语言来掩饰广告，因此不需要写作者具备太好的文笔功底。

在写作之前，先要分析一下雇主的要求。

雇主的第一点要求——标题不要突出广告味。我们知道，软文就是要软，以防止广告成分太过暴露而被消费者排斥。此外雇主要求标题新颖，能够吸引眼球。我们知道，文章中的广告是要给人看的，而能够让更多的人看才能起到营销的目的。

雇主的第二点要求，则是在文中对语言的把握和广告的自然植入。广告自然植入要选择一个自然发生地话题，然后在话题中将广告近乎"顺嘴式"地代入。

雇主的其他几点要求则是为了更好地修饰软文的风格。一般来说，软文配上图片会更形象生动。软文写作为了不侵犯他人的著作权，需要是自己

的原创作品。此外，在网络上为一些商家撰写软文，要选择一些信誉好的商家，杜绝为假冒伪劣产品撰写软文，以免触犯法律。

知道了雇主的要求后，怎么样根据雇主的要求来撰写一篇合格的软文呢？

首先，要选择一个切入点。即如何把需要宣传的产品、服务或品牌等信息完美地嵌入文章内容。好的切入点能让整篇软文看起来浑然天成，把软性广告做到极致。这是一个整体上的构划，比如我们的广告源是一个食品店铺，要考虑发生一个什么样的情节才能与这家食品店铺发生关联，例如可以阐述自己在网购中碰到了这家店铺后和这家店铺发生的故事。同时要注意选取新颖动人的情节，还要避免广告内容的成分过多曝光。

其次，选择一个好的标题。一篇软文的标题很重要，尤其是在网络快餐时代，大多数网民习惯从标题上判断这一篇文章是否吸引自己。那么要和网络的食品店铺发生关联，一个资深的文案写手会怎么写呢？他会考虑一个能够吸引网民点击的标题而不会简单地平铺直叙。以这家食品店铺为例，经验不深的软文写手可能写《这么好的店铺可真不多见》，而资深的文案写手则可能会写《说说我一次网购的经历囧得让人喷血》。由此可见，要注意标题的叙述，给人以吸引点击的噱头。

最后，完善软文整体文字，按框架丰富内容，润色具体内容。在整体结构的写作中，网络论坛软文与一般网民写作的网络帖子几乎是一样的，软文只不过在中间插入了具备表扬性质的产品，因此写作结构也很简单。其最大的难点就是要把广告自然过渡，把握好话题的核心与广告的度就可以了。

我们选取了这篇任务的中标案例《说说我一次的网购经历囧得让人喷血》：

这都是神马事啊。哇哇哇哇。

谁都没想到姐的第一次网购经历竟然是去买吃的了。都说姐大意吧，这里就暴露了两个消息。第一个消息就是姐注册淘宝网都两年了，才第一次参加网购，实在是囧。第二个就是第一次网购竟然是奔着吃的去了。

话说姐在淘宝网看到了这个甜蜜蜜的松塔（此处添加有店铺链接），心里是实实在在憋不住了。

话说姐平常就胆小，淘宝网那么多天花乱坠的好东东，姐之所以能憋得住。这是姐的这个小秘密，不敢给快递留手机号。哇哇哇。

当时姐跟这家店铺的店主说，这个松塔真不错哦。

店主告诉额说，是不错，味道松软香甜。

见姐没说话，店主又在旺旺上发来一条消息，对不起啊，我这样说好像你没尝过似的，我这样说的意思是我们这个店的松塔是台湾的哦，尝到嘴里口感很细腻，很舒爽的，也很健康。

也许就因为这句话吧，姐实在憋不住了，真的就订购了。

要知道姐以前之所以不敢参加网购，就是怕麻烦，怕留下手机号，神马神马操作手续的真没经历过的。

当下姐订购之后不久就收到了快递，没想到很平常地收到了那款松塔。

真好吃啊。啧啧。姐现在还在那家店铺经常对着图图流口水。哇哇哇。

囧囧，实在是囧死了，大家千万别嘲笑我哦。哇哇哇。

从上面这篇软文可以看出，写作软文并不需要结构复杂且严谨的文章写作功底，用平常的话语来完成一次话题的介绍，就能成功地将店铺广告成功植入了。

再来看下一篇经典软文范例：

《小女孩的十大可爱梦想》

1. 事业一定要有，但不得太大；太大则天天有人请示汇报，劳心！
2. 老公一定要有，但不能太小或太老；太小需要哄着，太老则无趣！
3. 爱好一定要多，但手艺不得太精；太精则费时又伤神！
4. 儿子一定要有，但不得太帅；太帅了，小女生常常来敲门！
5. 化妆品一定要精，但牌子不能太杂，太杂会伤皮肤，雅诗兰黛就行！
6. 服装一定要有品位，龙笛、Marisfrolg、宝姿中挑自己合口位的即可；不一定要古琦什么的！
7. 貂裘一定要有，但不得常穿，常穿则有退化之嫌，还会遭动物保护协会打搅！
8. 旅行一定要多，但不得过频，过频则是为航空公司捐款！
9. QQ聊天一定要会，但不得太久，太久则不用化妆也会像可爱的大熊猫！
10. 在论坛一定要写东西，但不宜太多，太多则会被误为写手加枪手。

可以看出上面这篇软文是哪种产品的软文吗？这篇就是雅诗兰黛的软文。乍一看上去，并不能发现这是广告，仅仅觉得是搞笑和有用的幽默帖和经验帖。与前文所写的内容一致，这篇帖子的话题重心并不是直接的广告，这就隐藏了其广告成分，然而通过文中间接的情节叙述，又让消费者认知到了雅诗兰黛的魅力。此篇文章一气呵成，文章结构严谨，标题新颖，标题内容容易引起人的好奇心，算是比较经典的软文范例了。

策 划

基础入门

◆ 什么是策划

策划又称"策略方案"和"战术计划"（Strategical Planning/Tactical Planning）是指人们为了达成某种特定的目标，借助一定的科学方法和艺术，为决策、计划而构思、设计、制作策划方案的过程。

策划学兴起于中国改革开放的20世纪80年代。经过几十年的发展，策划学理论正逐渐成熟并被广泛应用于实践。

目前在中国从事策划的人不少，策划也越来越受到社会的欢迎和重视。但策划在中国的发展并非一帆风顺，走过了许多曲折的道路。20世纪八九十年代社会上对策划的理解很乱。一段时间社会上有人把策划吹嘘得神乎其神，片面夸大策划的作用，甚至把策划说成是无所不能，一个点子就能够让企业起死回生，一条计策就是灵丹妙药，一些人把自己吹嘘成什么"策划大师"，"点子大师"。

那个时代的策划多是一种主观论调，没有严密的学术研究，这种没有依据的吹嘘和缺乏学术基础的内容，让很多人对策划产生了一些反感和误解，把策划看做是不能登大雅之堂的学科，但在社会上策划却又是非常热门和受欢迎的话题，一段时间还形成非常有趣的冲突，一方面社会需要大量的策划人才和策划方面的知识；另一方面，作为传播知识、培养人才的基地的大学又把策划拒之门外。

特别是2001年12月11日中国加入世界贸易组织（WTO）成为正式成员国这一事件，对策划的发展起到了很大的推动作用。加入世界贸易组织后，中国经济与世界经济融为了一体,为各行各业带来了更多的机会,但同时竞争也更激烈。各行各业渴求各种有用的知识,作为起源于中国的策划学因为更能针对中国的国情,随着策划学理论的深入和发展,它越来越受到各界的重视,中国的很多行业都深感这方面的不足。自中国加入世界贸易组织后,因为社会的需要,很多大学也开始重视策划,逐步开设了这方面的课程。

中国加入世界贸易组织后的这几年来,策划业成了非常热门和受欢迎的话题,在中国从事策划的人不少,而且在各类职业需求调查中,对策划人才的需求总是位于前几位。

作为一门全新的学科,策划学无论是在实战经验还是在理论深度上,都在朝好的方向发展,并逐渐完善。策划学除了在社会上非常火爆外,在高校也正为很多人所接受,开设这方面课程的高校也越来越多。

策划的功能

策划的功能是指策划的功效和作用,它是由策划的本质决定的,或者说,策划的功能是策划本质聚焦点的放大和扩散。

1. 策划的竞争功能

竞争功能就是策划者以智谋及其策划方案协助策划主体赢得政治竞争、军事竞争、经济竞争、技术竞争和形象竞争等方面的主动地位,使其有所作为或稳操胜券。

2. 策划的决策保证功能

这一功能就是策划者为策划主体的决策谋划、探索、设计多种备选方案,使决策者以策划方案为基础,进行选择和决断,从而保证决策的理智化、程序化和科学化。

3. 策划的计划策定功能

这种功能表现在策定计划的规定程序上,即策划机构在进行计划或规划之前,运用科学的策划运作程序而对计划进行构思和设计,为计划生成提供智谋母体,使计划确实可行,使资金投向可靠。

4. 策划的预测未来功能

预测未来功能就是策划者注意策划主体发展的长远问题或本质问题。

针对市场的未来变化或社会未来发展，进行超前研究，预测发展趋势，思考未来发展问题，提高策划主体适应未来和创造未来的主动性。

5. 策划的管理创新功能

管理创新功能就是策划者遵循科学的策划程序，从寻求策划主体的问题或缺陷入手，并在探索存在管理问题的原因中确立目标，从而谋划构思、设计解决管理问题的有效途径。这实质上是一个管理创新的过程，一个好的策划方案本身就是一个管理创新方案。

❀ 策划的分类

策划一般分为商业策划、创业计划、广告策划、活动策划、营销策划、网站策划、项目策划、公关策划、婚礼策划、医疗策划等。

虽然策划的种类不同，需要了解或找寻的知识资料也不同，但是策划的方式都是一样的。无论从事哪方面的专职策划只要能掌握策划逻辑就好，不需要深入去学习相关行业的专业技能。比如做网络游戏策划，只要知道程序可以这么做就好，不用告诉程序员程序要怎么样去写，所以策划作为一个工作的门槛是很低的，你有思想、有好的点子、会用写字或画图等方式表达出来就可以成为策划。当然如果能全面地了解各方面的知识是最好了，特别是了解营销方面的知识会对策划的联想创意很有帮助。

由于威客任务里面各种策划都有，但总体来看，营销策划类任务居多，因此这里详细介绍一下营销策划。

市场营销策划是根据企业的营销目标，以满足消费者需求和欲望为核心，设计和规划企业产品、服务和创意、价格、渠道、促销，从而实现个人和组织的交换过程。市场营销策划是为了改变企业现状，完成营销目标，借助科学方法与创新思维，立足于企业现有营销状况，对企业未来的营销发展做出战略性的决策和指导，带有前瞻性、全局性、创新性、系统性。市场营销策划适合任何一个产品，包括无形的服务，它要求企业根据市场环境变化和自身资源状况做出相适应的规划，从而提高产品销售，获取利润。市场营销策划的内容包含市场细分、产品创新、营销战略设计和营销组合四个方面的内容。

综合技法

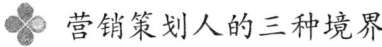 营销策划人的三种境界

策划类任务是威客文案任务的重要组成,但策划本身已经是一门专业的学科,因此要靠本书的篇幅来完整地讲述如何成为一个专业策划人不现实,所以,编者仅仅从一些关键点上整理一些文章,给有志于主攻策划方向的威客参考借鉴。本篇讲的是一个策划人成长所要经历的几个阶段,即:神话论、经验论、进化论。

第一阶段:神话论

刚刚步入营销策划行业的人,一般都是刚入职不久,并借着个人的学习能力,看过一些营销案例或者是看过几本营销大师的书,被书里的成功案例所深深吸引,为营销大师的思想所神往。

这个时候的营销策划人,基本上处于虚幻的感觉,对营销大师的著作和思想更是到了顶礼膜拜的阶段,对于营销策划的魔力几乎到了神话般地步。可以说此阶段营销策划人对策划已经完全神话了,都有一种迫切实现自我的冲动与激情。总想找机会造就出向营销大师一样的轰动性经典案例,在营销界和企业界传颂。

但是经过一段时间的工作实践后,发现一个好的营销策划方案并不是轻易可以造就的,而是集中各种资源后,策划人凭借敏锐的视角进行巧妙引爆。作为一个初级的营销策划人很难碰到这样的机会,而所做的策划基本上不是促销策划、就是简单的平面策划,所产生的效果也十分有限。根本不像大师描述的那样如何了得、如何神乎其神。

从初步认识向初步实践过渡,营销策划人基本处于一种自我学习、反省、总结的阶段,而其对营销大师宏伟理论也不再深信不疑,对大师的思想也不再那样推崇和神往了。而开始辩证地认识营销策划这一行业和这一职业在企业中的位置。

这种逐步清晰的认识主要体现在两个方面,首先认识到营销策划只是整个营销体系中的环节,而一个好的营销方案要产生爆炸性的威力,需要

有媒体、销售、终端、渠道等诸多环节的配合，任何一个环节配合不到位都会影响策划方案效果的发挥；另一方面策划是一个感性加理性的职业，感性是创意，而理性就是数据的支撑，如产品、行业、营销变革等一系列的数据，任何单纯的激情和冲动不可能成就一个伟大的营销方案。

第二阶段：经验论

营销策划人在不断实践磨炼中渡过了营销策划的初级阶段，当初对营销策划近乎无知、纯感性的冲动与激情，也开始逐渐融入理性的思考。不再是往日动不动就高举营销大师经典案例和传奇思想的策划人，也成功地摆脱了初出茅庐稚嫩小子的策划形象。

但这一阶段的营销策划人是不是就是一个成熟的策划人，也不尽然。

首先是有限的经验造就了局限的思维。这一阶段的策划人虽然具备一定的策划经验，对策划的理解也迈入了新的高度，但这阶段的经验和理解都是比较肤浅或者是比较片面，还不够全面，特别是对经验的运用一直是在自己的圈圈里打转，找不到突破方向。主观策划就是这样，例如在做促销策划的时候，主观认为促销策划就是促进销量提升，不是降价就是买赠或者是联合促销等，很难为品牌内涵和形象加分。实际上，这是单一的促销策划或者销售策划。

而一个真正的促销策划方案应该是销量提升+品牌提升的双驱动策略方案。

其次，主观认为策划的根本就是解决问题，而忽略了策划的核心价值，就是有创意地解决问题。这种创意性的解决问题主要体现在几个方面，第一是方案的新颖性，只有与众不同才能引人入胜；第二是解决问题的巧妙性，能否以较小的投入产生较高的收益；第三是方案的可操作性，即方案能否有效执行是检验策划方案好坏的核心标准；第四是资源整合性，即策划方案中对资源的运用是否有浪费现象，或者是1+1小于2的现象；第五策划方案的可控性，如果策划方案不能达到对核心的控制，很可能就会造成资源流失。以上5个问题是创意解决问题的基础，而创意不单单指的就是方案的新颖性。

最后，知识的单薄性，经过第一阶段对策划大师的疯狂痴迷之后，策划人对大师的思想和智慧开始产生怀疑，产生抵触，进行有效调整，这段时间几乎很少看大师的著作。实际上，这在某种程度上是一种一叶障目、不见泰山的短视行为。因为任何的学习都是局部的补充，不能完全地吸收或者照搬照抄。何况成功是很难复制的，因为任何的成功绝不是单一的成功，而是系统的成功。

处在第二阶段的营销策划人基本上被所谓的经验和个人的主观意识所主导，对策划的认识也由当初的神化回归为平淡。坦白讲，这对一个营销策划人是极其危险的信号，是极其不利于策划人成长的一个信号。

第三阶段：进化论

进化论是营销策划人的另一片天地。在这个天地中，营销策划人再也不会拘泥于某种理论和经验，就像顶级武功高手一样，对于任何营销理论或者经验等能举一反三、融会贯通，达到运用自如、借力发力的策划境界。

从神话论跨入经验论，是营销策划人成长的一个过程，也是营销策划人量的积累，表象认识的增加。而只有从经验论过渡到进化论，才是营销策划人质变的一个过程。

在这个过程中，营销策划人应该已积聚了前两个阶段的优点，不仅会重拾神话论阶段的激情，也具备了经验论阶段的理性思维，基本上步入了一个相对成熟的策划人阶段。对于任何新的理论巨著、大师思想、市场变化，都能以进化的眼光和思维去审视和思考。

进化论阶段主要体现在两个方面，首先是对大师思想的过滤。处于进化论阶段的策划人会重新看一些新的营销理论，但与第一阶段所不同的是，他会对大师的思想进行过滤，然后结合自己的实践经验、市场环境，创新地加以运用。其次是经验的进化。经验对于任何一个职业来讲都是一笔宝贵的财富，但是经验如果不加以进化就会成为一种阻碍，因为任何成功或者失败经验的取得，都是由诸多市场环境、企业、产品等因素组成的，所以处在进化论阶段的营销策划人会对过去的直接经验和间接经验加以进化的运用，使其真正成为策划人腾飞的基石。

以上三个阶段可能不是每个策划人必须经历的，但或多或少都会有这三种现象的影子出现。在此，真诚地希望所有营销策划人都能成功地进入第三阶段，真正为企业的发展、品牌的腾飞贡献营销策划人的智慧和汗水。

(作者：张华平)

❀ 策划人的基本能力要求

策划的核心在于创意，而创意的核心在于是否可执行，所以，对于策划人来说，仅仅有天马行空的想象力是远远不够的，还得脚踏实地地储备基本能力。以下是策划人需要具备的一些基本能力。

市场调研能力

策划人活的灵魂就在于他能够准确预测和善于把握历史发展的机遇，不失时机地成为引领市场潮流的领导者。

市场调研能力是指策划人对市场现状的分析进而预测未来趋势的能力。它要求策划人有深谋远虑、未雨绸缪的战略眼光。市场调研能力如何，会直接影响策划的结果。

组织能力

组织能力是指策划人能够根据策划本身的要求将策划资源进行有机结合的能力。它包括对策划人才的找寻、策划资料的搜集、策划方案的制定等，也就是对人、物、事统筹安排。因此策划经理人的组织能力是否强，将直接影响企业策划结果。

具体来讲，策划经理人的组织能力包括了内部组织调配和外部组织协调，以此达到共同策划、制作、实施的目的。

组织能力除了要求企业策划人具有极强的组织纪律性和团队协作精神之外，还要求企业策划人必须具有较强的组织领导能力——统率力。在任何一个企业策划活动中，任何一个人的能力总是不能够代替所有人的能力；况且，个人能力再强如果没有团队的合作，也难以发挥作用，有时甚至会起到相反的作用。可见，企业策划是一项集体活动，需要策划团队中每一个策划人的通力合作，才能形成策划效益——有效的策划结果。

洞察能力

洞察能力就是指策划人能够全面、正确、深入地分析和认识客观现象的能力。策划人的洞察力对于策划结果的质量具有直接的影响。

策划人应该具备统观全局、全面分析的能力，具备能够透过现象抓住本质以及着眼发展、科学预见的判断能力。只有这样，策划人才能够保证策划的针对性，找到解决问题的关键所在，获得策划的成功。

"察人之所未察，见人之所未见"是对策划人洞察力要求的具体描述，策划人应该善于从过去和现在的资料文献中发掘具有创意策划的重要素材。

洞察力有时也被称为对事物发展变化的敏感力和分析力，亦或称为观察力。这是策划人应具备的最基本素养。

整合能力

策划人不是比别人更高明，而是在于把各种资源要素整合在一起，协调各方面的力量形成合力，达到策划目的。必须学会使用"整合"这一锐利的武器，去夺取最后的胜利。

记得一位策划人曾经给策划下了这样一个定义：策划，就是利用自己的头脑将别人的金钱、别人的产品、别人的信息都归己所用。正如被誉为"策划之神"的美国百货业巨子约翰·华那卡在实践经验中总结的成功策划方程式那样：

成功的策划=他人的头脑+他人的金钱

这也说明作为策划人，应该具有整合的能力。

策划人的整合能力，基于他的理性思维能力，即在一定理论指导下的系统思维，还在于策划人对信息情报资源的大量、合理、高效的占有能力。所以策划人的整合能力是有前提的，只有在他占有足够多的信息，并且具有理性分析之后的合理取舍，才能使策划活动具有创新性和创造性。

执行能力

俗话说得好：光说不练不是好把式。策划人在构思之后，自然就应当采取实际行动，策划人不仅要勤于思考，更要敏于行动。有时实际操作能力甚至成为策划方案能否成功的关键之所在,何况策划不仅是做出策划方案,还必须设计出切实可行的操作流程和方式,尤其是基层的策划人员必要时需指挥、监理甚至具体操作执行。

如果说作为总策划或首席策划,主要的工作是解决定性与定位的问题、考虑整体的战略问题;那么作为一般的策划人员,则主要是更多地考虑定量的战术和具体问题,他们要参与许多实际的操作过程,如市场调研、信息收集反馈、广告制作与监测、媒介的组合、销售队伍的培训、营销组合及推广等。因此,"纸上得来终觉浅,须知此事要躬行",仅仅是空谈成不了一位成功的策划人员。(作者:BruceLuo)

❀ 如何写营销策划方案

对于一个策划人来说,写策划方案将是一个绕不过的坎,要想在任务中中标,必须有一身硬功夫,来看看营销策划方案怎么写。

写一个营销策划方案很简单。第一,确定营销策划的类型,根据方案类型选择一个内容框架;第二,为营销策划的内容做一个出色的大创意,就如画龙点睛,以更美的形式、有吸引力的创意点统领整个策划;第三,以珠圆玉润的小创意来承接并深化大创意,在策划案的每一个细节实现大创意。但对于很多初涉营销策划工作的同仁来讲,照葫芦画瓢掌握营销策划的框架容易,优秀的创意却很难找到头绪。

詹姆斯·W·扬格曾说:"创意,说穿了不过是,将原本存在的要素加以排列组合而已。"那么我们应该把哪些要素排列组合呢?

第一,从自身角度——从产品(需求)、品牌或者企业特性的角度思考。这些基础要素的与众不同之处就为我们提供了可能的创意来源。如:

(1) 产品的外包装。如三精葡萄糖酸钙——蓝瓶时代,特好喝的钙。

(2) 产品的特性。如某巧克力——只溶在口,不溶在手。

(3) 产品的性价比。如某数码相机——千万像素888元,千万普及大风暴。

(4) 消费者的需求。如利群——让心灵去旅行。

(5) 产品的促销活动或促销赠品。如某家电连锁五一促销主题——巅峰巨惠! 又如爱国者奥运期间推出的买赠奥运歌曲大碟活动——听奥运歌曲,为中国健儿加油。

(6) 品牌诉求。如苏宁促销——"宁"聚力量,惠创新高;又如奥运期间爱国者数码相机推出的大型主题活动——自信爱国者,自强中国人。

(7) 产品的设计理念、企业愿景,等等。

源于产品(需求)、品牌或者企业角度出发的创意一定要有"势"——也就是创意与消费者心理预期要存在巨大落差,否则再自我感觉良好的创意,消费者看了没感觉也白费。如在2007年国内数码相机均价2000元以上的情况下,爱国者"数码相机全民普及风暴600万像素699元"这次活动了取得巨大成功。仅仅就创意而言,飞流直下的大瀑布的冲击与潺潺溪流的柔和,如何取舍不言而喻。

第二,从时节角度出发。如面向某一特定节日或季节的营销活动策划,结合节日或季节特点的营销创意既能牢牢抓住"时节"带来的销售机会,又能有效吸引目标顾客关注。消费者千差万别,但消费动机不外乎那几个。春天有外出踏青的需求,夏天更要"清凉一下",秋季有中秋、国庆送礼,冬季有年底预算采购,还有传统节日——春节。一年四季不同时节往往能给营销策划带来非常切合实际的创意发想点。笔者曾做过两个以时节为发想点的营销活动创意,拿出来供各位同仁参考:

2008年3~4月份针对春季出游市场——爱国者旅游季,没你不(旅)行。

2008年9月针对奥运后双节礼品市场——爱国者"金牌"豪礼推荐榜。

第三,从当下目标顾客的关注点发想:

如果我们抓破脑袋,也没能从产品、品牌或者时节角度找到合适的营销创意,不妨把这些都扔到一边,从凌乱的座位上站起来,走到目标客户群之中,看看他们每天都在关注什么,都在被哪些东西吸引。从当下目标顾客的关注点发想,也即所谓的借势,借其他与我们看似无关的东西,吸引目标顾客的注意力。比如利用热播的影视剧节目或者社会关注的焦点问题,找到与自己要宣传的产品或者提供的服务相契合的地方,关联起来。此类创意需要注意以下几点：

(1) 聚焦目标客户。"借势"之前首先要确定借什么势、关注这个"势"的人是不是核心目标客户，才能下血本投精力去做关联、公关。

(2) 找到创意与"势"的契合点，如果营销目的和大众关注点联系不紧密，就必须想办法加固联系、强化联系，让客户感觉不那么牵强。且要取得相关合作方的认可，防范法律风险。

(3) "借势"之后要有丰富的落地动作，通过借势式营销创意，消费者关注提升了，终端没有体现，创意再好也无助于营销目标实现。

出色的创意不是妙手偶得就是千锤百炼，而且后一种情况居多，需要我们经常怀着一颗好学的心，让自己深潜到背景资料之中，了解宏观环境、产业状况、产品特性，借鉴别人的优秀创意；经常怀着一颗善于思考的心，洞察消费波动、消费行为特征，琢磨令人怦然心动、甘愿购买的理由；经常怀着一颗好奇的心，认真观察生活，留心大众的关注焦点，以便做到借船出海、借力打力。以上三个创意发想点只是一个营销人的小小经验，创意发想肯定不止于以上三条路径，绝妙的创意往往来自于营销人天马行空的"妄想"，希望各位同仁仅做参考，不可拘泥。

实战案例

目前猪八戒网的策划写作频道年发布任务的数量大概在1700多次左右，平均下来每天大概有5个策划任务发布，不要小瞧这5个策划任务，因为每个任务的平均成交价格在928元哦！也就是说你每个月能接到其中的10个任务，1个月的收入保守估计就是9280元。有朋友会问"1个月才发布150个任务，我能接到其中的10个嘛？"目前猪八戒网独立撰写策划文案的威客并不是很多。你可以看看主要从事策划撰写的威客，基本上能力值都在五戒以上，这说明什么？他们的收入都是以万元来计算哦（注：这个万当然是传说中无所不能的RMB，呵呵）！

套句流行语"天下武功出少林"，笔者想说的是"天下文案归策划"，策划是一个文案的终极项目，因为一个能够独立完成各种策划方案的人，通常有能力撰写各种文案,但是一个有能力写软文、演讲稿、文章的文案威客不一定有能力独立撰写一套完整的策划案。

一份好的策划可能要融合文案领域的各方面知识,而任何一个有组织、有目的、有计划的项目,无论是营利性的项目还是公益性的项目,它的前提必须是有策划作为执行的依据。

说到这里可能有人会问"是不是策划就真的是那么遥不可及?"当然不是。俗话说"万事开头难!"如果想写好一份策划案,首先就要学习基本的营销知识,这是一个项目能否得以实施的关键所在。

可能很多人对这个概念还有些模糊,策划是什么?策划更类似于一种对于未来的计划,它需要经过构思、提纲、调查、策划、执行等对一个项目进行循序渐进的设计过程,由于行业的不同和策划主题的不同,策划的内容也略不相同。

但是一份好的策划都有一个大致的路线,

构思:任何一个项目的前期,包括你写软文也是一样都需要先有构思。

调查:这是策划的前期,如果你有一个项目,首先要针对相应的人群去进行调查,以此来了解项目的潜力。

分析:通过调查的数据分析出是否需要后面的创意和策划。

策划撰写:这里需要涉及的问题较多。

(1)预算。需要掌握好资金的大体方向,因为每一个方案都有一个固定的资金范围,你可以节省开支,但尽量不要透支。

(2)分配。人员、物资、预算的具体分配方案。

(3)实施步骤。具体怎么实施,针对实施的每个细节进行描述和说明。

(4)周期。方案的实施周期是多久。

(5)效果预测。一份好的策划建立在一份好的回报的基础上,你一定要在策划中说明最基础的回报收益,才会有人采用,你说对吗?

执行:策划的任务不光是写,更多的需要在策划案实施的过程中负责与公司各方面人员的协调和沟通。创意是你的,如何让别人更好地去完成你的创意才是关键!

很多新手威客经常问"公司自己不都配有策划吗？为什么还要到威客网发布任务呢？"首先，真正有能力撰写策划的公司有两种情况，第一是公司的实力比较雄厚，并且长期需要策划各种活动；第二是专业从事该类服务的公司。而雇主将该类任务发布到网上的原因有以下几个方面：

（1）公司本身没有负责策划的专业人才（因为一些小型的公司由于资金、时间和各方面能力的限制，并不具备长期策划和执行各种活动的能力）。

（2）威客网的策划成交价格低于市面上各种私营的策划公司，但水准有可能高于他们。

（3）威客网的威客人数成百上千，可以说是集思广益，好的策划正需要一份好的创意。

（4）高金额发布的任务，容易引起关注，从而在获取策划的同时对企业也是一种间接地宣传。

要知道来发布策划任务的雇主比起传统文案任务的雇主显得更为正式、慎重，对于威客的要求也更为严苛一些。他们不缺钱，缺的是创意；他们不要文字，要的是效果；他们不需要空话，要的是执行的力度……你能给他们回报，他们自然也会给你回报，这就是策划的王道！

下面就带你看看目前威客网策划的任务中一些比较典型的任务，看看到底雇主的要求是什么。

任务编号：654458

悬赏金额：3000元

任务名称：连锁超市运营提案征集

任务要求：

一、问题描述

我们是一家国营的大型连锁超市，我奉命对超市现存的问题及发展方向，写一份提案给董事会，并最终得到认同，让自己的想法得以实施。

（注：首先这里可以看出企业希望改革和针对未来发展进行规划的决心，也就是说任务的发布是经过企业深思熟虑的。）

具体存在的问题：

问题一，我所在超市的规模在2000m²左右，同类同质的品牌重合度高，单类单品绩效差，国企通病，人不尽其用，人均绩效特差。

问题二，我所在的地区（北碚）。离我们企业在500m内有2家、1500m内有3家规模档次重复的超市。提案应举证，并给出一个解决方案。

（注：雇主已经针对目前主要的问题进行了列举，逻辑思维也非常的缜密，首先雇主本身就有能力识别策划的效果和可实施性。）

❖ 二、任务要求（论点1500～3000m²的超市将淘汰出局）

(1) 超市发展的前世今生。

(2) 重庆超市的现状及发展方向（以重百北碚超市的布局及人员绩效和单类单品绩效作为反面教材）。

（注：雇主有明确的要求，本身对于市场营销、规划以及策划的论点有明确的态度，这说明雇主本身并不是没有能力完成这个策划，可能是由于时间或者其他的原因，也可能是希望策划能够更好地说服企业的其他领导。）

❖ 三、方案要能达到的目的

让我及我们的董事会同意您的论点。

（注：雇主明确地阐述了自己希望策划案产生的结果，他在乎的不是钱，而是能否达到最后的要求"让雇主及雇主所在企业的董事会同意你的论点"。）

这就需要策划有创意更要结合现实，以明确的目标为根本，在节省开支、资源的情况下更好地实施和执行雇主的要求，从而达到回报最大化、效果最大化、利益最大化。雇主也是人，他（她）有钱但不代表会乱花钱，他（她）渴望创意但不会盲目地去执行，他（她）需要人才，重要的是能否物尽其用、人尽其才……

我们再来看看另一个比较具有代表性的策划任务，或许能让你明白策划永无止境。在威客网中寻找自己力所能及的事，契合自己的实际才能，你会发现钱不难赚，难的是如何在赚钱的同时丰富自己、挑战极限！

任务编号：648352

悬赏金额：2000元

任务名称：征集购物网站规划、推广策划方案——先规划，后建站，再推广！谁有实力谁来干！

任务要求：

任务说明：世界东服联盟是全球性弘扬东服文化，提升东服品牌，打造世界顶级设计师的综合管理服务平台。

（注：此处雇主首先说明了公司的实力和需要征集策划方案购物网站的主题，这说明雇主对于一份策划的大方向非常明确，知道方案的前提就是一份主导性的思想，以"东服"为话题是整份策划案的核心。）

《快乐网购》（暂命名，投标者创意命名采用后将享受优先中标待遇）是世界东服联盟旗下的独立网上销售服务网站。因此，投标者应根据国际定位、全面规划、功能齐全、锐意创新的原则进行方案策划，一经中标，将可能邀请该项目主策划人员或团队直接参与网站建设与运营，共谋发展。

（注：雇主明确了理想策划案的概要"应根据国际定位、全面规划、功能齐全、锐意创新的原则进行方案策划"，同时也明白好的策划案是需要在实施的过程中由策划者全程监督、协调和沟通，很明显雇主本身对于这方面的案例有所涉猎或研究。）

策划要求：

（1）网站定位：电子商务（可参考凡客诚品网站或当当网）。

（注：雇主对于网站的未来发展方向有着明确的方向。）

（2）网站功能：包括会员中心（含消费会员和经营会员）、信息中心、评价（含产品评价和服务评价）、在线支付（消费支付、积分支付、积分换资金支付）、产品分类展示、配送、搜索、网站安全、后台管理等通盘计划。

（注：详细描述了网站的基本功能，以方便策划者对于网站的用途有一个基本的了解。）

（3）网站推广：策略、计划安排和控制，并要求推广手段新奇、独特、迅猛。

（注：明确地指出了策划案中的细节问题，雇主本身可能有过撰写推广

策划案的经历。)

(4) 要求具备容纳1000万人同时在线的服务器与升级能力。

(注：雇主本身对于网站的服务器架设和要求有一定的了解。)

(5) 运营网站的组织结构设计和人员配置。

(注：心思非常缜密，对人员安排和组织架构也有所要求。)

(6) 网站命名采用，将作为中标条件同时评定。

(注：此处雇主的意思很明确，网站命名的采用是决定策划是否中标的一个条件，所以如果你的策划案中没有针对此项的说明，将有可能被淘汰。)

(7) 包括网站建设、传播推广预算。

(注：再好的策划如果它的预算不切实际，将是导致策划失败的最大因素之一。)

(8) 策划方案要求创意新颖，可执行性强。

(注：雇主对于策划案有着深入的了解和研究，所以再次重申策划案创意的重要性，但是一定要建立在可执行的基础之上，否则一切都是浮云。)

(9) 一经采用，本方案所有创意和知识产权归发标者所有。

(注：看到这里大家应该发现，为什么笔者只是针对一些任务的要求进行说明和举例，但是没有具体列举出策划案来。没错！所有中标的案例都会涉及企业和创作者知识产权的保护，也是企业的商业机密，这样做是对雇主和威客的保护，尽量避免抄袭的发生。不便在这里为大家展示，还望谅解！)

威客网上有各种策划任务。根据公司的性质不同，一般可分为游戏策划、市场策划、营销策划、广告策划、产品策划、节目策划、电影策划、房地产策划，等等。

虽然策划的方向不同，需要了解或搜集的知识资料也不一样，但是策划的核心理念和工作方式都是一样的。无论你未来希望从事哪方面的专职文案策划，只要能完美地掌握策划的基本逻辑、了解策划方案创作流程就可以了，这里并不需要去深入学习策划相关行业的专业知识。

举个例子，如果你做网络游戏策划，那么只要知道一个游戏从调研、策划、设计、程序到运营和维护的流程就好。策划要了解的是如何撰写让美工能设计出的策划,让程序能编写出的策划。所以策划的基本能力是你的文字能够让别人看懂并按照你的构思去实施。当然如果你能全面地了解各方面的知识那就更加完美了,特别是了解营销方面的知识,会对策划的创意和后期执行非常有帮助。

最后在这里为大家提供一个策划书的基本格式,虽然由于行业和具体要求的不同会有所变化,但大体上是一样的。

策划书格式

·封面

·策划小组名单

·目录

·前言

·正文

——调研

——环境分析

——市场分析

——消费者分析

——产品分析

——竞争对手分析

——策划目标

——资源需要

——实施过程

——资金预算

——注意事项

——人员分配

——总结

·封底

以上就是一份完整的策划书格式。策划是一个项目得以实施的灵魂。策划者要考虑到方方面面的细节并预测可能出现的问题。充实完善的内容、强大的说服力、简单明了的表达力是一个策划的基本要求。当你有信心和能力达到这个目标的时候，那么开始你的威客掘金策划之旅吧！

广告语

如何写好广告语

广告可以说是最成熟的行业之一，不仅高校设有专门的广告学等课程，关于广告语创作的专著也是浩如烟海，因此本书不再专门介绍其基本知识。

在探讨如何写好广告语前，先对广告语进行界定。

一、什么是广告语？

什么是广告语？广告语就是品牌标语，亦即品牌Slogan，是该品牌的主张或承诺。

有人把广告作品中所有涉及的广告文案，统统称为广告语。事实上，在大部分情况下这些所谓的"广告语"仅仅只是一些平面作品的标题或影视作品的旁白、独白而已！

品牌Slogan在相当长的时间内，是通过传播积累来完成认知的，具有一定的稳定性、识别性。品牌广告语一般都很简洁、短小、精练，字数控制在7~10个字，诉求上集中在品牌的主张、承诺或对消费者的利益点层面。通常情况下会和品牌的logo组合应用或单独应用，或者以固定的形式出现在电视广告的结尾、文稿相对固定的位置。

二、广告语的分类

广告语按功用可分为五大类别：品牌广告语、品类广告语、产品广告语、服务广告语、企业广告语。这五类广告语，各司其职，相得益彰，在整合营销传播中互为奇正，遥相呼应。

（1）品牌广告语，是该品牌在市场行销时的主张、承诺，一般比较简洁、短小、精练且有内涵，有一定的外延深度和广度，容易引起目标受众共鸣。通常情况下品牌广告语会统领品类广告语、产品广告语、服务广告语。比如海尔的"真诚到永远"、网通的"由我天地宽"、中国移动的"沟通从心开始"、美的的"原来生活可以更美的"、拉芳的"爱生活，爱拉芳"，等等。

（2）品类广告语，就是该品牌同一产品不同系列或品牌在多元化发展战略下，所生产的产品的广告语，也是主品牌的延伸。以海尔为例：海尔品牌的广告语是"真诚到永远"，同时又是该企业的广告语。具体到各种品类：海尔洗衣机："海尔洗衣机，专为你设计"。海尔冰箱："海尔冰箱，为你着想"。海尔空调："海尔空调，永创新高"。海尔燃气灶："海尔燃气灶，安全最重要"。海尔洗碗机："享受生命，享受健康。"小天鹅品牌广告语是"全心全意小天鹅"，小天鹅洗衣机的广告语是"精心创造，为你做到"。

（3）产品广告语，大部分状况下是以产品上市推广主题或该产品的卖点的面目出现。比如海尔金王子无霜系列冰箱的广告语（推广主题）："智高一筹，天下无霜"。海尔金王子微笑系列冰箱的广告语（推广主题）："微笑金王子，微笑好生活"。小天鹅直频洗衣机的产品广告语是"直频科技，奔腾洗涤"，小天鹅台式WQP4-4161洗碗机的产品广告语是"强磁洗碗机，灵巧更干净"。惠而浦雅典娜系列的推广主题："洗衣新丝路"。创维健康逐行系列电视则以"健康新标准，逐行大风暴"来诉求。

（4）服务广告语，是品牌或企业赋予产品的附加值，一般都以专业承诺的形式出现。海尔品牌共同的服务广告语是："只要您打一个电话，其他的事我们来做"。摩托罗拉"MOTO呵护，全心照顾"，2003年创维集团新推出的服务广告语是"创维金牌服务，做好每一步"，小天鹅的"微笑之心，贴心服务"，诺基亚的"专业专注，全心服务"，伊莱克斯的"为您满意，尽心竭力"等都是服务广告语。

（5）企业广告语，是以企业的目标、主张为诉求点，在一定程度上是为主品牌背书，有的企业广告语和品牌广告语是同一个。比如中国移动的"沟通从心开始"、海尔的"真诚到永远"等既是品牌广告语又是企业广告语。

拉芳的"拉芳出品,优质保证"、宝洁的"宝洁公司,优质产品"、西门子的"杰出表现,如你所愿"仅仅是企业广告语。

三、广告语的撰写——好广告语是一把金钥匙

好了,前面的介绍只是一个暖身阶段,下面将是真刀真枪的广告语创作。先来看品牌广告语的创作。

营销就是传播。所以,品牌广告语就是品牌在市场营销传播中的口号、主张和宣传主题及理念。品牌的所有主张或理念是通过品牌广告语来承载、表现。

像人一样,品牌、产品、企业、服务都是有生命的、有性格的,在不同的生命阶段有着不同的目标、任务,有着不同的诉求重点及方向,因而在企业不同的发展阶段广告语也不一样。

1. 品牌广告语的创作。品牌广告语按其诉求可分为:理念、科技、服务、品质、功能五大类。海尔的"真诚到永远"、海信的"创新就是生活"当属理念类;诺基亚的"科技以人为本"和商务通的"科技让你更轻松"在诉求科技;玛氏"只溶在手,不溶在口"诉求品质;农夫山泉的"农夫山泉有点甜"、可口可乐的"清凉一刻"、广州奥林匹克花园的"运动就在家门口"诉求功能;小天鹅"全心全意小天鹅"、碧桂园"给您一个五星级的家"承诺的是服务。常见的知名品牌广告语都在某种程度上交叉含有其他类型的含义,有口语化的趋势。比如耐克的"尽管去做"、百事可乐的"新一代的选择"、飞利浦的"让我们做得更好"等。

那么,品牌广告语的创作诉求不外乎理念、科技、服务、品质、功能五大类。

大部分品牌广告语是价值理念性诉求。因为价值理念性诉求具有高度的概括性,其内涵深刻、隽永、寓意深远;外延具有很宽泛的延伸性;包容性极强。表现形式短小精干,发音响亮,容易传播,容易识别,琅琅上口,应用起来尤其方便。如果客户坚定不移地去传播的话,日久天长必定会形成理想的理念积累效果。

价值理念类品牌广告语的诉求和企业老总的眼光、所处的社会环境有关。只有事前功课做扎实，多沟通，多了解，创作时才会少走弯路。在创作品牌广告语时，可在五个诉求方向上分别大量创作，如一次为一种化妆品品牌创作200条广告语，但到最后提供给客户的只有3条。因为好东西谁都能创造，但不是谁都能识别。品牌广告语在表现形式上，最好是六七个字，这六七个字中应该有一个动词、一个名词，字词发音最好是升调。整条广告语所主张、承诺、倡导的东西务必是肯定的、正面的、蕴涵品牌价值的。

2.品类广告语的创作。品类广告语的创作是该品牌在该品类的优势（卖点）所在。如小天鹅品牌广告语是"全心全意小天鹅"，小天鹅洗衣机的广告语"精心创造，为你做到"、小鸭洗衣机的"专业创新，你来证明"、西门子手机的"灵感点亮生活"。品类广告语表现形式多是8个字且精练、工整。至少有1个动词，前4个字体现产品的功能点，后4个字体现产品带给消费者的利益点，发音最好是升调。在音节上讲究对称和压韵，容易阅读和传播。当然，也有部分产品的推广没有品类广告语，仅品牌广告语就足以拉动需求。

3.产品广告语的创作。产品广告语的创作重点是对该产品卖点的推广，卖点就是在差异化的基础上提炼的，同时卖点也是该产品的推广主题。所谓的"差异化"是竞争产品忽略的但消费者有需要而我们产品本身所能提供的利益点所在。它的表现形式不定，或6个字或8个字，其中至少有1个动词，发音升调、降调均可。而诉求点一定是有功能点、有利益点，或二者结合起来诉求（这里说的产品广告语并非是具体的某个平面作品的标题，但有可能是主题，是该产品区别其他产品的、与产品名称同样重要的文字标识）。

4.服务广告语的创作。服务广告语的创作主要是给消费者提供附加值，诉求上一定是利益的承诺。表现形式可长可短，字数可偶可奇，但至少有一个动词，发音最好是降调。如"创维金牌服务工程123668"的案例里，包含着这样的思考：创维品牌的服务形象一直以来都是比较踏实、诚恳、专业、周到的，创维的服务理念是"顾客，您是总裁"，创维的服务标准是"一切为了您满意"，于是创维集团顾客服务中心在重新整合推出其服务工程时，提出"创维金牌服务工程123668"，创维金牌服务广告语是"创维金牌服务，做好每一步"。

5. 企业广告语的创作。现在大多数企业的品牌广告语和企业广告语是相同的，但企业广告语会因为企业不同阶段的战略目标不同而不同。对企业广告语表现形式的要求不是很严格，与前面的广告语创作方法大同小异，灵活应用即可。

一条有穿透力、有深度、有内涵的品牌广告语其传播的力量是无穷的。而且往往会成为目标消费者的某种生活信条、处世原则，直至成为生活方式、生活目标。一条高起点的品牌广告语就是该品牌的精神和思想，内涵相当深刻，它所主张和诉求的价值理念与目标消费者的价值理念是高度和谐的。

一条有创意、富有生命力的产品广告语，登高一呼，不尽财源奔腾不息，滚滚而来，简直就是一把"金钥匙"，它所创造的价值不是几千万广告费能达到的。比如"农夫山泉有点甜"、比如"呼机、手机、商务通，一个都不能少"的骄人业绩。

❀ 四、一点题外话

分享一点经验之谈给各位以文案为荣的兄弟姐妹们，就是"一心两意"。文案的一个心是"语不惊人死不休"，两意是"咬文嚼字。惜墨如金"。多读"四书五经"、唐诗宋词、古文观止、史记、唐宋八大家、古今中外名著、小品文、散文等作品，丰富自己对概念的抓提、对形象的塑造。更多的是通过这般的学习，多层次、多方面地揣摩不同消费者的心理。切记：广告人不是作家，只是一个手艺人，一个市场的催化师。

实战案例

在某威客网，广告语平均成交价格在412元！一般一条广告语在8～10个字左右，平均每个字41.2元……令人心动的数字。仅某威客网一家每年有6000次左右的广告语任务发布，这就等于平均每天有16个广告语的任务在该威客网更新，一天分给你两个任务的悬赏金额，你就发达了。身为新手威客的你可以尝试一下哦!

我国每年都会有数不胜数的经典广告语诞生,也许它们其中的某一条就是源自你这位文案威客之手哦!

广告语是描绘产品的灵魂,使得企业和品牌在长期的使用中能够起到加强客户对企业、产品或服务的印象,并促进、劝服、增强、提示的作用!

有句老话说得好"酒香不怕巷子深",以此来形容广告语对企业的重要性毫不为过。一句脍炙人口的广告语可以快速地将企业的品牌、企业、产品或服务等内容潜移默化地传达给大众,逐渐形成一种品牌传播的趋势。它是企业为了加强大众对企业、品牌、产品或服务的印象而在广告中长期、反复使用的标志性的简短口号或语句。

请看某威客网上的广告语任务"征集81公园网站宣传语!急"。

任务要求:

刚建立的新网站,叫81公园,目标是江西第一生活门户网站。现征集一个好的宣传语,要求有创意、精简、经典、符合网站定位。至少8个字,最多20个字。

图4.2 中标截图

当时买家给文案威客的点评是"比较有想法……不过稍微有些短……备选ing。"

文案威客给买家的回复是"个人感觉,广告语就应该是简短易记、便于传播!"

(注:广告语的创作一定要让雇主了解和接受你的创意和想法,才能提高你中标的几率哦!)

你可能会觉得在这类任务中中标是凑巧而已,但还是希望这种巧合能够多一些。请看笔者中标的某威客网广告语任务"91理财软件,免费理财软件"。其实广告语拼得是创意,只要能概括主题、凝练出经典的语句就可以。广告语中标并非难事,更适合一些有创意的新新文案威客!

任务要求:

"91理财"是一款由网龙公司自主研发的面向家庭的免费个人理财软件,实现PC、WEB、手机三大平台理财数据同步。

(注:这里雇主介绍了网站的主要背景。)

"91理财"主要功能

现金中心: 记录家庭日常收支、银行存款、家庭预算等信息。

投资管理: 证券、基金、外汇管理,实时更新行情,分析持仓走势组合,买卖盈亏一目了然。

保险中心: 管理国家统一的五险一金和家庭商业保险。

财产债务: 家庭财产登记,全面管理家庭债权、债务、房贷等信息。

规划管理: 建立不同阶段的人生规划,更好帮助用户投资理财,规划自己的生活。

业务分析: 预算对比、统计报表(36张业务报表、同期对比报表、趋势报表)、财务概览。

理财宝典: 全面介绍理财知识,如买房时的各类税费及合同办理流程;分享成功理财经验。

同城消费: 了解同省市(同行业、同性别、同年龄等)平均消费行为,更合理指导个人消费理财。

财务增值: 通过对家庭财产及收支的诊断分析,提供合理的理财建议,帮助家庭财务不断增值。

(注:这里雇主详细阐述了网站的所有功能。)

"91理财"特色功能

特色功能: 三方数据同步、证券数据导入、Excel记账关联、账户关联、批量记账、游戏化理财、同城消费、地方特色理财。

(注:这个是最重要的,主要讲述了网站的特色功能哦!)

要求: 一句话介绍91理财软件。

根据上述的要求，笔者一共给出了8条广告语供雇主参考（如图4.3所示）。

图4.3 中标案例截图

在这个任务中笔者获利100元，对于笔者来说花上半小时甚至几分钟就可以赚取100元真的是一件很幸福的事，不知道你怎么看待呢？类似的广告语的任务，笔者一共中标大概有10次左右吧，共收入了近千元。当然比起那些真正专门从事广告语写作的高手来说这些钱就是九牛一毛！

某位威客网上真正的广告语牛人"有事可乐"。你知道他的收入是多少吗？绝对给力的数字"132382元"。他在某网站"'爱尚吃'品牌广告语征集"中，直接获利4000元（如图4.4所示）。

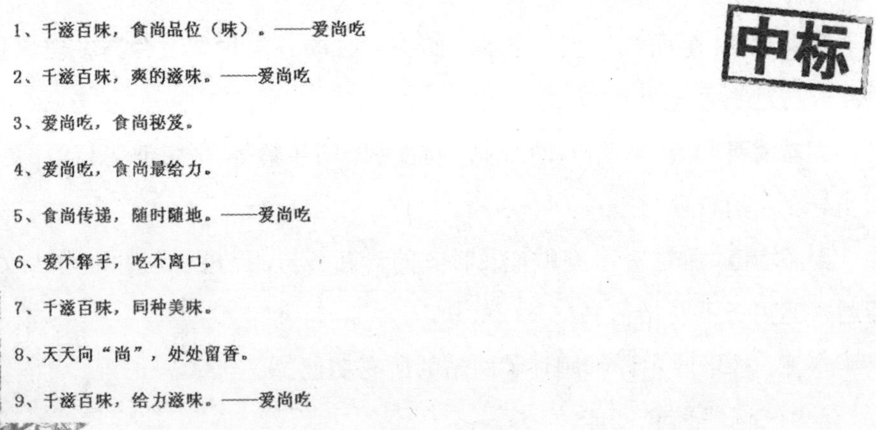

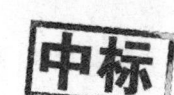

图4.4 中标截图

你查过他的交稿中有多少字吗？一共分为9条广告语，79个字，4000元，每个字50元……你相信吗？这就是真真正正的创意创造传奇，文字创造财富……

演讲稿

写好一份演讲稿非常重要。俗话说"台上一分钟,台下十年功",这句话形容演讲稿的写作太贴切不过了。一份优秀的演讲稿不光需要一位口才、学识、品德和心态稳定兼备的演讲者,更重要的是如何通过针对性、可讲性、鼓动性来完成一篇可以引起听众共鸣的演讲稿。

相信很多文案威客新手,几乎都有过撰写演讲稿的经历,从中学、高中、大学直到走向工作岗位,每一个人的一生中有很多需要演讲的场合和机遇,可能你们已经具备了基本的撰写功底,为什么还要在威客网上发布任务征集演讲稿呢?

要知道不同的领域对于演讲稿的要求不同。针对一些比较正式和大型的场合,雇主对于演讲稿的慎重也是对于这场演讲的尊重,可能他们出于时间、能力和其他因素的影响不能自己完成这份演讲稿,所以才需要在网上众多文案威客的帮助下把演讲稿的观点、主张与情感更好地传达给听众,使他们更容易信服并产生共鸣。

下面就为大家展示展示一下某威客网发布的一些演讲任务的案例。

任务编号:661681

悬赏金额:240元

任务名称:求演讲稿——主题为"我与中远",加急!

(注:雇主的时间非常紧迫,"加急"两字突出了雇主的心念,一般这类标题的任务写作时间在1~3天左右,所以威客一定要注意合理安排自己的写作时间!)

任务要求:

写一篇6~8分钟的演讲稿,主题是"我与中远",字数为1500左右(上不封顶)。

(注:这里雇主说明了演讲稿的演讲时间,这个很重要!一般大型的演讲活动都会给每个演讲的人分配有一定时间,一般正常的语速是每分钟

180字左右，雇主后面也有提到1500字左右，演讲时间约合八九钟，要知道1500字240元，折合每个字约2毛钱。）

中远全称是中远集装箱运输有限公司，演讲者要求通过自身在公司的成长经历、身边感人事迹、所见所闻，回顾中远的发展历程，讴歌中远的丰功伟绩，抒发对中远的真挚感情，从而激励广大员工爱岗敬业，锐意进取，团结奋进。

（注：这里雇主再次明确了整个演讲的主题，并针对演讲的构架进行了简要的说明，我们可以从中看出这里典型的"社会生活、思想教育"类演讲稿，那么这一类的演讲稿有什么特点呢？这一类的演讲稿要具有时代性、劝导性和生动性。在写作的过程中要注意以下几个方面：(1)要具有时代气息；(2)要选择和提炼主题；(3)要循序善诱，以劝导、引诱为主；(4)力求生动活泼、声情并茂。

主题鲜明，深刻，逻辑严谨，框架明晰，联系实际，语言精练。

我们再来看看另一例悬赏金额较大的演讲稿任务。

任务编号：571486

悬赏金额：1000元

任务名称：征集总经理的年会发言稿

（注：从任务名称和悬赏金额中能看出雇主对于演讲稿的重视。可能你会觉得是不是字数要求较多啊？笔者告诉你没有人会倾听你长达半小时的演讲，一般一份正常的演讲稿都不会超过10分钟，当然一些特别的学术报告可能会例外。）

任务要求：

我是做服装行业的，年会我想表达成长7年的服装公司。

（注：首先雇主表明了演讲稿的主题和目的。）

(1)总结过去的工作（管理上的不足和各个部门配合不默契）（表达品牌现在在行业的美誉度）。

（注：一般这类的演讲稿都有一个共同点就是"忆过去、看今朝、望未来"，如果你擅长演讲稿的撰写，相信你能体会笔者的意思。）

(2)树立员工的责任心和使命感并赞美员工。

（注：这是演讲稿的目的所在，企业老总发言的最终目的就是希望员工能够上下齐心，更好地为公司服务。）

(3)公司未来的发展目标（我们要成为行业最盈利的品牌，品牌口碑最好的）。

（注：这就是典型的"望未来"的部分。）

全文最好以通俗方式表达，不要过于形式化，实实在在最好。在1000~1500字最佳。

（注：雇主对于演讲稿的要求很明确，通俗、切合实际的表达，更能让听者溶于其中。让听者认同演讲中的内容才是这篇演讲稿的关键所在哦！）

此任务已经选稿，且中标者由于获得雇主的青睐，近期有可能会接受雇主的下一个任务！（如图4.5所示）

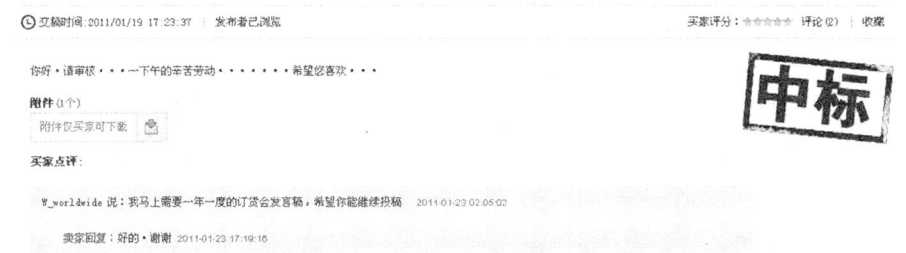

图4.5　571486号任务中标截图

由此可见，任何一种文案类的任务都有可能帮威客争取到长期的合作机会，只要得到雇主的青睐和赞赏，相信你的财源会滚滚而来！（注：由于中标的案例都会涉及知识产权的保护，笔者无权查看，所以不能在这里为大家展示。）

在各家威客网上还有很多各类型的演讲稿任务发布，比如政治鼓动、学术交流、教学等各种类型的演讲稿，相信每一个擅长此类创作的文案威客都能在这里有大展拳脚的舞台。

产品说明

我们应该怎么理解产品说明这类任务呢？按照常理来说产品说明是一种典型的说明文，是生产者向消费者全面、明确地介绍产品名称、用途、性质、性能、原理、构造、规格、使用方法、保养维护、注意事项等内容而写的准确、简明的文字材料。

但是在网路无限发展的信息时代，产品说明的方向也发生了很大的变化，除了传统生活中的各种产品说明书外，由于网络购物的崛起，网购成为产品说明的新新代言人，从而衍生出了今天的——"宝贝描述"如源于淘宝店主发布的宝贝描述任务。（注：此处所指的宝贝描述主要是以文字为主的，而不是传统网店设计的宝贝描述模板，请注意区分）。所以在此将产品说明的案例分为两部分来讲，第一部分是网店的宝贝描述，那么有的威客朋友会说，一个宝贝描述才能付多少钱啊？那么听笔者来给你介绍一下这里面的一些门道，或许听完之后，你的观念会有所改变！

以目前网络市场上的平均价格来看，每条宝贝描述的价格大概在10元左右（别急着说这么低啊！）。因为宝贝描述异于传统的产品说明，一般每条宝贝描述的文字大概在100～200之间（当然如果是商家主推的某款宝贝的描述，可能文字也要达到上千，自然价格也会有所提高！）。不要小看这个10元，目前三钻以上的淘宝网店根据商品价值的不同每月会更新产品30～1000件（其中类似玉器的产品月更新数量较少，服饰等商品更新数量较大），你有算过这是什么概念吗？30件是300元，那300件是？没错，3000元，呵呵。

尤其是一些服装、饰品等更新产品样式幅度较大的网店，一个皇冠的商家可能1个月需要更新1000～5000件商品不等，你想过这是一个什么概念吗？在威客网里不会缺少机遇，只是你能否抓住机遇！

举个例子：笔者就曾经在某威客网的某珠宝玉器产品描述的招标任务中洽谈成功。该任务的雇主就是目前淘宝网中国西南最大的网上古珍玉玩店的老板,大家可以看一下任务要求(如图4.6所示)。

任务要求

为珠宝玉器配产品描述,有一定文学功底,对珠宝玉器有一定了解,长期合作,工资月结。

图4.6 任务要求示意图

说实话当时笔者在该威客网还不是很有名,只能说是略有所成,依稀记得好像当时也就是三戒,当时还没有很多长期的客户,收入也不是特别的稳定,大多数时间还是徘徊在悬赏任务中。笔者在第一时间投标并通过QQ联系了该雇主,这时我们需要说明的是,不要急于去和雇主表现,要学会怎样去让对方相信我们在未来的日子里能很好地完成他们交代的任务。

所以笔者通过试写证明了自己的能力,当时试写的案例至今依然保存在我的电脑上,下面与大家分享一下。

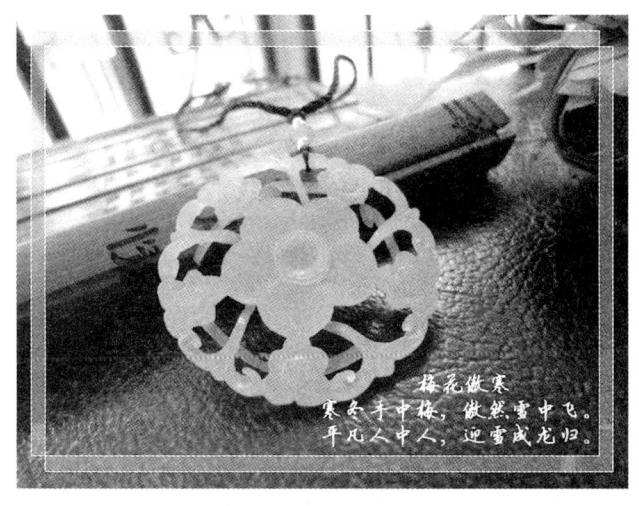

图4.7 水动明月轩·梅花傲寒·清和田玉镂空雕五曲梅花挂件

梅花傲寒
寒冬手中梅,傲然雪中飞。
平凡人中人,迎雪成龙归。
大雪纷飞的寒冬,少女捧着胸前的梅花玉佩挂件,傲然站立在风雪之中,等待心爱的男人,梅花伴随着微风在雪中飞舞,好像真的有梅花飘落一样,虽然我们出身贫微,但只要经过自身的努力,必然成为迎雪抬头的梅花一样,她坚信心爱的男人必定成就一番大事,光耀返乡。

这款晶莹剔透的五曲梅花挂件,不仅用料上乘,做工也是独具匠心,采用高超的镂空雕技法,造型生动形象。五曲梅花的造型最早源自于宗元时期,具有悠远的历史韵味,古色古香的独特书香之气,更能彰显女士的淑女气质。随身佩戴,更能寓意出我们对未来的憧憬和自身的性格的揭示,或许这就是你人生的转变,明天的你也必将迎雪而归,成龙成凤!

这就是笔者当时撰写的试写描述,不要小看这第一个10元,从这里开始雇主平均每月都会给我下达近500元的描述任务。而正是这样一个良好的开始,以至于我和雇主成为了朋友。如今这位雇主打算开展自己的团队,也邀请我长期担任了她旗下4家实体店、1家网店的产品编辑,主要负责公司的产品描述文字和其他文案的撰写工作。

通过以上的案例笔者需要跟大家说明的是一定要区分好产品说明和宝贝描述文字的界限,产品说明书更注重逻辑性的说明语言,而宝贝描述文字则是需要用优美、诙谐的生活文字去感动消费者,这就是两者的区别所在。不要小瞧每一个文案任务,因为它们有可能成为改变你一生的机遇!

剧本脚本

可能很多人对剧本脚本任务还不太了解,剧本脚本任务可以说是威客网平均成交价格最高的任务之一,平均价格高达3861元。由于这类任务的创作周期和其他的要求比较严格,所以能够独立接单的威客也不是很多,发布的任务也没有其他的文案类任务多。但是这类任务基本上一单就等于其他文案威客1个月的收入了。

此类任务一般需要文案威客为雇主倾力打造完美剧本,一般从事这类任务的威客都比较擅长品牌企划、剧情编排、对白设计、文稿润色,等等。

有人曾用一段简短的话概括了猪八戒网剧本脚本写作频道的情况,十分值得与大家分享一下!

"影视剧本、舞台剧本、动漫剧本、短片剧本、场景剧本……一呼百应,创意飞翔,精彩动人,'文'定视野!"

要知道每一个在这里发布任务的雇主,都能获得百里挑一的精品稿件哦!

记得2010年年末在猪八戒网曾经发布了一个非常经典的任务,当时几乎是能人巧手云集,不少文坛大亨均来这里献策献计,到底是什么任务呢?

任务编号:186884

任务标题:七夕节原创诗词征集

悬赏金额:5000元

设置奖项:1等奖5人

(注:即每个获奖的威客都能获得1000元的奖金哦!)

任务要求:

兴传统,飚创意

(注:创意的时代也不能扔下传统,有创意的地方就有威客的存在,雇主总结得真的很好!)

天友乳业杯中华传统节日形象创作大赛——七夕节原创诗词征集

主办单位:中华文化促进会

冠名单位:重庆市天友乳业股份有限公司

承办单位:重庆文化艺术节办公室、重庆猪八戒网络有限公司

活动背景:

近年来,随着国家关于保护和弘扬中华传统文化的措施的密集出台,国人对传统节日也愈加喜爱和重视。但是,如此多的传统节日,却都没有能够体现其核心意义的主题形象标识,不能不说是一种遗憾。所以,由中华文化促进会发起,重庆文化艺术节和猪八戒网参与,并得到了重庆天友乳业股份有限公司大力支持的此次创意大赛,旨在通过面向全球征集中华传统节日的主题形象标识这一事件,吸引公众对传承中华传统文化的关注和参与,从而为弘扬中华传统文化尽一份绵薄之力。

农历七月初七,中国古代的情人节。也有人称为乞巧节或女儿节,七夕乞巧,这个节日起源于汉代。七夕节始终和牛郎织女的传说相连。穿针乞巧是

七夕中小女子们的节目之一，据说在汉代已经盛行。七夕坐看牛郎织女星，是民间的习俗。相传，在每年的这个夜晚，是织女与牛郎在鹊桥相会之时。织女是一个美丽聪明、心灵手巧的仙女，凡间的妇女便在这一天晚上向她乞求智慧和巧艺，也少不了向她求赐美满姻缘，所以七月初七也被称为乞巧节。应节食品以巧果最为出名。

征集时间：2010年10月28日至11月28日。

奖项设置：原创诗词5首，1000元／首。

选稿时间：2010年12月23日～2011年1月25日。

设计说明：

（1）体裁形式不限。

（2）与七夕节的寓意吻合，并能烘托七夕节的氛围。

（3）不得使用不文明用语。

（4）参选作品必须是新创作、未发表过的作品。凡涉及抄袭、借用等侵权行为的，均由投稿本人承担一切后果，与本次征集相关单位无关。

（5）作品一旦中标，其作品的相关知识产权归征集单位所有。

注：征集活动结束后将获奖作品送交权威机构进行认证，并在全国范围内进行持续推广和使用。

（注：此任务的发布者迄今为止已经在该威客网连续发布了系列的传统节日任务，累计悬赏金额高达13万多人民币！）

中标威客：一叶翩跹、风雨陶陶、邮枫、广羽飘廖敏、吴凤云

（注：其中除了威客"一叶翩跹"是四戒文案威客以外，其他的四位获奖者都是二戒的新手威客！由此可见"只要有创意，赚钱无忧虑；新人创业难，八戒解难题！"）

案例赏析：

七　夕

窗前，那弯浅浅的上弦月
象极她深笑一低的眉
她在窗前乞巧

甜蜜了我的憧憬
多想是她手中那根银线
七次穿过那荷香细密的心

窗前,那弯浅浅的上弦月
象极他浅笑微睐的眼
他从窗前路过
羞涩了我的许愿
多想用心灵手巧换他回眸
打开一段钟灵毓秀的爱情

(注:此作品为威客"一叶翩跹"的原创作品,获得一等奖,奖金1000元已支付,作品用词意境优美,细腻丰富的情感色彩溢于言表!)

七夕——佳人三首

佳人1
江南佳月落杨花,莺语迷乱弄琵琶。
南园一夜相思雨,打湿佳人绿窗纱。

佳人2
春梦惊觉愁绪苦,闲填半阕木兰花。
昔日丽人西厢月,不知摇落在谁家?

佳人3
佳人幽居在空谷,三五盈盈还二八。
唯有西湖波底月,暗随芳心共天涯。

(注:此作品为新手威客"广羽飘廖敏"的原创作品,获得一等奖,奖金1000元已支付,作品是典型的古诗体,七言绝句,格律掌握得很好!)

此任务共征集原创稿件530个,除了以上展示的2个稿件和其他的3个中标稿件以外,还有很多不错的原创诗词作品,就不在这里一一展示了,以上案例仅供大家赏析之用。

价格	编号	任务名称	应征数	发布者	状态
￥1000-5000	[625227]	游戏剧本小说	12	kaydom	
￥3000	[621345]	征集长篇幼儿教育动画片故事大纲。	10	香江多媒体	已预付款,保证选标
￥2000	[614052]	征集剧本	50	hswhzbj	已预付款,保证选标
￥5000	[614846]	OL珠宝网主办OL阳光盛典活动征文	171	OL珠宝网520	已预付款,保证选标
￥5000	[197981]	春节原创诗词征集	520	传统节日	已预付款,保证选标
￥5000	[186884]	七夕节原创诗词征集	530	传统节日	已预付款,保证选标
￥1000-5000	[183319]	优久房车文案写作	26	优久房车	保证选标
￥1000-5000	[183138]	征集短片剧本,片场三分钟或五分钟两档	121	zjfjesse001	保证选标
￥5000	[181323]	清明节原创诗词征集	517	传统节日	已预付款,保证选标
￥5000	[178038]	端午节原创诗词征集	315	传统节日	已预付款,保证选标
￥1000-5000	[164110]	企业发展历程的舞台剧	11	365356581	保证选标
￥1000-5000	[144669]	求购大话西游2脚本	10	qq61202303	保证选标
￥1000-5000	[142237]	天津花鸟鱼虫市场宣传片文案	17	cazel	保证选标
￥1000-5000	[141194]	招做游戏软件开发人才	4	喻886	保证选标
￥1000-5000	[131304]	求儿童动画脚本创作	9	精彩进球111	保证选标

图4.8 某威客网剧本脚本频道列表任务截图

在各家威客网写剧本脚本频道这类大型的文案任务还有很多（如图4.8所示），几乎每一个都是上千元的单子，如果你有信心写出好的诗词歌赋、剧本脚本不妨来这里尝试一下，或许会有意想不到的收获哦！

写 书

　　写书任务比较适合一些全职威客。因为毕竟一本书无论它的题材是什么，少则几十万字，多则上百万字，雇主是没有耐心等着你利用业余时间完成的。但同样的道理，这类的任务，1个月接上一单，或者说一个长篇的任务半年接上一单，基本上1年的开销就出来了。

　　在某威客网此类任务的平均成交价格在1617元。有朋友会问为什么写书的平均成交价格会比写剧本脚本的低这么多啊？因为在网上很多写书的任务是分成章节来招标的。笔者在猪八戒网的写书频道接了其中4个章节的单子。威客网上人才众多，雇主将章节打乱分配给不同的人才，不仅能根据威客擅长的领域分配不同的章节，而且能够加快书籍的写作效率，最后再汇总起来，这样一本几十万字甚至上百万字的书籍可能几个月甚至1个月就能完成！

　　当然如果你能取得雇主的信任，雇主也可能将整本书都承包给你！由于写书任务的特殊性，可能一本书的写作就要占用1个月甚至几个月、半年的时间，所以此类任务每年的发布量有限。

　　一般在威客网发布的写书任务有个人自传、小说、教程等，雇主多是有出书的想法但苦于自己的写作水平欠佳或者出于对出版时间的安排，急需在这里找人帮他(她)完成。此类任务以招标形式发布的任务较多，因为毕竟不可能让所有的威客写上几十万字来投稿，所以雇主均会在沟通的过程中，了解威客的一些写作经历、能力和以往的案例后，最终敲定作者，并协议各种细节！

　　可以说每个在这里能接到单子的文案威客，每年少则收入数千元，多则收入上万元。每个月在各威客网的写书频道都会有写书任务发布，如果你真的擅长写书，那么30天中总有一天是属于你的。因为一般接了写书单子的文案威客，可能一个月都不会再上来了。

　　如果你已经准备好了就快点来吧，这几天又出了很多的新书写作任务

(如图4.9所示),来晚了就被笔者抢走了,哈哈!^_^

¥1000-5000	[663245] 撰写经管类图书	5	yuky_wu	
¥5000-10000	[633543] 写书	2	欢喜无比	
¥3600	[629283] 《威客网赚实录》图书威客成长故事征稿	23	倚剑天涯	已预付款,保证选标
¥5000-10000	[599677] 图书编辑,潜客宝典	20	wangdui	
¥5000	[594470] 急需一篇软件工程硕士(MSE)文章写作,特急!	9	daizm	已预付款,保证选标
¥1000-5000	[585956] 求文章	62	琳达007	

图4.9 写书频道最新任务

(注:写书类任务的中标案例均涉及版权问题,在这里无法展示,不过你看此书就等于看到了中标案例了,呵呵。)

报 告

报告一般是应用于公司或者机关,下属向上级汇报工作、反映情况、提出意见或者建议时所使用的一种特殊文体。千万不要小看这么一份报告,可能你觉得日常生活中有过公司就职经历或者政府机关从业经历的人就都会撰写,但是它在某威客网的平均成交价格在481元左右哦!

在该威客网每年大概有1500个这类的任务发布,也就是平均每天都有4位雇主发布报告写作任务。那么一年下来该频道的累积交易额高达70万元左右。看似简单的东西,却能带来意想不到的收获!

此类任务也是不乏各种高悬赏额的报告写作(如图4.10所示)。当然不同的报告,针对的部门和上级机关也有所不同,涉及的字数和要求也略不相同,所以很多雇主为了更好地完成上级或者公司主管的任务,会选择在威客网雇用一些专业的威客代笔。

￥500	[660102] 房地产金融案例求解报告	3	yvette0125	已预付款,保证选标
￥500	[657462] B100花洒本体塑件设计毕业设计	1	zgclgf2011	已预付款,保证选标
￥1000	[655439] 征集歌曲《赢楚会之歌》	15	yingxu2007	已预付款,保证选标
￥800	[654870] 珠海婚礼文化节方案	10	添喜掌柜	已预付款,保证选标
￥500	[643334] 大学毕业文章写作_商业模式分析	4	sy44075641	已预付款,保证选标
￥500	[641092] 加急,最迟5天,将现代营销应用于财产保险发展	11	huxiao123	已预付款,保证选标
￥1000	[627723] MBA文章撰写（人力资源方向）	5	hanhanratwx	已预付款,保证选标
￥800	[627736] 征集富得利地板五一专卖店促销活动方案	27	fdljinan	已预付款,保证选标
￥550	[611919] 写毕业文案论文 +50元	12	xuanpanda	已预付款,保证选标
￥660	[821027] 商业计划书_软件培训中心 +60元	9	helenawangxf	已预付款,保证选标
￥500	[625444] 农资市场监管软件推介报告	3	vans2000	已预付款,
￥600	[611575] 连接片多工位级进模设计(做成毕业设计) +200元	2	linyurong94017	已预付款,保证选标
￥500	[620083] 农产品物流建议文案	5	shishangyingjia	已预付款,保证选标
￥500	[616146] 急2天!征集小区幼儿园投标书	7	lucifer15zbj	已预付款,保证选标
￥550	[596182] 撰写MBA论文开题报告 +50元	9	jaque2011	已预付款,保证选标
￥500	[600175] 市场调查论文征集	3	右耳大洋葱	已预付款,保证选标

图4.10 报告写作频道部分任务截图

下面我们先来看一下政府公文式报告的基本格式，因为这是一种固定的正规文体，所以一般情况下采用固定的格式。

常规报告的基本格式

报告标题：写明报告的事由和公文的名称。

报告上款：注明收文的机关、公司主管部门或相关的主管领导人。

报告正文：它的结构与一般的公文大致相同。

从报告的内容方面看，报告情况的，应在报告中包含"情况、说明、结论"三个部分，其中最为重要的是所需汇报的情况。

报告的意见，应在报告中包含"依据、说明、设想"三个部分，其中最为重要的就是意见设想部分。

如果从报告的形式上看，一般复杂一点的报告要分为"开头、主体、结尾"三个部分。

报告的开头多使用导语式、提问式开头，以此为整个报告提出总概念或引起注意。

报告的主体部分可根据需要加二级标题或分条加序码等，增加整篇报告的逻辑性。

报告的结尾一般是采用展望、预测的手法，亦可省略，但结语不能省。

注意事项：

（1）报告撰写的内容一定要情况确凿、观点鲜明、想法明确、口吻得体，且不要夹带请示事项。

（2）如果需要呈转报告的结语时一定要注明"以上报告如无不妥，请批转各地参照执行"等字样，最后再写明发文机关及日期。

（3）如果报告的结尾处有"特此报告"一类结语，鉴于该类词语既无实际意义，也无结构作用，应当去除。

（4）在报告中或结尾处不可添加"以上报告当否，请指示"一类的话语，因为报告是无须上级回复处理的文种，所以即使协商这句话也是白搭，上级不会答复你。

（5）报告后面加附注标明"联系人"和"联系电话"也属废话。

（6）写报告要避免太长，一般应控制在3000字以内（注：特殊情况除外）。

有朋友会问"那是不是威客网的报告写作频道只会发布一些政府公文类的常规报告呢？"当然不是。在网站此频道下还包括各种公司的投标书、产品建议文案、论文开题报告、投资计划书、可行性研究报告、市场分析报告等，此类具有向上级机关或者公司主管部门进行汇报的报告式文体任务都会在此频道下发布。

下面就为大家分享几个此频道下不同类型报告的任务，以便文案威客朋友们能够更直观地了解此频道的意义和需要撰写的内容。

任务编号：660102

任务标题：房地产金融案例求解报告

悬赏金额：500元

任务要求：

贝尔维尤酒店投资项目，根据case材料对此项目进行投资评估和融资决策分析。

报告内容包括：文本报告（投资决策分析）+Excel表格数据计算文件（报告辅助内容）

不少于1500字。

（注：此任务下有提供酒店关于投资开发的案例文档，但是由于涉及公司的一些报表，所以不便在这里分享，望理解！）

任务编号：621027

任务标题：商业计划书——软件培训中心

悬赏金额：660元

任务要求：

我公司位于广州，100多人，从事政府电子政务软件开发，目前客户分布于全国20多个省份。我公司的软件需要复杂的用户培训，鉴于此，公司准备在广东某一个区县建设一个软件培训中心，一是公司自己客户的业务培训和日常接待；二是可以承接广东省各地政府用户的基本计算机技能培训业务。

软件培训中心拟占地12000m^2，建筑面积15000m^2，含教室、招待所、娱乐设施等。

本商业计划书是用于提交当地政府部门，拟向政府立项申请相关的政策和建设用地（主要目的），必须写明培训中心的业务模式、经营计划等。

（注：此任务下有提供该中心关于商业计划书的初稿模板，但是由于涉及版权问题，未经雇主允许所以不便在这里分享！）

任务编号：620083

任务标题：农产品物流建议文案

悬赏金额：500元

任务要求：

写一篇关于农产品物流的建议书，主要是流通环节的问题，重点突出税收问题，不好宏篇大论，要细节问题。要求3000~10000字。

（注：虽然此任务在要求中没有详细描述，但是雇主留下了联系方式，所以可能中标的文案威客已经通过QQ等方式联系雇主获取了相关的资料。）

任务编号： 616146

任务标题： 急！2天！征集小区幼儿园投标书

悬赏金额： 500元

任务要求：

投标书内容：

办学资质、办园经验、对小区业主需求和消费力的调查、教职员工的招聘安排、运营的可行性分析、国有资产占用费的缴交等。

特别要求：

（1）办学理论要新颖，有特色，国际化DIC。

（2）投资装修以及设备，电教化信息化建设，投资资金为280万（要计算回报率，8年左右回本）。

（3）建筑面积1625m^2，设7个班，保教费800元/月。

（注：此任务的报告属于典型的商业化投标报告书，雇主的要求也比较详细，所以此类任务一定要严格按照雇主提供的格式进行撰写！）

以上笔者主要是为大家展示了威客网的报告写作频道的一些任务的标题、金额和要求，以便于打算从事该类写作的新手文案威客能够对于报告写作任务有直观的了解。由于很多报告任务下的中标稿件涉及版权问题和公司的商业机密，所以不能够为大家展示中标威客的经典报告案例。但是可以肯定的是，很多人通过撰写报告成功地拿到了赏金，很多雇主通过在各威客网雇佣威客得到了满意的文案。

应用文

在威客网应用文算是不太起眼的频道。即使这样，在某威客网其平均成交价格也在358元左右，年发布任务数量700多个，交易额26万左右。这可能跟应用文的特殊性有关。

什么是应用文

应用文是我们在长期的社会实践活动中形成的一种特殊文体，是人们用于传递信息、处理事务、交流感情的工具，有的应用文还用来作为凭证和依据。随着社会的发展，人们在工作和生活中的交往越来越频繁，事情也越来越复杂，因此应用文的功能也就越来越多了。所谓应用文是国家机关、企事业单位、社会团体、人民群众在生活、学习、工作中为处理实际事务而写作，有着实用性特点，并形成惯用格式的一种文章的总称。

应用文和我们的生活息息相关，尤其是书信类、日记类的文体都属于传统的应用文。

要知道如今应用文体又添了一个新的成员——"申论"，作为一种新型的应用文体主要涉及议论文、说明文以及应用文三种文体，所以很多的雇主由于对此类文体的理解匮乏或者写作能力不足，均会考虑到威客网发布任务，征集到自己理想的稿件。

其实申论基本上就是我们常说的论文，基本步骤是要提出问题、分析问题、解决问题，只不过写申论是要结合所给定的材料，重要的是解决问题的方法要结合实际，具有可行性。

可能我们结合威客网的任务实例进行说明更直观一些！

任务编号：572106

任务标题：会计文章写作

悬赏金额：800元

任务要求：

会计论文（注：不得借鉴过多否则取消资格）。

（注：基本上这类的每个任务，雇主都会注明此要求，而且多数导师会辨别论文是否原创，雇主一般也会在网上使用软件测试的，所以打算从事该类任务的威客朋友在撰写的时候一定要注意哦！）

自考本科须答辩,作者须负责修改。

按提纲要求写作。

具体要求:

题目:试论企业战略成本管理

♣ 一、含义(略写6行左右)

♣ 二、传统成本管理与战略成本管理的联系与区别

(一)联系(需要写4点)

1.在传统成本管理基础上建立起来的战略成本管理基本程序

(1)传统成本管理基本程序(介绍)

(2)战略成本管理基本程序是在传统成本管理基本程序上结合本企业发展特点和经营模式,建立起一套适合本企业发展的战略成本计划、战略成本控制、战略成本预测、战略成本决策的管理体系,以使企业在国际竞争中取得同行业间的优势。

(二)区别(需要写5点)

♣ 三、企业战略成本管理框架(简明)

(一)价值链分析

1.企业价值链(6行)

2.行业价值链(6行)

3.竞争对手价值链(6行)

(二)成本动因分析

1.结构动因分析:规模、范围、经验、技术、多样性

2.执行动因分析:凝聚力、全面质量管理、生产能力利用率、联系

(三)战略定位分析:成本领先战略、差异领先战略、目标集聚战略、生命周期战略、整合战略

♣ 四、在我国目前实行战略成本管理面临的困难(四五点)

♣ 五、对策(五点)

论文要求:8000字以上,参考文献10个以上并且是2005~2010年的新

资料。

（注：从上面的要求中我们很容易看出，这就是论文，而且雇主的提纲很明确。此任务的中标稿件已经确定，并且赏金也已经支付，但由于涉及版权问题，不便在此展示！）

有人可能好奇，"为什么申论作为一种新兴的应用文体，被广泛的大力推崇呢？"主要是因为申论与传统的作文考核有所不同，作文只是要求考生根据给定的题目展开论述即可，它侧重考核的是考生的文字功底。考生可以凭自己的主观好恶去立论选材，尽情张扬个性地放言宏论。也就是说作文只能在一定程度上反映考生的写作水平，即"纸上谈兵"的能力，而无法全面体现考生的综合素质，尤其是解决实际问题的能力。申论则不仅限于对应试者阅读理解能力和文字表达能力的考察，更侧重于考察应试者发现问题和解决问题的实际能力，具有较强的综合性，能让考生充分发挥自己各方面的能力。

所以很多雇主由于时间或者写作能力的限制，都会选择到威客网发布任务来为自己征集更好的申论作品。由于此类文章中有部分文字需要引用各种资料，不是100%的原创文字，所以一般的成交价格在100元/千字左右，如果你有这方面的才能，不妨上来大展拳脚哦！

取名任务

取名任务可以说是威客网文案类任务的最大一个分支，下属又包括宝宝起名、成人取名、公司起名、品牌起名、店铺起名等，在某知名威客网取名任务平均成交价416元，年发布任务总量97000多次，1年该类任务下的悬赏金额高达4500万元。（该网站目前成立已经4年了，此类任务的累计交易金额1亿8000万元。

下面我们结合该威客网实例来看看取名任务下属五个频道的具体情况吧！

宝宝取名频道

宝宝取名频道可能是取名任务中平均成交价最低的频道，但是它的价格也高达88元。

此类任务平均每天发布15次之多。

名字,这是家长(即雇主)送给宝宝出生以来的第一份珍贵礼物,这份礼物将陪伴他(她)的一生,也会给他(她)的人生带来一些美好的憧憬和期许。

来看看到底这类任务能否赚到真金白银。642955号任务"加急,最迟2天,宝宝起名(急求)",此任务的悬赏金额是438元。(注:看来雇主的心情真的很急切,438元到底为他迎来了什么样的好名字呢?)

任务要求:

(1) 男孩。

(2) 生辰八字:2011年2月18日13时28分生。

(注:生辰八字很重要,用于测试和分析名字的五行等。)

(3) 父名:王春,母名:聂翠平。

(4) 名字中蕴含"水"和"草"。

(注:很明确的要求,这是能否中标的重要标准哦!)

(5) 其他的情况根据各位行家自行决定。

(6) 3个字。

(注:雇主明确了3个字的名字,所以2字的就不要考虑了。)

(7) 对名字含义进行说明。

(注:即使雇主没有这条说明,威客也应该尽量针对名字的寓意予以说明,以便雇主能够更好地理解你的创意,接受你取的名字。)

现在我们来看看到底中标的稿件是一个什么样的好名字呢?

王沐暄

希望你能喜欢,寓意为沐浴在阳光中,希望他健康快乐幸福一生!

以下是宝宝名字测算的结果。

您用"王沐暄"测得"姓名评分"的结果如下:

	繁体	拼音	康熙笔划	五行	凶吉		
王	王	wang	4	土	吉	天格→5(土)	外格→14(火)
沐	沐	mu	8	水	吉	人格→12(木)	
暄	暄	xuan	13	金	吉	地格→21(木)	总格→25(土)

笔者点评：

这个任务的中标者是一个零中标的新手威客。首先该威客进行了名字寓意的分析，积极向上，沐浴阳光，寓意很好。其次"沐"字含水，"暄"字日照暄，象征孩子像小草一样在阳光的沐浴下健康成长。名字的测试分析结果也不错。

由此可见，新手威客一样可以在该类任务中勇夺桂冠，不要忘了任何人都是从无到有一步步成长起来的。

成人取名频道

成人取名任务的平均成交价要比宝宝取名高出许多，大概在300元左右。成人取名每年在该威客网任务的发布数量8000次左右，也就是平均每天都有22个该类的任务发布。

成人改名的任务要注意将原名和改名进行对比，以方便雇主能够了解改名后针对五行、命理、星盘、生辰八字、寓意等角度的一些改变。

下面我们来看一个相关的案例。

任务编号： 640592

任务标题： 张姓成人取名

悬赏金额： 500元

任务要求：

出生日期： 农历1965年12月11日巳时。

（注：基本上每个取名任务都会提供生辰八字，以便于起名者进行测算。）

姓氏： 张。

起名要求： 从五行、命理、星盘、生辰八字、寓意等角度起名。

（注：雇主明确地要求了需要分析和结合的内容。）

性别： 男。

虽然此任务目前已经到期，但是由于买家要求稿件隐藏设置（注：这是该威客网为了保护雇主隐私所提供的特殊服务。），所以无权查看任务中的交稿。不过目前已经有160个交稿，相信一定会有雇主满意的名字诞生。

公司取名频道

公司类的取名是一种商业行为的取名,所以要比成人取名任务的平均成交价格高。某威客网公司取名平均报价为320元左右,年发布任务数量在6800次左右,年交易额220万左右,平均每天有18个该类任务发布,能拿下其中的1~2个,这个月的收入也就不菲了。

企业与公司命名,主要是需要众多的文案威客利用自己的创意理念、百万级字库和名称库的资源积累,为公司打造专业的中英文名与域名,锤炼企业文化底蕴,提升公司品牌竞争力,从而让雇主的公司赢在起跑线!

此频道下诞生过不少经典的大型任务,在这里举几个例子给大家看看。

任务编号:102201

任务标题:EliteTalk网络公司征集网站名称及域名创意

悬赏金额:5500元

发布周期:45天

设置奖项:1等奖1人,获得奖金的45%;2等奖1人,获得奖金的41%;3等奖1人,获得奖金的14%。

共征集稿件:1462个

任务要求:

❀ 一、EliteTalk公司简介

www.elite-talk.com英语口语网:是一家实现足不出户,选择老师,提前5分钟预约,马上就可以和老外一对一练习英语口语的划时代网站。公司以Vip一对一教学的形式,为学生量身定做英语课程,针对各个学生的自身特点,因材施教,帮助所有的英语爱好者快速、高效地掌握英语口语。我们的企业文化是:最合理地整合全球资源,创造出最理想的学习英语口语的方法,创造出最人性化、性价比最高的C2C平台,帮助所有的中国人克服哑巴英语,说上一口流利的英语。

(注:此处雇主针对整个网站进行了一段详细的概括和描述,以方便威客在起名的时候能够结合实际情况。)

❀ 二、现在使用的网站名称及域名

网站名称:现为Elite-Talk在线英语对话。

域名网址：现为 http://www.elite-talk.com。

缺点：名称拗口，域名长，难记，很多人都不知道elite为何意，而且中间还有一杠，记忆起来比较麻烦，输入网址时容易输错。

（注：雇主针对现在的域名和名称进行了说明，并指出了缺点，以便威客在起名的过程中注意这些细节。）

❀ 三、征集要求

任务已经进行到延期征稿的阶段，还是没有看到一件比较满意的稿件，现在把任务要求重新梳理精简一下，望大家能够好好发挥一下自己的想象力与创造力，帮忙想出一个满意的名字和域名：

（1）名字最好能起得大气一点，简约却不简单，大气却又不失通俗，琅琅上口，方便记忆；最好是一个名词，而不是一些听起来就比较拗口的动词名词词组拼接起来的词语；域名最好是简单的2~3个拼音，如果是英文也可以，但必须是最最简单的单词，绝大部分人都会拼写！

（2）不要片面地往古典诗词那方面去钻牛角尖，很多名字起得很牵强，古典诗词的引用很生僻，我们前面说的名字最好能够包含文化底蕴是建立在这些古典诗句是众所周知的基础之上。

（3）不要只是简单想着英语×××、口语×××这方面的简单组合，因为这些带有关键词字眼的组合都不可以被注册为教育类的商标，不方便以后的推广，还有脱口这样的名字也不可以注册为教育类的商标。

（4）我们需要得到的最终作品是一个中文网站名称以及一个未被注册的域名，所以已经被注册掉的域名就不要再提交了。

（5）必须是中文名称（非常好的英语名也可以），简单易记，理论上长度不能超过3个字，最好能突出我们一对一英语口语学习C2C平台的特征，名称琅琅上口，容易给人留下深刻印象；需要注意的是不能带有行业性质；如果能够蕴含一定层次的文化底蕴，例如像当初的百度那样，出自众里寻他千百度等古典诗词当中，效果更佳。公司域名要求未被占用，个性鲜明，容易记忆，与企业文化相契合，与公司名称一致，为公司名称的拼音

（如不是很理解要求，可以参见附件中的例子，创作过程中如有疑问请及

时联系我们)。

(域名是否被占用查询网址http://www.hichina.com)我们希望通过×××网能够征集到好的创意方案,一经采用,我们将支付5500元人民币作为报酬。

(注:雇主针对起名的要求进行了详细说明,往往这类大型的任务都会有比较详细的说明文字,数千元的钞票砸出去,雇主得不到好名字是不会罢休的哦!)

◆ 四、知识产权的说明

(1) 所设计的作品必须为原创,未在国家商标局注册过,不得侵犯他人著作权;如有侵犯他人著作权,由设计者承担所有法律责任。

(2) 中标的设计作品,我方支付设计费,即拥有该作品的独立完整知识产权,包括著作权、使用权和发布权等,有权对设计作品进行修改、组合和应用。

(3) 中标的设计作品,我方支付设计费,设计者不得再在其他任何地方使用该作品,或为第三人提供该作品创意方案,否则构成侵权,本公司保留依法追究设计方法律责任的权利。

(4) 征集结果公布后,未采用的作品即可自行处理。

(5) 针对可能出现的域名恶意抢注情况(如看到其他人比较好的创意,而将域名抢注下来用来买卖交易的,我们将追究抢注者法律责任),所以也请设计者自行注意保护。为此,设计者所发布的稿件中的域名在参加选稿期间,我们拥有该域名独立完整知识产权,包括著作权、使用权和发布权等,有权对该域名采取保护措施,未中标者在任务结束后域名自行处理。

(6) 参加此任务者被视为同意以上声明。

(注:此任务要求下注明了雇主的联系方式,但因涉及雇主隐私,不在这里公布了。)

中标威客:

1等奖获得者威客"apollochina";2等奖获得者威客"wkwk1987";3等奖获得者威客"beyondwater"。

（注：由于涉及案例的版权问题，就不在此处将中标的案例展示给大家了。）

品牌取名频道

文案威客头脑风暴帮雇主打造最受欢迎品牌！专业的创意理念，短时间低成本地为公司创造最给力品牌，这就是品牌取名频道的宗旨！666元的平均成交价，威客取名的时候看着金额也是冲劲十足，每年发布6400多次该类任务，平均每天都有18个品牌取名任务发布。

此频道下诞生过很多知名品牌，也让不少的威客发家致富，比如：

小肥羊火锅子品牌起名，悬赏金额高达6000元，征集稿件数1288个，从而诞生了一个全新的火锅品牌；

品牌皮具起名——"赛腾"系列任务之一，悬赏金额高达5000元，征集稿件数569个，一个新兴的皮具品牌马上就在市场引起了轩然大波；

珠宝企业品牌名称征集，悬赏金额1000元，征集稿件数1472个，就这样著名的"金玖玖"珠宝品牌诞生了……

品牌起名的成功案例还有很多，上千元的任务更是数不胜数，如果你真有心从事该类的文案工作，不妨亲身到威客网站体验一下创意赚钱的快感！

店铺取名频道

由于店铺取名任务多是一些比较小型的店铺和个体经营人士，所以相应的平均价格也较低。某威客网上此类任务平均成交价不过200元！每年5000次的任务发布数量，平均每天都有13个该类的任务发布。不怕你没钱赚，就怕你没取好名！

雇主们平均花费200元，即可为店铺征得一个响亮的名字！能让顾客便于记忆，减少广告成本，将精力更专注于店铺本身！所以需要文案威客从寓意、传播、宣传等专业角度起名，成就雇主的一番事业，从店名开始让雇主的生意来一个华丽的转身！

此频道下也不乏上千元的大单，下面就给大家看一个案例。

任务编号：659194

任务标题：悬赏1000大洋给我的餐厅取个好名字

悬赏金额：1000元

任务要求：

我的餐厅是类似味千拉面、永和大王这样的餐厅，现想征集一个响亮、有意义的名字。

补充要求[卖家须知]

(1) 请大家不要只围绕面做文章，我的餐厅招牌是饭，当然面也有，辛苦了，继续加油（2011-03-29 10:17:33）。

(2) 朋友们，我的店铺名字需要再时尚一些。像面包心语、吉野家、呷哺等小资的也可以。类似饭庄、面店请不要再上传，谢谢（2011-03-29 16:21:54）。

(3) 非常感谢各位热情的帮忙，可至今还没有令人眼前一亮的作品，请各位继续努力，谢谢（2011-03-30 18:45:04）。

（注：雇主可以随时根据稿件的情况，来补充自己的要求，所以威客在起名的时候也一定要注意及时查看！）

第五章
开始做悬赏任务

认识悬赏任务

从前面的章节可以看到，我们其实一直在做准备工作，虽然内容很多，但俗话说"磨刀不误砍柴工"，准备充分了，我们的威客网赚之路会走得更加顺畅。本章所讲的悬赏任务是威客网的一种任务模式，与任务的类型无关。由于悬赏任务是所有文案威客的起点，所以如果你已经有了加入威客网成为文案威客的决心或者你准备成为威客网的一名文案威客，此章一定要仔细学习！

悬赏任务主要是指雇主（即买家）在发布任务时先将任务的赏金全部托管到某威客网，威客（即卖家）根据雇主的需求完成稿件并在该威客网通过上传附件的方式提交作品（注：当然也有部分雇主要求将稿件发送到邮箱或者其他地方），雇主从威客上传的众多稿件中选择自己较为满意的稿件。

（注：悬赏任务模式雇主（即买家）均已托管赏金，文案威客在投标时需要直接提交稿件供买家选择。如图5.1所示）

赏金已托管，买家保证选稿
只要稿件有效买家都会选稿

1. 买家已经将赏金全额托管到猪八戒网
2. 只要稿件是有效稿件，且数量满足中标模式要求，买家就必须选稿。
3. 任务结束后买家有7天时间选稿，如逾期不选，将由系统代为选稿。查看系统选稿规则

图5.1 悬赏任务赏金托管说明

由于此类任务需要文案威客预先完成稿件的写作，然后雇主在众多的稿件中进行选择，所以一般此类任务的创作周期都比较短。比如：起名、广告语。即使是文章的写作大多数任务要求的字数也仅限于1500字以内的稿件。

有朋友可能会问"那是不是悬赏任务就没有高金额的大单交易呢？"当然不是。创意是无价的，只要你的文字得到雇主的认可，就有可能获得几

千元甚至上万元的报酬，无论是简短的起名、广告语任务，还是各种文章任务，都会有高悬赏、高回报的文案任务发布（如图5.2所示）。

￥10000	[557450] 金号集团万元广告创意征集（一）依诗家床品品牌广告创意征集	1143	阳光788	已预付款,保证选标
￥10000	[557859] 金号集团万元广告创意征集（二）金号毛巾广告创意征集	1301	阳光788	已预付款,保证选标
￥5000	[545608] "爱尚吃"品牌广告语征集	1681	b308035782	已预付款,保证选标
￥5000	[505774] 正大（中国）体育用品有限公司广告语征集 加急！！	1077	正大集团	已预付款,保证选标
￥5000	[519494] 天舒热能宣传软文长年征集,篇幅不限	85	tenesun	已预付款,保证选标
￥5000	[197981] 春节原创诗词征集	520	传统节日	已预付款,保证选标
￥5000	[192149] 元宵节原创诗词征集	368	传统节日	已预付款,保证选标
￥5000	[186884] 七夕节原创诗词征集	530	传统节日	已预付款,保证选标
￥5000	[181554] 清明节原创诗词征集	517	传统节日	已预付款,保证选标
￥5000	[178038] 端午节原创诗词征集	315	传统节日	已预付款,保证选标
￥5000	[172930] 重阳节原创诗词征集	489	传统节日	已预付款,保证选标
￥5000	[165870] 中秋节原创诗词征集	609	传统节日	已预付款,保证选标
￥10000	[2264] 蚁集网大本营建设大赛	562	yiji.com	已预付款,保证选标
￥7500	[3071] "快乐星猫"故事接龙第二期征集	108	明日科技	已预付款,保证选标

图5.2　文案类高额悬赏任务截图

￥5500	[617547] 网站名字与品牌宣传语 +500元	816	robust_fz	已预付款,保证选标
￥5500	[577158] 重金！经营馄饨的快餐店名称征集 +500元	2209	跟着论语做老板	已预付款,保证选标
￥5720	[22267] 西南证券万元系列品牌征集之品牌名称征集	316	racheljj	已预付款,保证选标
￥5000	[42720] 品牌皮具起名-"赛腾"系列任务之一	569	佛山赛腾	已预付款,保证选标
￥5500	[102201] EliteTalk网络公司征集网站名称及域名创意	1462	lovesquall2010	已预付款,保证选标
￥5500	[130036] 植物蛋白制品企业名称征集	919	hekuizhu	已预付款,保证选标
￥5080	[132278] 休闲快餐餐厅起名征集	2705	308035782	已预付款,保证选标
￥6000	[179327] 6000元征集小肥羊火锅子品牌名称	1288	最爱小肥羊	已预付款,保证选标

图5.3　起名类高额悬赏任务截图

在悬赏任务中,高额的悬赏任务不仅仅是雇主对于某威客网的信任、对于文案威客创意的尊重,其实也是对企业和品牌的一种变相宣传,雇主发布的赏金越多,那么关注和参与的威客也就越多。试想一下,一个10000元的悬赏任务,可能提交稿件的数量就达到几千件,而关注和报名此任务的威客可能达到上万人,雇主不仅能从中选择比较好的稿件,更多的是本身就已经在几万甚至几十万的威客当中树立了品牌的形象。尤其是一些贴近生活的品牌,威客就是潜在的消费者,你说对吗?

下面我们再来说一下悬赏任务的基本流程:

(1)雇主(即买家)提交文案任务需求,并支付任务赏金托管于威客网平台,由该威客网审核发布任务(如图5.4所示)。

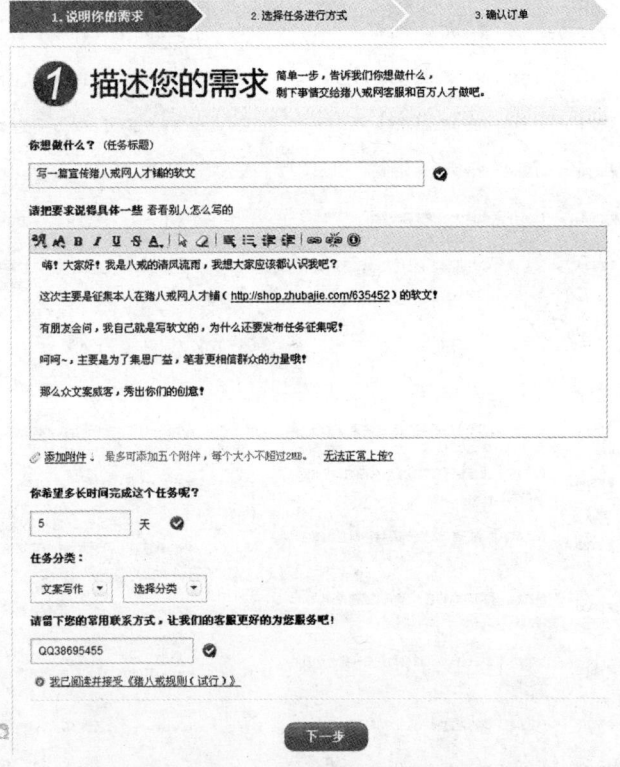

图5.4 发布任务界面截图

(注:以上截图内容纯属虚构,仅为本书演示使用!)

(2)在任务的交稿期间,威客(即卖家)可以通过上传附件的方式提交稿件参与任务，雇主通过稿件评论的方式点评稿件（如图5.5所示），与威客互动，让威客更准确地了解需求，并针对细节问题进行修改，最终达到雇主的要求。

（注：当然根据雇主的要求不同，有时也会通过QQ、邮件等方式进行沟通。）

图5.5　稿件点评界面截图

（3）在任务结束时，将禁止投稿，雇主须在指定的时间内选择满意的稿件中标。

（4）选稿中标后，进入3天的公示期，接受其他会员监督；如果稿件需要修改或完善，雇主可联系威客继续完善稿件。

（5）雇主确认完成后，公示期无异议，威客网站将给中标威客支付报酬，双方此时可以互相评价。

文案威客应把悬赏任务放在第一位，尤其是在刚开始，没有固定的客源或者长期合作的客户时，悬赏任务比招标任务来得更实在一些！因为毕竟悬赏任务的金额已经托管在网站，只要威客用心地写作、创作，总有被赏识的机会。但是招标任务就不同，如果没有合适的文案威客接手，雇主完全可以放弃此次任务。

其次悬赏任务能够更好地起到保护新手威客的作用。在文案威客新手写作初期，只要按照悬赏任务中雇主的要求进行创作，并按照常规的流程在威客网交稿，就会受到该威客网的保护。一旦以后出现雇主拒绝付款或者有抄袭行为等事件时，威客网的工作人员便可以代为处理事件，与双方进行交涉和沟通！

悬赏任务的特点

到底悬赏任务的特点是什么呢？下面就一一为大家介绍！

1. 悬赏任务针对文案威客的保障优势

（1）赏金托管

关于赏金托管在上一节已经说明了，所有的悬赏任务的赏金均已经预先支付到威客网，所以雇主一旦使用稿件或者选择中标后，威客网会负责保证稿费支付到每一个文案威客的手中。

（2）线上交稿

在悬赏任务中，文案威客需要按照雇主在任务中的要求进行稿件的创作，完成后通过威客网的附件上传功能上传稿件（如图5.6所示）。

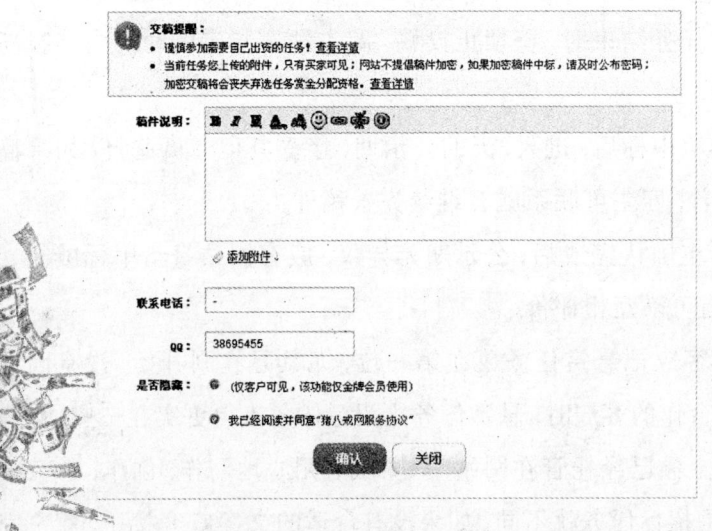

图5.6 某威客网文案悬赏任务交稿截图

一直以来有很多文案威客朋友对于在威客网上递交稿件的安全性存在质疑。文案威客将稿件上传到威客网上以后，就被纳入到威客网版权保护的行列当中。也就是说一旦雇主和威客之间发生稿件盗用或者付款纠纷问题，又或者威客和威客之间存在作品抄袭、作弊等事件时，那么威客网的工作人员会负责追究相关的稿费及追究各方的责任。但是一旦是处于线下交稿的话，威客网很难界定双方的责任问题，尤其是稿件如果在线下被盗用，可能就超出了威客网的权限范围！

(3) 保证选稿

保证选稿是威客网推出的一项保护文案威客权益的服务（如图5.7所示）。即雇主（买家）已经向威客网承诺任务结束后一定会选出中标稿件，一旦没有合适的稿件，雇主可以选择加价延期（注：关于加价延期的定义请看下方的“悬赏任务针对雇主的保障优势”。）服务，或者由系统代为选稿。

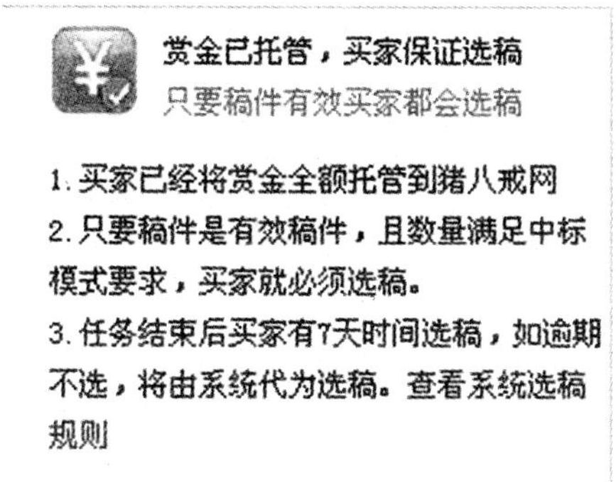

图5.7　悬赏任务中买家保证选稿标识

全国大学英语四六级考试网软文征集	0	lvnan6688	已预付款，保证选稿	进行中
征集：点旺网物联网大奖赛推广软文	0	taiyonghai	已预付款，保证选稿	进行中
编写本店简介	6	sujunli	已预付款，保证选稿	进行中
200元茶叶类软文征集	1	纯之味茗茶	已预付款，保证选稿	进行中
团购网站推广软文征集	2	jason_lo	已预付款，保证选稿	进行中
50元一篇，团购网站软文写作	5	sunjiachen	已预付款，保证选稿	进行中

图5.8　任务大厅中买家保证选稿标识

(4) 系统选稿

系统选稿就是对于一些雇主（即买家）由于作弊或者保证选稿任务的雇主超期未选稿、放弃选稿等非正常原因，导致无法正常选稿的任务，当雇主放弃选稿资格后，由威客网的系统程序，根据威客网弃选任务赏金分配规则选定中标稿件，称之为系统选稿。系统选稿的标识与中标稿件不同，系统选稿的标识是"赏"（如图5.9所示）。

图5.9　悬赏任务系统选稿标识

| zservice | 恭喜！您在编号为570892下稿件获得系统选稿评奖资格，赶快去查看。 |
| zservice | 恭喜！您在编号为570988下稿件获得系统选稿评奖资格，赶快去查看。 |

图5.10　系统选稿提醒邮件截图

(5) 公示期

雇主（即买家）选出中标稿件后，会自动开始为期3天的公示期倒计时。公示期的设置目的是公开稿件，让所有参与者监督、审核，看任务是否存在问题、异议。任务相关的异议通过任务最终页的"我有异议"中提出。在公示期后再提出的异议，威客网将不再受理。

任务公示中，欢迎监督
距公示截止还有　1天1小时

任务赏金：50元　（中标可获任务赏金的80%）
开始时间：2011-04-01 00:00:15
结束时间：2011-04-08 00:00:15

中标会员：鑫丫头

图5.11　悬赏任务公示期标识

2. 悬赏任务针对雇主的保障优势

（1）全额退款

此项服务主要是用于雇主（即买家）在发布未保证选稿的任务的时候，如果没有获得满意稿件，雇主可以申请全额退还任务赏金（如图5.12所示）。

（注：通常已购增值服务费不予退还，保证选稿的任务赏金，不予退还。）

图5.12 雇主未保证选稿标识

（注：目前某威客网文案类任务80%均设置了保证选稿，因为承诺保证选稿，本身也是对于文案类威客的一种保障，能够吸引更多的文案威客关注和参与任务。）

（2）补充要求

补充要求是威客网对雇主（即买家）提供的一种保护服务，雇主可结合任务中稿件的提交和文案威客文章的写作情况针对原有的任务要求进行补充说明，给予威客更多的提示，从而更好地完善稿件内容（如图5.13所示）。

（注：雇主在补充任务要求的同时不能增加任务的工作量，一旦雇主在补充内容中增加了工作量，卖家有权不依照执行，且一旦发生争议，威客网将按照雇主提交的原始需求进行仲裁。）

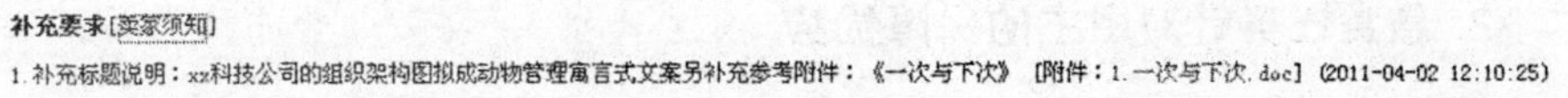

补充要求[英家须知]

1.补充标题说明：xx科技公司的组织架构图拟成动物管理寓言式文案另补充参考附件：《一次与下次》[附件：1.一次与下次.doc] (2011-04-02 12:10:25)

图5.13 补充要求标识

（注：雇主可以根据实际情况在不增加工作量的情况分多次进行补充。）

(3) 线上审核稿件

在悬赏任务中雇主可以直接在线上浏览所有文案威客的稿件，也可以下载到电脑上浏览。线上审核稿件非常方便快捷，而且能够直观地看到每个稿件的作者、ID以及能力信息和其他的说明（如图5.14所示）。

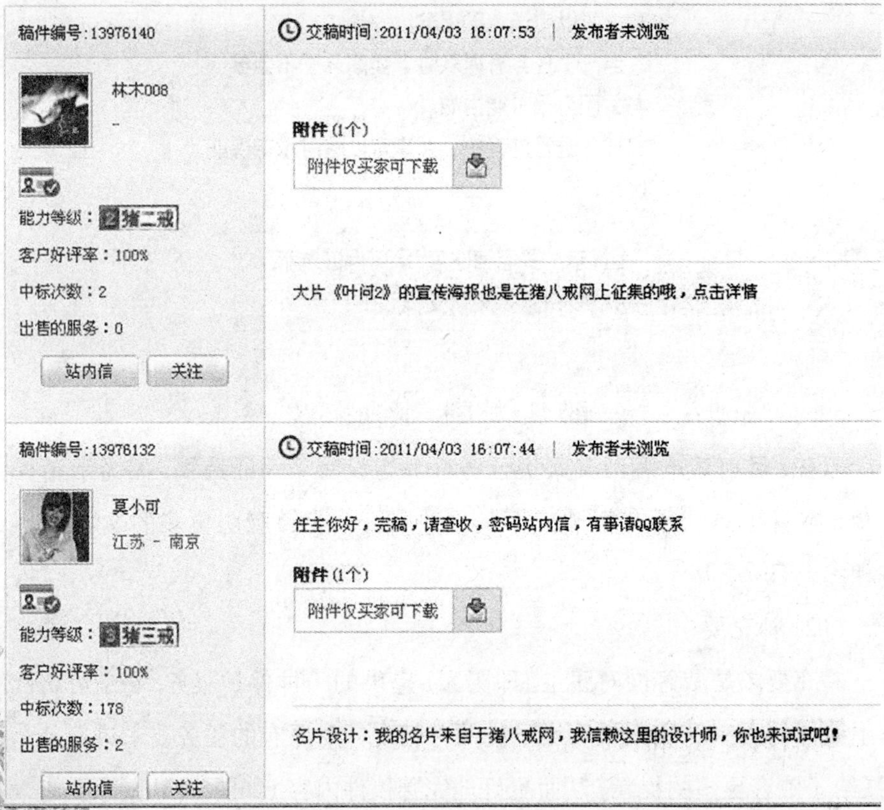

图5.14 悬赏任务交稿界面截图

(4) 加价延期

如果雇主（即买家）希望通过增加赏金以吸引更多卖家参与或者任务截止时没有满意的稿件，可以选择加价延期服务（如图5.15所示）。

（注：加价的赏金同样按照悬赏任务平台服务费收取规则收取20%的平台服务费。）

￥350	[647682] 万客泉酒业有限公司企业方案写作-企业创始人故事（急） +50元
￥350	[647699] 万客泉酒业有限公司企业方案写作-加盟合作者成功故事（急） +50元
￥350	[647692] 万客泉酒业有限公司企业方案写作-企业品牌内涵传播故事（急） +50元
￥300	[649636] 修改,优化单页页面文字简单任务 +240元
￥350	[615845] 写几个百度百科,水平要求高 +50元
￥150	[630053] 玉龙皇服装品牌故事软文 +50元
￥100	[627671] 软文征集,网店宣传软文 +50元

图5.15 悬赏任务加价标识

（5）稿件投票

作为雇主（即买家），如果对文案任务下的多个稿件比较满意，无法确定最终选稿，可以选择备选稿件，通过稿件投票的形式邀请朋友等对稿件进行投票，以便做出最终的决定。

（注：①投票的多少不决定最终的选稿结果，仍然由雇主决定哪个稿件中标；②可以发起多个投票让不同的朋友参与；③无论所投稿件是否中标，参与投票的会员均不获得任何奖励。）

（6）延长选稿期

当任务进入选稿期后，雇主（即买家）有7天的选稿期，如果您暂时无法选出中标稿件，可以购买延长选稿期的服务，以此来延长选稿的时间，以便能更好地甄别最满意的稿件,此服务尤其适合比较大型的任务和一些投稿数量较多的任务。

（注:"延长选稿期"服务每延长1天加收10元钱。）

以上对悬赏任务的一些特点进行了相关的描述,目前威客网悬赏任务服务的目的就是为了更好地保护雇主和文案威客的权益。总之悬赏任务的特点可以总结为8个字,那就是安全、信誉、保障和贴心!

悬赏任务是网赚的必经阶段

一个成功的文案威客,都会有一个过渡期。威客也一样需要历经学习、投稿、再学习、赚钱的过程一步一步地走向成功。

作为一名文案威客,首先要看清楚自己的位置。有很多新人会盲目地去投稿、去拉单、去投标,这只能说明你还没有摸清威客成长的规律。为什么一定要从悬赏任务做起呢？这就好比你要写一个"中"字,必须要先写出"口",才能插下这把剑。

悬赏任务无疑就是文案威客为未来长期从事网赚工作所做的一种铺垫,也可以说是公司运营前期的一种架设和准备。如果说能力值的飙升是万丈高楼,那么悬赏任务就是地基,如果地基不稳再结实的楼房也要倒塌。

那么到底悬赏任务对威客未来长期稳定的收入有什么决定性的意义呢?

1. 投稿门槛低

任何一个新手威客,都是没有固定的客户,没有名气。在你什么都没有的情况下,你觉得有谁会接纳你？答案是肯定的,悬赏任务是你唯一的选择,自由投稿靠着实力和创意取得雇主的信任,相信大多数的雇主还是会认真审核每一篇稿件,认真对待每一位威客的。

2. 提高能力值

能力值就相当于每一个威客的招牌,是文案威客成长的里程碑。当别人看到你的能力值的时候,首先会对你的稿件产生一个主观的印象。也就是说雇主在雇佣人才的时候,能力值是一个决定性的因素,任何人都不会放心把一篇关系到公司未来命运的文章交给一个能力值为0的威客,所以为了可持续性地长久发展,坚持悬赏任务是获得能力值的唯一途径。

实例分析:

目前某威客网威客文案的收入99%均来自悬赏任务(当然通过悬赏任务结识雇主的线下业务除外),而且很多文案威客初期也会通过一些简单的点评悬赏任务、发帖悬赏任务来提高能力值,足可见能力值对于一名文案威客的重要性。

3. 积累客户资源

每一个在未来成功的文案威客必定都有他(她)的远见和卓略,很多新手不屑于悬赏任务的意识本身就是错误的,殊不知悬赏任务正是新手威客快速积累客户资源的一种最直接、最有效的途径。通过悬赏任务的投稿可以让你和雇主之间有一个彼此了解的过程,让雇主对你的创作思维、新闻嗅觉、写作能力以及逻辑思维都有很好的认识,便于在以后的合作中留下良好的印象。可以说每一个悬赏任务的客户都可能成为你未来写作过程中的潜在消费者。

实例分析:

我们虽然不能保证悬赏任务的雇主回头率,但是在彼此相互了解的情况下,相信如果雇主有新的写作任务首先便会想到曾经为他(她)撰写过某篇文章的你。当然这也要看文案威客在写作过程中、中标后期与雇主的沟通情况和雇主对于此次交易的满意程度来区别对待。大部分雇主还是迫切需要与一部分稳定的写手、编辑、媒介保持长期良好的合作关系,这无疑也是网站、网店、公司在互联网长期保持核心竞争力的有效手段之一。

尤其是从事软文写作的威客,任何以营利为目的的互联网机构都需要长期的借助于软文来达到企业低预算、高回报的宣传效果,那么企业就必须借助于外部软文写手的力量,并与其保持长期的合作关系。

4. 交易过程有保障

很多文案威客的新手,经常在初期就加入到招标任务的投标行列中(关于招标任务的细节请参看后面的章节),那么就有可能面临到以下两个问题:第一,雇主不了解你的能力,可能会让你试写文章的一部分或者整个内容,再决定是否采纳;第二,雇主并没有托管赏金,也就是你在没有确定威客网托管收入的情况下,就开始工作。最后的结果很有可能是你的稿子发给了雇主,但是雇主没有支付稿费,当然也有可能雇主觉得你的稿子并不合适。

无论是哪种情况,我们都不希望看到。在悬赏任务中,类似的情况就完全可以避免,每一个悬赏任务的赏金都已经在威客网网站上进行托管,在雇主放弃选稿或者盗用稿件的情况下,威客网的工作人员有能力也有义务代替雇主向你支付全部的稿费,也就是说威客网会在悬赏任务的过程中,为所有的威客和雇主提供一个交易过程中的全面保障。

5. 学习赚钱两不误

每一个人的一生都是在不断地学习和成长,作为一名合格的文案威客,除了平时要关注网络的热门信息以外,也要不断地学习别人的写作手法和创意思维。只有不断充实自己,才能让自己在百万威客大军中遥遥领先,而悬赏任务就是新手威客最好的学习园地。在每一个悬赏任务的公示期内,中标稿件都会对所有参与任务的威客开放,那么如果你没有中标,说明你的文章还有需要提高和改进的地方,而中标的稿件就是你最好的参照,看看别人的写作方法,不仅能够取长补短,更能增长阅历,丰富自己的写作思维和素材,这就是所谓的"学习赚钱两不误"。

既然我们选择了文案威客这个行业,就要一步一步脚踏实地地从基础做起。而悬赏任务对于每一个新手威客都是公正、平等的,每一个人的机会也是相同的。

悬赏任务过程中可能遇到的问题和解决方式

文案威客在威客网参与悬赏任务的同时,可能会遇到各式各样的问题。本节将介绍一些常见的问题和解决的方式。

比如威客网每天会发布几百条的文案任务,我们有可能会同时报名很多的任务,但是每个任务的截止时间不同,所以如何掌握好交稿的时间呢?如何及时了解任务的剩余时间呢?

此类问题不必太担心,其实一些威客网的站内信会针对即将到期的任务发信提醒威客(如图5.16所示)。

图5.16　站内信提醒截图

（注：如图中所示，标题为"您有一个报名参与任务就要结束了，请尽快交稿"，此类题目都是报名任务未交稿的提醒邮件。）

有些威客网还有"任务管理"界面，点击"报名未投标"选项，查看所有报名未交稿的任务和任务的剩余时间（如图5.17所示）。

图5.17　报名为投标界面截图

（注：如上图所示，在此界面可以看到所有已报名未交稿的任务、任务的标题和悬赏金额，以及结束时间和任务状态，便于威客们掌握任务动态，及时作出规划，优先选择剩余时间较短的任务进行创作！）

在文案悬赏任务的创作过程中，文案威客还时常会遇到雇主最终未选稿，导致自己辛苦创作的稿件，没有得到雇主的赏识或者最终落到了一个系统选稿的田地。那么威客们怎么才能了解雇主对于任务的关注程度呢？

各家威客网在悬赏任务下，通常都会有一个类似"任务健康度"的提示牌（如图5.18所示），它主要是用来反映雇主（即买家）对任务的关注程度。这个特殊的体系会做很多的检查，如任务发布者对威客（即卖家）的反馈、评价有多少，查看任务的频率等，依靠任务健康体系指导并监管任务。

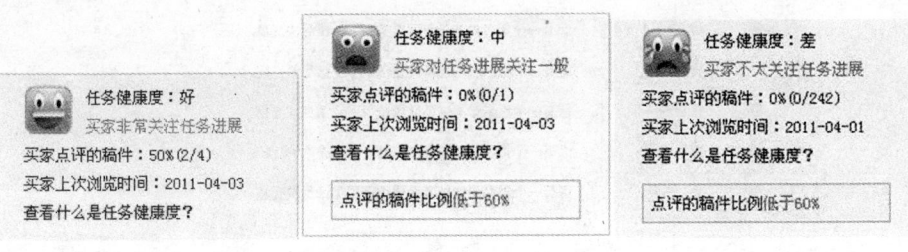

图5.18　任务健康度状态标识

（注：任务的"健康状态"，分为好、中和差三种状态。）

那么雇主怎样才能提高任务的健康度呢？

（1）经常登陆有关威客网查看任务。

（2）针对自己喜爱的稿件进行评级。

（3）给每个较为满意的文章或者稿件提供有用的留言或评价，多和卖家交流。

所以文案威客应尽量参与一些任务健康度为"好"的任务，参与这样的任务更有保障。任务健康度为"差"的任务，文案威客往往不愿意参与其中，因此任务健康度和任务效果息息相关。要想获得更好的任务效果，建议雇主及时关注任务才是最有效的办法。

许多文案威客的新手朋友时常说，自己常不能中标，或者稿件得不到重视。首先可能是新手文案威客本身在网站的知名度不高，其次有可能会是文笔和创意方面还不够完美（当然不是说新手的文章就一定不好！）。建议尽量选择一些多人中标或者计件模式的文案任务（如图5.19所示）。毕竟一些悬赏金额较高的大型文案任务，前来投稿和竞争的高手文案威客很多，可能会影响到你的中标几率。

图5.19 多人中标标识或计件任务标识

作为一名新手的文案威客，时常会感到自己写作素材的匮乏，或者缺乏专业知识，更多地希望去了解相关文案的写作知识，希望去参考这类的案例，但是苦于互联网上真正免费的资料是少而又少。

那怎么办呢？其实很简单，威客网目前文案任务类的一些主流频道，都已经开通了"圈子"，主要是用于新手文案威客发帖交流、提问、每日案例鉴赏，而且定期会举行网络的培训（如图5.20所示）。

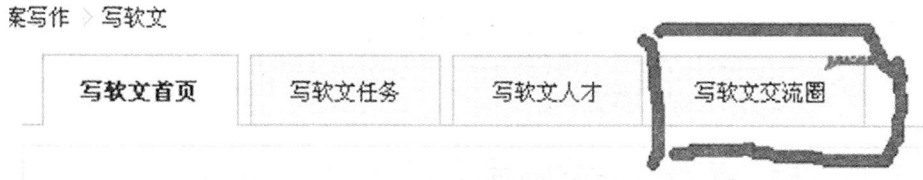

图5.20 文案分类圈子标识

如上图所示，在任务大厅下，文案分类的子频道下一些主流的领域都有自己的频道，里面会定期举行一些活动或者培训等，而且每天圈主都会发布一些专门的案例或者教程，有问题也可以在里面提出来让所有的文案同行帮你一起解答（如图5.21所示）。

主题
【软文范例鉴赏】网店推广软文
【软文范例鉴赏】减肥产品软文
[精华]【软文范例】活动促销类软文
假如猪八戒象新浪、腾讯一样人人皆知……
猪八戒最火的项目是什么
[精华]【制造2011年网络流行语】——"让我情何以堪"
[精华]【八戒体征集】软文作者们秀起你们的创意！！！
【软文范例】化妆品推广软文
【软文范例】避孕套软文
圈子招募副圈主，Q群招募管理员！
为什么做文案要认证
传统节日，你的形象代言人呢？
如何打造一个好的软文标题？
猪八戒是不是低价的舞台

图5.21 软文写作圈子界面

很多文案威客在悬赏任务的交易过程中，总是需要联系客服，甚至有的时候需要与客服沟通，那么怎么能避免被骗？怎么识别真假客服呢？

某威客网为此专门提供了"真假客服验证"界面，在网站首页上方的工具条中有一个"网站导航"的菜单，鼠标指向它，就会弹出下拉菜单（如图5.22所示）。

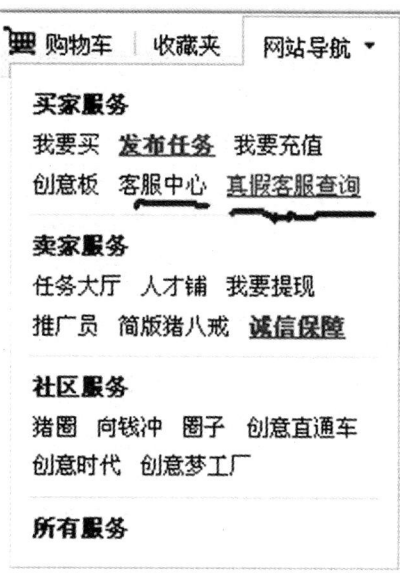

图5.22 网站导航下拉菜单

如上图所示,其中"客服中心"和"真假客服查询"两个选项就是验证客服的最直接有效的方法(如图2.23所示)。

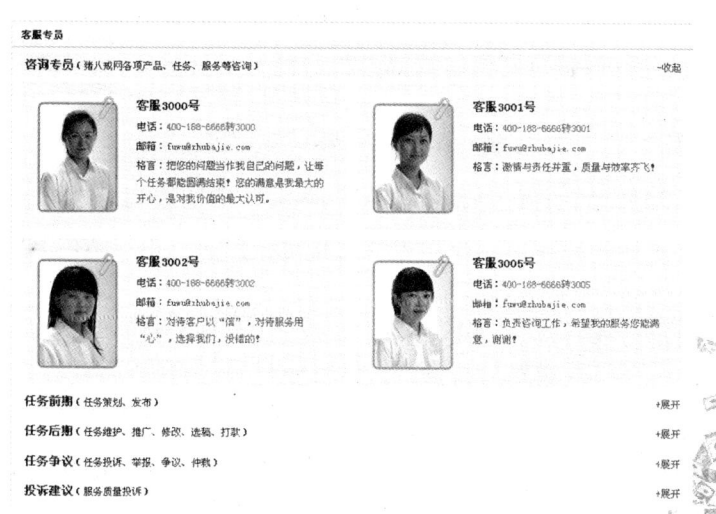

图5.23 客服中心界面

如上图所示,客服中心界面主要是针对不同领域的客服进行展示,点击展开就可以查看所有客服的编号和相关的联系方式及负责的工作范围。

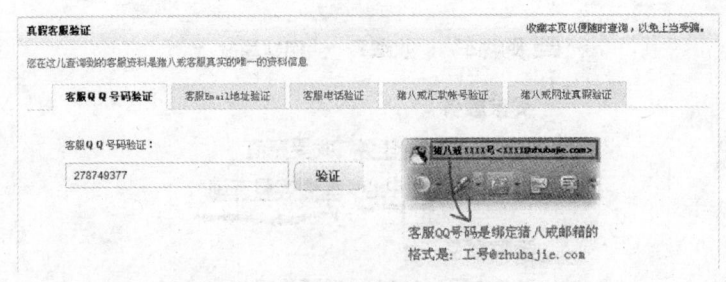

图5.24 真假客服验证界面

如上图所示,在不同的选项卡输入相关的联系方式即可验证客服的真假,点击确认即可弹出验证结果(如图5.25所示)。

图5.25 验证结果——真客服

如图5.25所示,上面会显示提供的联系方式是否为某威客网的客服、客服的编号及其他的相关信息,这样就可以有效地防止被骗了!

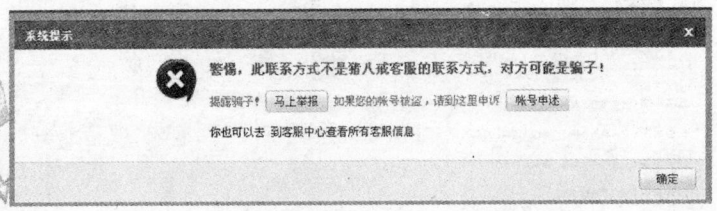

图5.26 验证结果——假客服

(注:如果出现上面的提示,你就要谨慎了!)

有威客朋友提及威客网上雇主骗稿的问题,此类问题毕竟是少数,而且目前针对类似的作弊问题威客网都会没收雇主悬赏的金额,然后由系统代为选稿并发放赏金。

有的雇主在选择中标稿件之后,同时在中标稿件以外的稿件中选择一些较好的稿件使用并发布到互联网上。个别比较精明的雇主会在任务的公示期结束后再盗用其他未中标的稿件,此类行为比较恶劣,因为公示期结束后,稿件的赏金均已发放,而且威客网也无法再追究雇主的责任。不过,此类雇主是少数。遇到这样的事我们应该怎么做呢?当你怀疑稿件有被盗用的嫌疑时,就要留个心眼,毕竟互联网上想要找到某个人的联系方式还是比较简单。

笔者也有过类似的经历,跟大家分享一下遇到类似问题的解决办法!

可能许多文案威客的新手还不了解,当你在威客网上积累了一定的能力值、有了一定的知名度、攒下了一定的客源的时候,慢慢的就会有人通过QQ、Email等方式与你取得联系,并通过线下合作的方式向你征集稿件。

此次悲惨经历是在线下发生的。大概是在2010年过年的时候,淘宝的一个商家(专门卖男性的中药保健产品)通过QQ的方式与笔者取得了联系,说是希望笔者撰写一个店铺的宣传软文。由于当时是春节,我给这位雇主的报价是6元/百字。雇主说不差钱,写好就行之类的话。

雇主的要求是通过故事的方式,写一段某个男人的悲惨经历,由于男性有功能方面的障碍等,最终在服用了这位雇主店铺的中药后得以痊愈,并向大家推荐和分享自己的心得。说实话,故事类的软文笔者也写了不少了,轻车熟路,经过简单的构思,很快完成了1200多字的故事。其中,精心设计和描写了男性遇到困难的心理,和求医问药时遇到的种种难题以及对生活的困扰。创作之后,笔者读了自己的稿件,在确定没有什么问题后,为稿件设置了"保护文档"功能(这是Word文档自带的一种功能,通过设置密码之后,保护窗体域,让雇主只能阅读文档,却不能复制、粘贴文档的内容,如图5.27所示)。

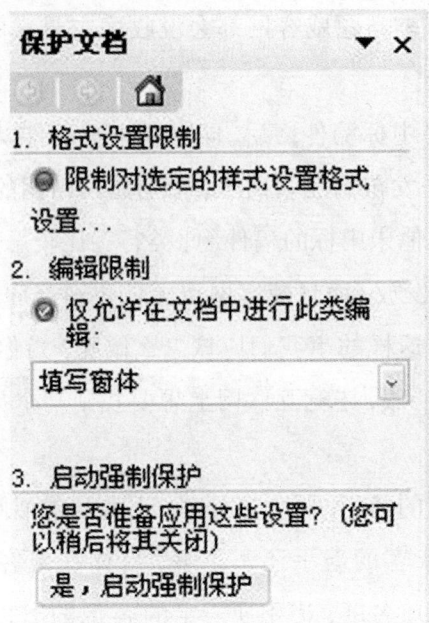

图5.27 Word保护文档界面

（注：在word上方的菜单栏单击"工具→保护文档"即可弹出此界面）

如上图所示，选择"填写窗体"启动强制保护，设置密码即可防止雇主复制、粘贴文档的内容。在设置好这一切之后，便联系了雇主，并将文档通过QQ传给了他。按理说这样的保护应该算比较安全了吧（当时跟雇主协商提出了会首次提交保护文档，确认付款后发给他可编辑的源文档）。

文稿是1200字左右，因为过年高兴或者是希望发展为长期客户，我就跟雇主说按1000字算，一共60元，如果没问题付款后发给他可编辑的文档。他说先看看，结果过了一会他就说我的文档写得不行，根本不符合他的要求，故事也不够真实等……总之，就是什么都不满意，但是因为我忙了这么半天了，他觉得不好意思，说赏我20块钱辛苦费，把稿子买过来……

无语，当时就回他："我不差钱，你这20块钱我也不需要，如果你不满意那就算了。"后来雇主又一再表示对不起，让我20块钱卖给他得了，要不他实在不好意思，当时笔者就已经觉得事情的苗头有点不对，于是就留了一个心眼，心里头一直惦记着这事。我后来又安慰了雇主一遍，说没啥不好意思，既然写得不好就算了，20块钱我肯定不会卖的。事情就这样暂时告一段落。

大概是过了两天吧，笔者按照自己撰写的文档题目在百度搜索了一下，竟然发现百度的首页里赫然显示着相同的内容，而且是淘宝和另外一个比较大型的论坛。笔者当时就震怒了！显而易见，那位雇主是照着我设置了保护的文档，重新打了一遍，也就是传说中的手打稿。

当时联系了雇主的QQ没有人应答。后来笔者想到了那位雇主的店铺，打开网店发现雇主的旺旺是在线的。于是笔者将自己发现的网址通过旺旺的方式发给了雇主，并询问怎么回事？希望雇主能够给一个合理的解释。

但是意想不到的事情发生了，那位雇主竟然在旺旺中破口大骂，说我给他发的网址是木马网站，说什么自己的淘宝账号里丢了2000块钱之类的话，总之每一句都是不堪入耳。当时笔者真的非常气愤，在威客网接受任务的悬赏金额都受到网站的保护，第一次遇到这样的事，不过笔者没有失去理智，在旺旺这样写道："我不管你的最终目的是什么，但是你要为你自己的行为付出代价，我希望你在24小时之内给我一个明确的答复，如果没有，那么后果自负，我不相信我一个堂堂的写手会让你欺负……"结果雇主竟然说要去淘宝投诉我，封我的账号和IP。呵呵，简直是可笑之极。这不是恶人先告状吗？于是笔者再次写道"那好，我倒要看看，你的店铺以后还怎么开下去……"

就这样当笔者打算发帖去揭发这位雇主的时候，他突然在QQ中与我联络，并一个劲地道歉和解释，说自己之前被人家发来的网址诈骗了2000元钱，又说以为我就是那个诈骗的人。笔者没有说什么，只是要求那位雇主针对盗用稿件的事情给予解释，雇主还是坚持说笔者的稿件不好，根本没想用，说如果不是已经发帖了，真就不打算要了，说给我20块钱就算了。

如果雇主真的觉得不好，又何必费那么大的周折，自己手打稿件，发到论坛上呢。我当时就跟雇主陈述了这里面的利害关系，告知雇主一个雇人写稿不给稿费的人，做生意能有什么诚信可言，如果我把你的故事发到各大论坛，你觉得还有人相信你店铺中药的真实性吗？

雇主当时就害怕了，说什么支付宝里就30块钱了，真没有多余的钱了。笔者真的无语了，只能说："算了，30就30吧，那30就当我自己交学费了。"最终雇主将30块钱打到了我的支付宝上。这就是笔者印象最深的一次盗稿经历，最终笔者通过自己的方式和途径追回了一半的稿费。

通过这件事说明，首先威客网的稿费还是很有保障的，因为毕竟盗稿的雇主是少数。其实说真的笔者也不愿意因为60块钱浪费太多的精力，但是一旦遇到那些居心叵测的雇主，我们要用文案威客特有的方式去挽回的损失，追回稿费。

毕竟目前国内关于互联网和网络文章交易的一些法律、法规还不健全，威客网也不可能面面俱到地保护我们，所以当我们遇到威客网不能解决的情况下，不要一味地去责怪网站和客服，而是应该利用我们自身的优势去战胜那些不法的雇主。要记住文字就是我们的武器。

有的文案威客朋友和笔者说看到很多文案威客在提交稿件时设置了稿件隐藏，希望了解如何能够获得此类的功能，此功能一般是威客网金牌会员的特有功能。但是现在此类功能已经停止出售，原有的金牌会员可以继续享用此类功能。那是不是以前没有购买金牌会员的普通文案威客的稿件就没有安全保证了呢？

图5.28　金牌会员隐藏稿件

当然有。现在有威客网站已经针对文案类悬赏任务交稿抄袭做出了相关的举措，推出了买家下载附件权限限制。也就是说在文案类任务中，只有买家和威客自身才有下载任务下附件的权限。所以建议新手文案威客在提交稿件的时候尽量以上传附件的方式提交稿件，不要在稿件说明中以文字的方式提交，这样就能从根本上避免稿件的盗用和抄袭事件。一旦稿件被盗用，唯一的泄露渠道就是雇主。但并不建议在悬赏任务中提交稿件时设置密码（注：如雇主有特殊要求时例外）。因为大多数雇主比较厌烦那些在Word中加密的文档，每个稿件的密码不同，非常影响雇主的正常审稿。

图5.29　文案任务自动设置雇主下载附件权限

（注：如上图所示，在文案任务中提交附件，自动进行保护，即只有买家有权下载稿件，新手文案威客尽量以附件的方式上传稿件，而在稿件说明中可以用文字的形式简单地对稿件、个人的联系方式和经历进行说明。）

经常会有雇主在任务中联系很多威客改稿，最后只选择其中的一个稿子中标，结果耽误时间不说，还没有中标。针对此类问题，主要还是靠我们文案威客自己的说服能力，要学会与雇主沟通，告诉他们只有确认中标后才负责改稿，而且一定要是雇主提出的改稿要求合理，才予以改稿。

如果雇主联系你，说改稿后再给确认中标。在这种时候，你应该劝说雇主，因为毕竟备选和中标是两码事，如果真的确定雇主已经看准你的稿子，或者你的稿子可能是同类稿件中最好的，那么只要咬死确认中标后再负责改稿的话，雇主一般都会给予确认中标。

目前有部分雇主发布了一些低价格的文案任务，在威客网引起了轩然大波。某威客网的一位名为"红黑树"的二戒新手威客发表了一篇名为《很给力！1元1000字！网络写手你们饿几天了？》的帖子，内容如下：

曾经，某威客网站发布的一条悬赏令让无数威客围观！

"现征求软文合格是3元效果好是5元字数必须在500以上要求标题带有关键字内容新颖原创对于抄袭的一律淘汰我们将对内容关键部分进行检索"。

这条连标点都不会点的悬赏令很给力！连网站的工作人员都忍不住说："连我看了也吐血！"然而威客群内的讨论更给力！原来这还不算最低价，曾有悬赏令出1元1000字的！

其实这就是当前网络写手的生存现状！去年某小说书站为了吸引写手，开出了只要试签，就给500元保底的条件，结果吸引了大批写手进驻。但这500元是有条件的，要求每天更新6000字！这么算下来，也就是2元7角8分每千字！

这么低的价格下，写手们仍然趋之若鹜，这条悬赏令刚出来，就有3人投稿。估计这3人已经饿了3天了！

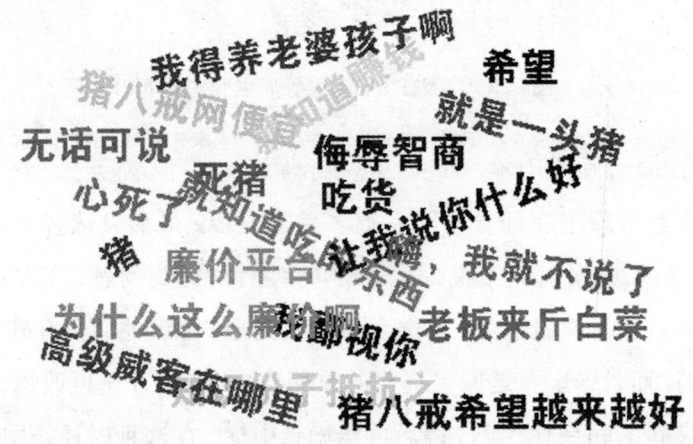

图5.30　帖子截图

针对此类的问题和任务，每一个写手都有自己的底线，文案类的威客要求威客网去帮我们限制雇主的任务价格是不现实的。毕竟威客网作为一个营利性的创意交易平台，只能对雇主的任务价格起到劝导的作用，真正的还是要靠我们自己去执行。比如说一个软文任务的底线是50元，那么50元以下一篇的软文所有的文案威客都不去投稿的话，那么雇主自然会将价格提上来。正是因为有些威客盲目地赚钱，却忽略了市场的恶性竞争所带来的后果，导致小部分雇主认为文字创意不值钱，所以在这里呼吁所有的文案威客"抵制低价文案任务，从我们自己做起！"

另外，有一位文案威客阐述了这样一个问题"任务战线拉得太长！就拿最普遍的7天的任务来说，任务交稿期7天，任务结束后，客户7天选稿，这就是14天，之后，中标了，公示3天，这就是17天；公示完，要是赶上客户打款及时，还得再赶上管理员审核及时，也得大约2~3天，这样就是接近20天；要是赶上客户不打款，7天才自动打款，这样也得17+7=24天！！！实在是太慢了……其实，像一些很简单的任务（比如≤100元的），完全可以给客户限制一下，例如就控制在3天之内。另外，客户平时就会看稿的，所以也没必要7天选稿。"

目前唯一的办法就是我们要和雇主保持良好的沟通，在雇主确认中标后，公示期结束的第一时间联系雇主确认自动打款等。

文案威客在进行悬赏任务的时候，有可能遇到各式各样的问题，当我们遇到问题的时候一定要冷静，首先可以询问威客网的客服人员，看看有没有好的解决办法。其次我们可以通过圈子向威客们请教解决的办法，看看别人有没有这类的经验。还有我们可以通过QQ群在群里向其他的威客讨教解决的办法等。总之，暴躁或者诉苦、埋怨是解决不了问题的，只有冷静地分析，借鉴其他朋友的经验，才是解决问题的良好途径。

文案类悬赏任务图文教程

本章前四节针对文案类悬赏任务进行了简要的介绍，并分析了悬赏任务的特点和重要性，也揭示了一些文案威客在悬赏任务中遇到的问题及解决方式。此节将针对文案类悬赏任务的整个操作来做详细的图文说明，准备扬帆远航的文案威客新手朋友们一定要看仔细哦！

首先我们来说一下，文案威客如何寻找适合自己的文案任务。只有选择适合自己的文案任务，才能进一步地去了解要求，在规定的时间内利用自己在某个领域的特长完成稿件和文章的创作，另外适合自己的任务可以提高自己的中标几率,能够有效避免无功而返的局面发生,所以说要做就做擅长的。

文案威客在选择适合自己的悬赏任务时一般有两种方式,第一种是定制任务由威客网的系统自动推荐任务;第二种是通过任务大厅下的文案类手动选择自己擅长的频道和任务。

首先我们来说说第一种,如何定制任务,让威客网每天自动推荐适合我们的文案任务呢?要知道在威客网的首页,都会有一个"我定制的任务"的界面(如图5.31所示)。

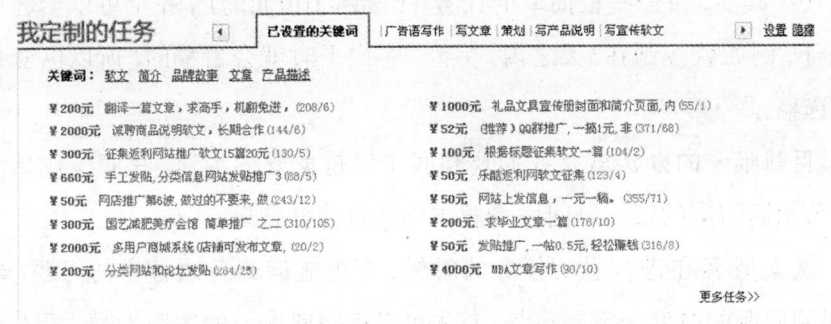

图5.31 我定制的任务界面

那么这项功能是在哪里设置呢?一般可点击进入威客网的"卖家中心",在类似"能力管理"区域点击"能力标签设置"进入"能力标签设置"界面(如图5.32所示)。

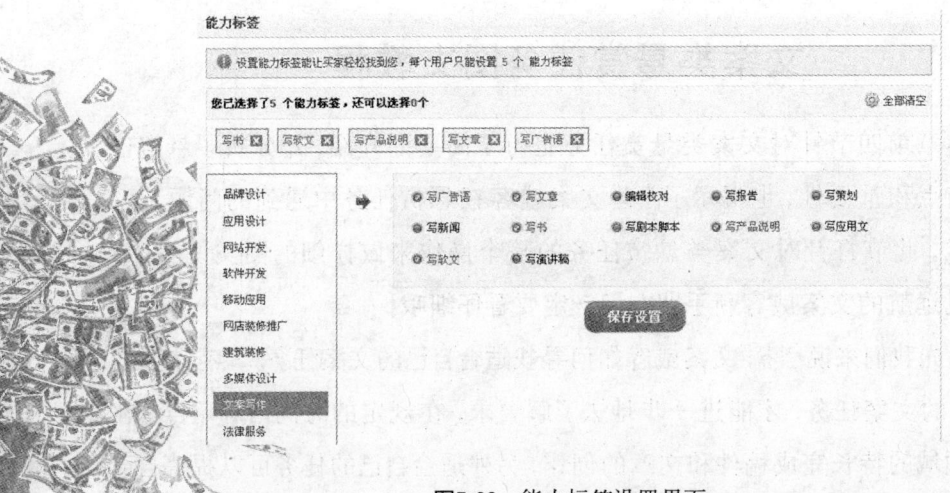

图5.32 能力标签设置界面

如图5.32所示，文案威客在左侧选择"文案写作"或者"起名取名"两个大分类，在右侧就会弹出相应的子分类，鼠标单击每个子分类旁边的边框就会出现对号勾选，而且在上方会出现该能力的标签（注：设置能力标签不仅能够在首页每天有威客网自动推荐的相关任务，而且能够让雇主更轻松地找到你，但是一般威客网会限定每个文案威客能设置的能力标签总量。）。

这样每天我们都能在威客网的首页看到系统为我们自动推荐的最新的文案任务了，而且还能通过任务标题了解任务的基本内容和任务的悬赏金额以及任务的报名人数和交稿数。

第二是通过任务大厅下的文案类手动选择自己擅长的频道和任务。虽然这种纯手工的方法可能要比第一种方法浪费一些时间，但毕竟自己选择的任务要比系统推荐的任务更加适合自己。另外通过手动点击任务还能更多、更详细、更准确地了解任务的要求和内容的信息。

图5.33　首页"交易分类"菜单栏

现以某威客网为例进行介绍。一般在威客网首页都会有类似"交易分类"菜单，选择相关的主分类，并点击下面的子分类选项，从而直接进入子分类界面（如图5.33所示）。

然后就进入了子分类频道的任务列表显示界面（注：如图5.34所示，点击进入软文写作频道。）。

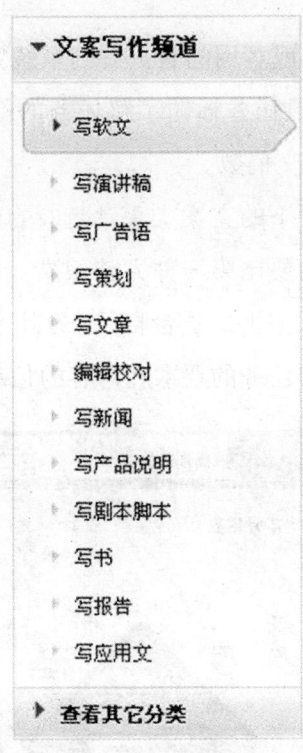

图5.34 分类快速切换菜单

（注：频道左侧的分类快速切换菜单，可以快速地转换到其他分类的子分类频道。）

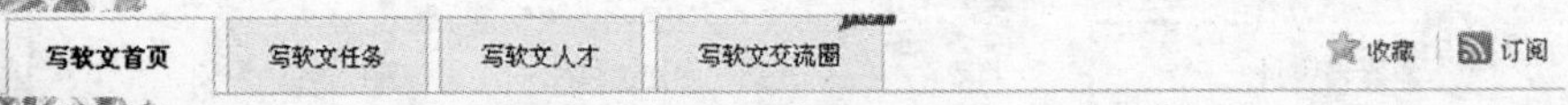

图5.35 软文频道导航条

（注："写软文任务"标签可以快速进入软文频道下的任务大厅；"写软文人才"标签可以快速进入软文频道的人才中心；"写软文交流圈"标签可以快速进入软文频道的专有论坛交流圈子。）

在这里直接点击"写软文任务"标签进入软文频道下的任务大厅（如图5.36所示）。

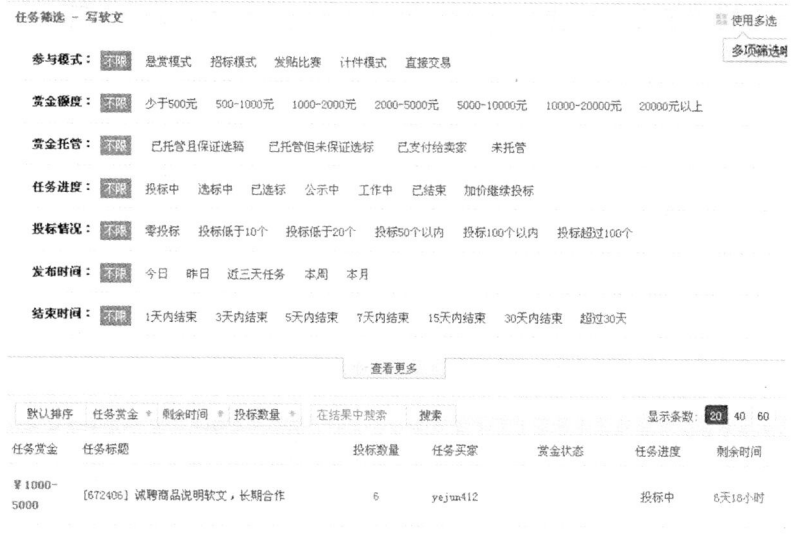

图5.36 软文频道任务大厅

如图5.36所示,进入软文频道的任务大厅后,在上方会提供一个任务筛选器,目前显示的是单选模式,在右上角点击"使用多选"即可进入多选模式的筛选器,我们可以通过选择"任务模式、赏金额度、赏金托管、任务进度、投标情况、发布时间、结束时间及雇主信誉等级"8个选项进行一个任务的初次筛选(如图5.37示)。

图5.37 多项筛选器

通过上面的筛选后,得到下面这些任务(如图5.38所示)。

任务赏金	任务标题	投标数量	任务买家	赏金状态	任务进度	剩余时间
¥300	[672395] 征集返利网站推广软文15篇20元/篇	5	yc6699	已预付款,保证选标	进行中	6天18小时
¥50	[671998] 乐酷返利网软文征集	4	zmqtzdq	已预付款,保证选标	进行中	6天13小时
¥200	[671506] 求内衣品牌"千风"品牌敢,专业生产调整型胸罩（即文胸）,中标者200元	9	胡汉杉	已预付款,保证选标	进行中	14天8小时
¥50	[671384] 高考试场偷分技巧_软文写作	8	考场技巧	已预付款,保证选标	进行中	6天8小时
¥150	[671032] 写一篇减肥产品的软文	13	chsnawudi	已预付款,保证选标	进行中	5天19小时
¥300	[670652] 全国大学英语四六级考试软文征集	5	lvnan6688	已预付款,保证选标	进行中	19天15小时
¥200	[670293] 200元茶叶类软文征集	22	纯之味茗茶	已预付款,保证选标	进行中	3天12小时
¥100	[670259] 团购网站推广软文征集	10	jason_lo	已预付款,保证选标	进行中	3天12小时
¥50	[670240] 编写本店简介	10	sujunli	已预付款,保证选标	进行中	5天12小时
¥50	[670121] 50元一篇,团购网站软文写作	11	sunjiachen	已预付款,保证选标	进行中	1天11小时
¥200	[669810] 淘宝论坛软文	7	you911jing	已预付款,保证选标	进行中	2天8小时
¥125	[669725] 征集1条短信,100元!	77	prz2007008	已预付款,保证选标	进行中	13天8小时

图5.38 筛选任务结果截图

得到任务筛选结果后,我们可以再根据"任务赏金、任务标题、投标数量、赏金状态、任务进度和剩余时间"这六个方面进行任务的二次筛选,从中选择一些更加适合自己的任务。跟着单击进入其中一条名为"[672395]征集返利网站推广软文15篇20元/篇"的任务,进入此任务的界面下,了解悬赏任务下的界面和各种操作（如图5.39所示）。

图5.39 悬赏任务界面

如图5.39所示,我们进入了名为"[672395] 征集返利网站推广软文15篇20元/篇"的任务界面下。

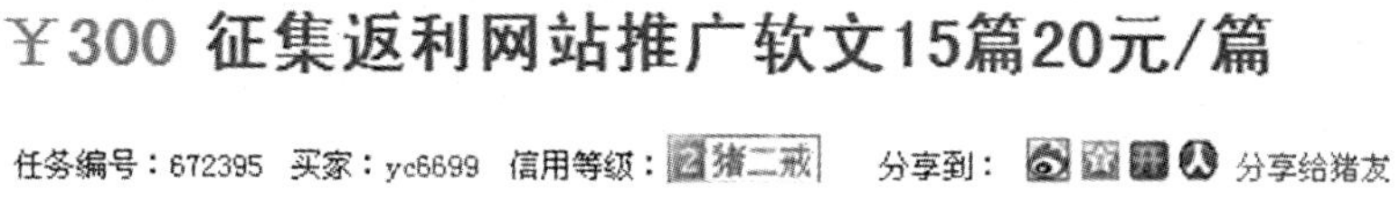

¥300 征集返利网站推广软文15篇20元/篇
任务编号：672395 买家：yc6699 信用等级：猪二戒
分享到：
分享给猪友

图5.40　悬赏任务基本信息窗口

如图5.40所示，我们可以看到在悬赏任务界面下的左上方的这个区域为任务的基本信息窗口，此处主要显示了任务的悬赏金额、任务名称、任务编号、雇主（即买家）的ID、雇主的信用等级以及任务分享一键转载。

单击雇主的ID即可进入，从中了解雇主的更多信息。有些威客网还可以快速地将任务分享到新浪微博、腾讯空间、开心网、人人网等博客空间。

任务稿件
5
报名人数
8
浏览人数
142

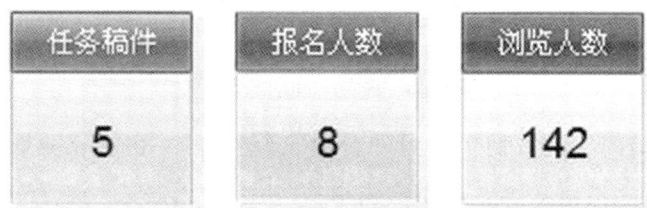

图5.41　任务进行状态窗口

如图5.41所示，在悬赏任务界面下的右上方，我们可以看到任务进行状态窗口，这里主要显示了任务的交稿数量、报名人数及浏览人数。其中单击报名人数下的数字，可以进入报名威客一览界面（如图5.42所示），我们可以从中看到此任务下所有报名的威客，及他们的基本信息和交稿动态等。

在任务 征集返利网站推广软文15篇20元/篇 下报名的卖家（8）

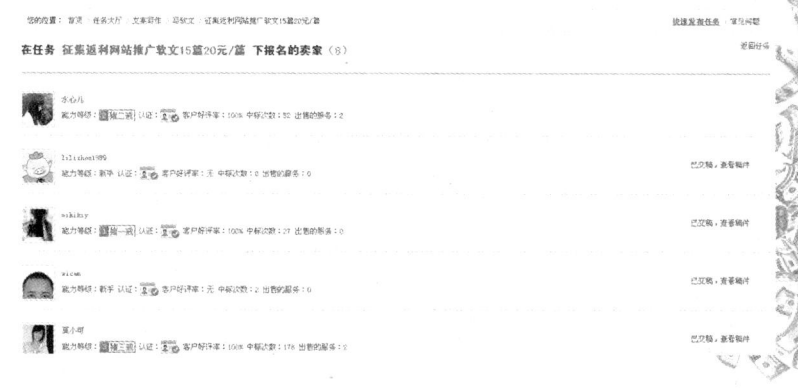

图5.42　报名威客一览

在任务基本信息窗口的下方,我们可以看到任务的时间动态窗口(如图5.43所示),鼠标指向窗口会显示"距离截止交稿的时间、任务赏金、任务发布时间和任务结束时间",主要是用来了解任务的创作周期,以便文案威客能够及时把握交稿的时间。

任务进行中,欢迎交稿
距交稿截止还有 6天17小时51分43秒

任务赏金:300元 (中标可获任务赏金的80%)
开始时间:2011-04-03 21:09:31
结束时间:2011-04-10 21:09:31

图5.43　任务时间动态窗口

在该窗口的右侧我们可以另外看到三个小窗口,它们分别是"赏金状态窗口、中标模式窗口及任务健康度窗口"(如图5.44所示。)

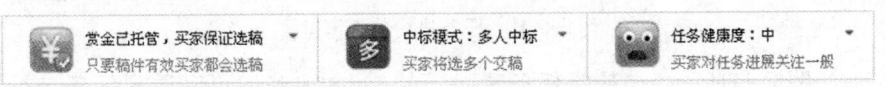

图5.44　选稿说明窗口、中标模式窗口及任务健康度窗口

来看看文案威客在悬赏任务下的快捷操作工具栏(如图5.45所示),这个工具栏是文案威客在悬赏任务下需要重点关注的内容,所以一定要仔细看!

图5.45　文案威客快捷操作工具栏

首先看第一项"查看任务要求",鼠标单击此项后,自动跳转到该悬赏任务的任务要求窗口,例如该任务的任务要求如下:

软文要求:

需要推广的网站名称:派金返利网

网址:www.spyshi.com

(1) 字数200字以上。

(2) 有一定实用性或启发意义或有趣味或自身经历,等等原创作品。

(3) 巧妙地将本站名称派金返利网网址www.spyshi.com嵌入软文中,不让人感觉生硬,不引起反感。

(4) 发布到各大论坛3天不被删贴(不能是跟帖),证明质量较好。

在这里我们可以了解雇主针对任务的详细要求和雇主可能提供的素材等,当然有时雇主也会将自己的联系方式在任务要求中注明,以便文案威客能够第一时间与雇主取得联系。快捷操作工具栏的第二个选项"我要交稿",单击此项会弹出文案悬赏任务交稿窗口(如图5.46所示)。

图5.46 悬赏任务交稿窗口

如图5.46所示,在悬赏任务交稿窗口中主要分为四个区域,其中稿件说明主要是用于文案威客针对自己创作的稿件进行概括性的说明和留下自己的联系方式以及以往的一些信息、荣誉等。添加附件即用于上传稿件的Word文档或者稿件中涉及的图片或者压缩包等。第四个区域是用来填写文案威客自己的联系方式,主要包含手机和QQ。

当然如果我们打算参与某个文案类的悬赏任务，但是犹豫稿件还没有创作完成的时候，我们就会用到文案威客快捷操作工具栏的第三个选项"我要报名"了，单击后便会弹出报名确认提示窗口（如图5.47所示），当然报名的任务会出现在文案威客的任务管理中，方便以后参与交稿。

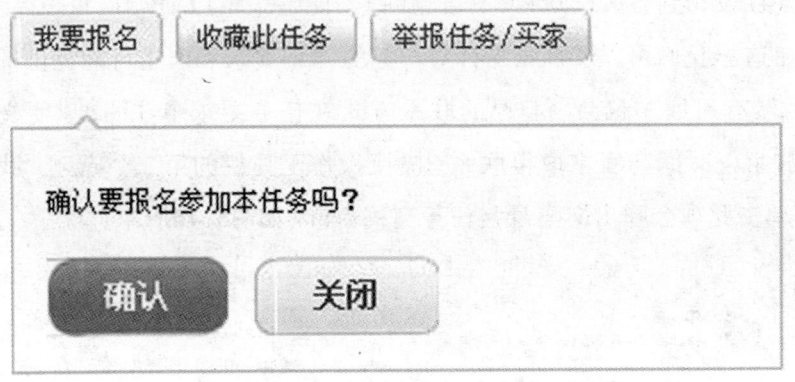

图5.47　报名确认提示窗口

如果因为时间问题或者其他的问题你还不确定自己是否会参与任务的时候，你就会用到文案威客快捷操作工具栏的第四个选项"收藏此任务"了。单击后会弹出收藏成功的提示窗口，以便日后可以在自己收藏的任务中查看。

第五项"举报任务/买家"单击此项后会弹出"举报任务"界面，主要是用于举报任务内容或完成过程涉及违反法律、法规、政策、规则的或者有损社会良俗习惯的违规任务内容。（如图5.48所示）

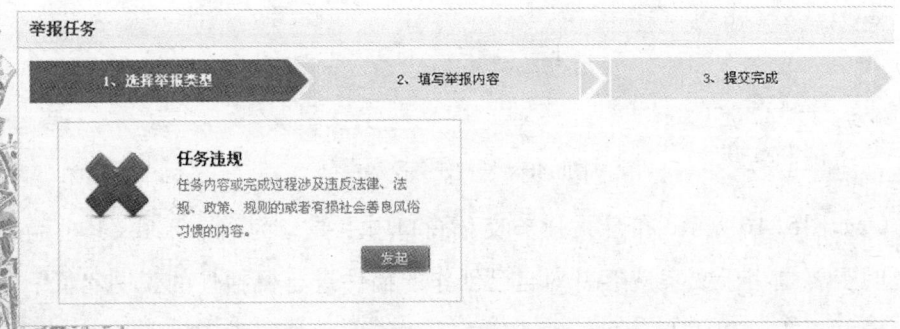

图5.48　举报任务界面

此处单击"发起"即可进入第二步，填写举报内容（如图5.49所示）。

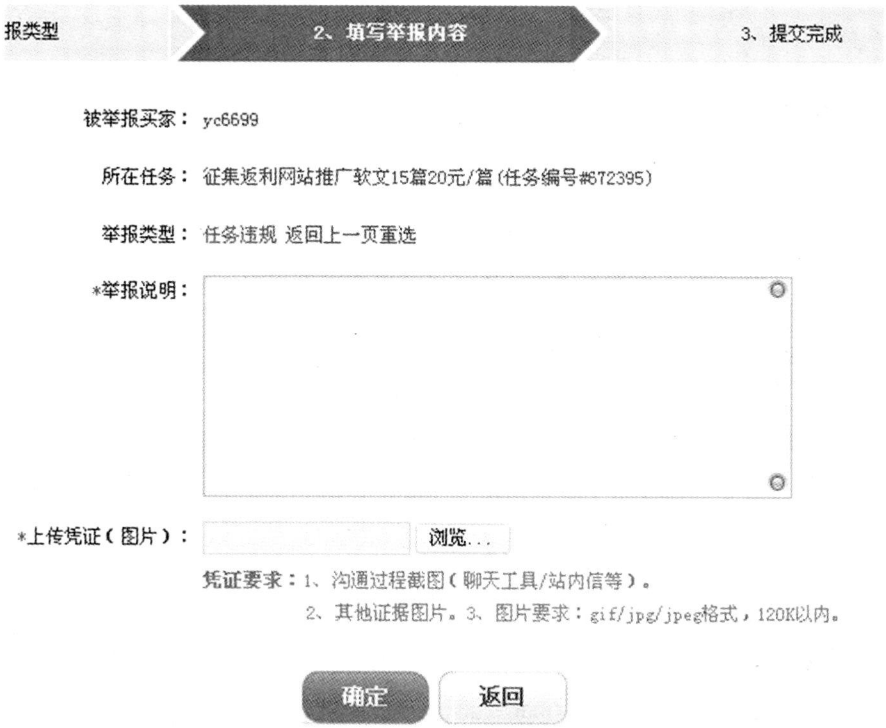

图5.49　填写举报内容界面

此界面下总共包含了以下内容：被举报雇主（即买家）、所在的任务名称及编号、举报类型、举报说明和上传凭证。"在举报的时候一定要查看举报的ID是否正确，所在的任务名称和编号是否正确，尽量在举报说明中详细描述事件的经过和需要举报的原因等。通过上传凭证可以更好地作为举报说明的辅佐材料（注：此凭证仅限图片，且要求在120K以内，一般为聊天工具截图。）。

文案类悬赏任务经验心得

现在这里与大家分享一些文案悬赏任务的心得！

首先，文案威客在进行悬赏任务报名和投稿的时候，第一要看任务的标题和悬赏金额，尤其是新手文案威客，尽量选择一些多人中标模式和计件模式的文案悬赏任务，这样从无形中增加了中标的几率。

其次，要注意查看任务中交稿的威客的能力值。如果一个任务中有很多的高能力值的威客投稿，那么我们就尽量不要再参与进去以免浪费时间和精力（注：当然如果你对自己的稿件和文章很有信心的话，不妨也可以试一下！）。

从任务的健康度着手查看雇主对任务关注程度。如果一个任务的健康度为差，那么就尽量不要去投稿了，因为有可能最后的结果是系统选稿，而能力值较低的你是不会被系统选上的。

要注意查看任务中雇主的点评。因为这样你不仅能从中更加了解雇主对于稿件的需求和细节上的要求，也能够从中辨别出已交的稿件中是否已经存在雇主比较满意的稿件了。

当你在任务大厅看到某个文案任务的标题中带有"急！"或者"超急！"，而且这个任务刚刚发布的话，那么赶快创作并提交稿件，因为此类任务的雇主由于时间的限制或者对于稿件需求的紧迫，往往会对稿件的审核比较松懈，也就是大概符合要求的话，就中标拿稿走人！

要仔细观察任务要求和说明，如果有雇主的联系方式，尽量在稿件的创作前期与雇主沟通一下，表达自己对雇主发布任务的关注，希望雇主能够告诉一些更详细的说明和要求等。这里主要是体现在一个印象分上，因为雇主在看到你的稿件的同时，会想到"哦！这个是QQ上跟我联系的那个威客，我得仔细看看！"可能就是这样一个小小的细节，就成为你能否中标的决定因素哦！

有很多的新手威客经常问"文案任务是前期投稿、中期投稿还是后期投稿好啊？"首先说明一下这里的前期、中期和后期是按照任务开始和结束的时间来计算的，不要小看这三个时期，如果掌握得好，将成为你能否中标的又一决定性因素！笔者习惯后期投稿，因为一直觉得后期投稿能够给雇主留下深刻的印象，尤其是一些交稿时间较长的任务，等到任务结束时，可能已经累积了几百、上千份稿件，那么如果雇主最后看到你的稿件可能对你的稿件印象最深！当然后期投稿也不是没有弊端，有的任务可能雇主会提前截稿，即雇主可能都没有给你留交稿的机会就已经结束了。

如果在悬赏任务中雇主没有在任务要求中特别说明需要对稿件进行加密处理的话，那么文案威客尽量不要针对Word文档进行加密处理，因为这样会对雇主审核稿件造成不便，而且有可能导致雇主最后因为麻烦甚至根本没有看你的稿件！建议文案威客尽量把自己的文字添加到附件上传，因为目前威客网已经针对文案类悬赏任务的作弊予以了防范，也就是说在文案类悬赏任务中附件中的文档只有作者本人和雇主有权下载，这样就可以有效地防范别人抄袭你的稿件和创意，所以根本不用担心，也无需设置加密。

在悬赏任务中，除了上传附件以外，稿件的说明也很重要。比如交稿时，在稿件说明中提交以下内容：

稿件已经设定隐藏仅雇主可见，所以雇主不用担心稿件的安全性和隐蔽性。

希望我们的稿件能对您有所帮助！文章如需修改请与我们联系！期待与您的下次合作！

稿件说明可以为你在雇主面前赢得一个初步的印象分。紧接着他（她）在查看我们的稿件同时，可能就会产生一个偏向的问题，他（她）会觉得：这个高山好像蛮厉害的，撰写过那么多案例。嗯，稿子写得也还不错，基本上就是他了。

其实在悬赏任务中还有很多的经验心得，可能仅仅是一个小细节都将成为我们能否中标的幸运砝码。请记住"机会是送给有准备的人！"你准备得越充分，那么你成功的可能性就越大！

第六章
招标将有效提高赚钱效率

认识招标任务

对于文案威客来说如果悬赏任务是选拔赛,那么招标任务就是晋级赛。当一个文案威客新手已经有能力进入招标任务频道进行投标的时候,证明你已经完成了新手文案威客第一次华丽的转身。

那么到底什么是招标任务呢?招标任务是指雇主(即买家)在发布任务时未托管赏金至威客网,威客(即卖家)根据雇主的需求在任务中进行报价,针对任务的创作周期进行预估,并在说明中提交一些以往的案例或者个人信息、获得的荣誉和能力值、经历等,然后雇主再从中选择一位觉得适合接收此任务的威客开始文案写作的任务。

尤其值得提及的是在招标任务中威客仅需对任务进行报价及对创作周期进行预估,并进行简短的说明即可,不需要再像悬赏任务中那样提交作品稿件,一旦中标后,雇主托管赏金后再开始工作,也就是说在招标任务中是先中标后写稿,与悬赏任务的先写稿后中标正好相反。

报价是威客参与任务招标的第一步,指威客根据雇主的需求,向雇主提供任务报价、工作周期及投标留言的行为(如图6.1所示)。

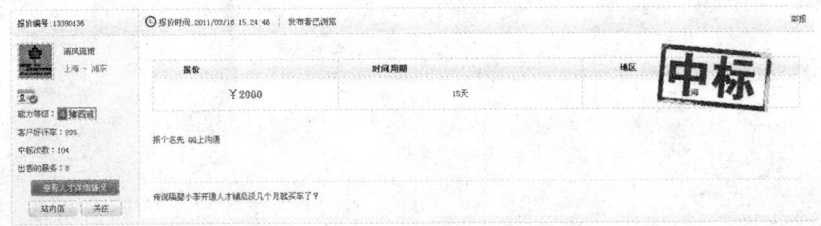

图6.1 威客报价截图

如图6.1所示,即为笔者在本书的招标任务中的报价截图。在左侧为报价威客的基本信息,包括威客网ID、能力等级、认证图标、客户好评率和中标次数等信息。右边可以看到报价的金额以及创作周期的预估和威客所在的地区。下方是关于报价的一些说明和留言等信息。

在招标任务中,一旦雇主确定某位威客中标并托管赏金(注:托管赏金指将买卖双方协商确定的任务赏金冻结在相关威客网,以确保文案威客在完成雇主要求的稿件之后，能够顺利地获得相应的稿费），就认为雇主和威客双方开始履行协议，这里的协议约束了招标任务双方在交易过程的主要权利和义务，包括任务金额、任务周期、任务内容等，是交易环节中重要的一环，是双方交易的重要依据和保障。也是雇主和威客必须严格遵守的一种规则，一旦一方违约，威客网将根据协议追究违约方的责任。

从上面的内容中我们不难看出，招标任务比起传统的悬赏任务更适合一些字数较多、创作周期较长的大型文案任务，比如策划、写书、剧本、长篇故事、小说、大型学术论文等之类的长期任务，需要威客在某段特定的创作时间按照一定的规划和安排去完成任务。

由于此类任务无需提交稿件，所以更加适合一些能力值较高的文案威客。

招标任务的特点

招标任务更类似于我们现实生活中的那些项目招标活动，比如地皮竞标、建筑竞标等，这些都需要综合评定投标公司及个人的能力、报价和项目分析报告等，最终结合所有的综合情况进行分析，选择最优公司及个人中标。

招标任务最大的特点就是省力、省心、省时，因为威客再也不用像在悬赏任务中因为稿件创作完成之后却没有中标的问题而苦恼了，一般只要雇主选定中标，并托管赏金，威客按时完成任务即可拿到应得的赏金。

在悬赏任务中文案威客中标后，威客网一般会收取一定比例的任务悬赏金额如2%作为手续费，招标任务中威客网也会抽取任务协议金额的百分之几如1%作为手续费。

在威客网的平台保护下，一旦买卖双方出现争议，经过协商后无法解决时可以申请威客网针对原有的任务协议进行仲裁。

雇主也不用担心威客拿到托管的赏金以后失去了联系，一旦威客没有按照要求完成协议中的任务，那么威客网会将雇主已托管的赏金全部返回。

招标平台是长期客户的诞生地，比起传统的悬赏任务，文案威客可以在这里认识更多的长期客户，而且一般在招标任务中投标以后，都可以查看发布任务的雇主联系方式，可以更有效、更直接、更快速地与雇主取得联系，进行细节沟通，从而促成交易。

但是招标任务并不适合文案威客新手前来投标，因为招标任务中威客的能力值、中标次数和好评率是非常重要的，雇主一般都不会将一个大型的任务交给一个文案威客新手，建议文案威客在经过一定的历练以后再来投标。

所以，招标任务虽好，但要量力而行，这里的竞争真残酷。因为在这里没有雇主会给你机会去边干边学习，可以就接单，不可以就淘汰。招标任务就像战场一样，比的是能力、比的是信誉、比的是威客在该威客网的知名度！

可能遇到的问题及解决方式

一个文案威客从悬赏任务到招标任务一步一步地在发展，每一个人都是在问题中成长，每一个人都是在解决问题的同时获益，在招标任务中我们可能会遇到很多悬赏任务中没有涉及的问题。相信当你经历悬赏任务中的种种困难之后，当你面对招标任务突然袭来的问题，也能保持着一个成熟威客所独有的冷静。

招标任务最大的特点是先中标后交稿，但是这也有可能成为最大的弱点！因为很多威客在初期不了解的时候，经常会在招标任务下投标以后，雇主确认中标后、没有托管赏金就开始工作。

又或者有的雇主会说"不相信你！不信任你！能不能试写一个案例之类的话！"首先在确认中标后，一定要确认雇主已经托管赏金到威客网后，再开始工作。另外我们需要根据招标任务的不同要求来区别对待试写问题。比如某雇主要求写一篇1500字的软文，那么这个时候我们只能将以往的案例提交给雇主查看，但千万不要试写一篇软文，因为一篇软文的字数才1500字，我们试写一篇少说也要500字以上吧，所以有可能雇主拿了你试写的稿子后不见踪迹。

当然如果是雇主要撰写书籍、小说之类的大型文案任务，比如任务的要求字数是10万字，那么我们通过撰写个1000~2000字的试写稿来获取雇主的信任是值得的。总之在招标任务中要学会收放自如，该撒手的时候撒手，该收手的时候收手。

下面在这里分享一篇威客"智慧的好人"发表的帖子《网路交易安全文案防骗有高招》，或许能给你试写时防止盗稿带来一些启发！

文案类是网上受骗最多的任务类型，虽然相关威客网在不断完善防骗功能，某些隐蔽的骗术仍令人防不胜防，所以，掌握防骗技巧是很重要的。

从现在的情况来看，文案类主要骗术是交稿后，雇主消失，不再评标。因为，他们以为交稿了就是我的了，找到满意的，发布之后，就不再关注这件事了。吃亏的往往是我们这些威客，发布了自己的文章而没有得到报酬。针对此类的作弊，威客应该主动保护文档，密码尽量设置长一些，不给盗稿者可乘之机。如有必要，可以设置成图片格式，但是会令人反感，不推荐。

还有一些挑剔的雇主，声称要通过论坛检测才能付费，意思就是发布我们的文章，如果几天之后仍旧能够存活，或者是被置顶加精，就是合格，如果不能，则不付费。其实，这是欺骗行为。加精以后，很少有人还会关注任务，他们要的只是你的文章，并没想付费。威客要主动声明，未中标莫使用，并对关键文案部分设置成图片格式。

骗子很多，我们要防，只有我们团结起来，才能保护我们的劳动果实。

如果在招标任务中确认中标后，雇主已经托管赏金，但是在交易的过程中需要修改协议怎么办？当你需要修改协议中的内容时，在订单协议下方点击"修改协议"即可（如图6.2所示）。但是一定要注意，修改协议是要经过对方同意确认后才能生效。

图6.2 修改协议

在招标任务中还有一个比较常见的问题就是，如果买卖双方签订协议以后，威客在文案的创作过程中发现自己无法在规定的时间内完成稿件的创作。这个时候不要着急，如果在规定的时间内无法完成任务，威客可以向雇主提交申请延期的请求，雇主同意延期后则延期开始生效。

当然这也要看你与雇主的沟通程度，相信大多数雇主还是比较通情达理的人，如果按照原定的协议无法完成稿件，那么延长任务的周期1～2天，雇主是完全可以接受的。

在一些比较大型的任务中，比如10万字的新书分为5个章节，如果为了安全起见，我们可以与雇主协商将约定的托管赏金分期支付，威客每完成1个章节（即2万字）即可要求雇主支付赏金的20%，以此来达到买卖双方的一个平衡（注：如果后续工作出现问题，已支付的赏金无法追回，分期付款所有风险由雇主承担，请雇主谨慎操作分期付款）。

很多威客朋友在招标任务中联系雇主时，经常会遇到一些雇主针对招标任务的报价进行砍价，有什么好的解决办法吗？创意任务的交易不是菜市场，首先我们要针对长期的客户给予一个信誉价，并设置一个价格的底线，在与雇主的交谈中，我们要让自己保持在谈话的上风状态，比如说：

雇主："软文1000字左右，一篇多少钱？"

笔者："100块。"

雇主："70块吧，大批量的。"

笔者："80块，少一分免谈。"

这就是在攀谈中的一种魄力，要通过语言技巧既表达了我们对雇主任务的重视，同时又要表现出我们的底线，让雇主相信我们已经在尽最大的努力给予他最大的关照了。

其实在文案威客进行招标任务的时候，有可能会遇到各式各样的问题，在这里只是阐述了一些比较常见的问题，值得提及的是当我们遇到问题的时候一定要冷静，首先我们可以询问该威客网的客服人员，看看有没有好的解决办法，其次我们可以通过圈子向众威客请教解决的办法，看看别人有没有解决此类问题的经验，还有我们可以通过QQ群在群里向其他的威客讨教解决的办法，等等。总之，只有冷静分析，借鉴其他威客朋友的经验，才是解决问题的唯一途径。

文案类招标任务图文攻略

这一节主要是通过图文并茂的形式向大家展示一下招标类任务的具体

操作方法。

以某威客网为例,首先通过该威客网首页的交易分类菜单来到软文写作频道,然后我们单击进入软文写作任务大厅,精彩的部分开始了,我们利用多项任务筛选器选择适合自己的招标任务(如图6.3所示)!

图6.3　多项任务筛选器

点击提交,那么我们需要筛选的招标任务就会马上登场了(如图6.4所示)!

图6.4　软文频道招标任务筛选结果

在这个任务列表中可以清晰地看到每个招标任务的报价范围、任务编号、任务标题、投标数量、雇主ID以及任务进度和剩余时间,针对这些情况我们就可以进行第二轮的筛选了。好,选择标题为"需要在门户网新浪、网易、腾讯等网站发表商业新闻类软文"的招标任务,单击进入该任务界面(如图6.5所示)。

图6.5　招标任务界面

任务界面下的左上角区域为招标任务的基本信息窗口(如图6.6所示),所以接下来我们来介绍各个区域的用途和它们的使用方法。这个招标任务的基本信息窗口主要显示了任务的报价金额范围、任务名称、任务编号、雇主(即买家ID)、雇主的信用等级及任务分享一键转载。

¥小于1000 需要在门户网,新浪,网易,腾讯等网站发表商业新闻类软文

图6.6　招标任务基本信息窗口

接着我们可以看招标任务进行状态窗口,这里主要显示了任务的报价人数和浏览人数。

图6.7　招标任务进行状态窗口

在招标任务的基本信息窗口的下方,我们可以看到任务的时间动态窗口(如图6.8所示),鼠标指向窗口会显示"距离截止报价的时间、任务赏金、任务发布时间和任务结束时间"等内容,主要是用来了解任务的报价时间。

图6.8 任务时间动态窗口

我们可以了解一下"赏金状态窗口、中标模式窗口及任务健康度窗口"(如图6.9所示)。

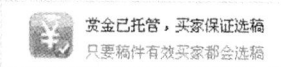 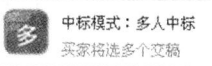 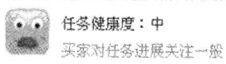

图6.9 选稿说明窗口、中标模式窗口及任务健康度窗口

接着我们来看看文案威客在招标任务下的快捷操作工具栏(如图6.10所示),这个工具栏应该是文案威客在招标任务下最主要的东西,所以一定要仔细看哦!

图6.10 文案威客快捷操作工具栏

首先看第一项"查看任务要求",鼠标单击此项后,自动跳转到该招标任务的任务要求窗口,该任务的任务要求如下:

需要在门户网新浪、网易、腾讯等网站发表商业新闻类软文,诚聘高手。水平高的老师请报价。

补充要求:没有在门户网发表过软文的朋友,没有案例的朋友,我们暂时不合作了,任务要求很高,谢谢。(2011-03-31 22:40:46)

在这里我们可以了解雇主对任务的详细要求和雇主可能提供的素材等，当然有时雇主也会将自己的联系方式在任务要求中注明，以便文案威客能够第一时间与雇主取得联系。接着我们进行报价。单击"我要报价"之类窗口会弹出文案招标任务报价窗口（如图6.11所示）。

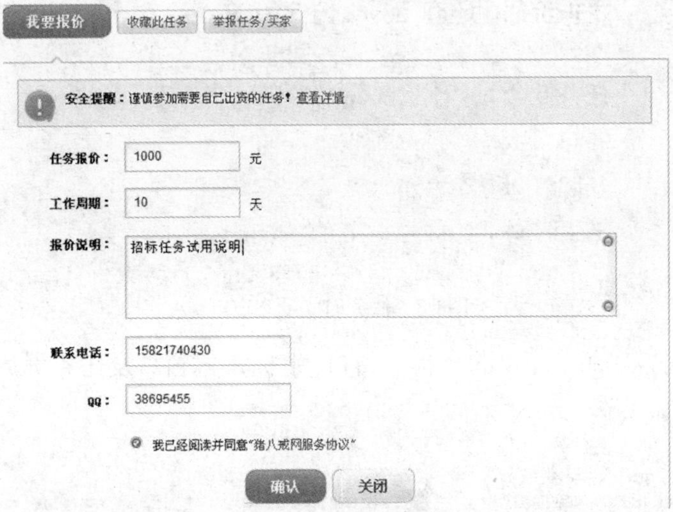

图6.11　招标任务报价窗口

如上图所示，在招标任务的报价窗口中主要分为四个区域，任务报价区域是针对雇主的任务要求威客提交的报价，工作周期是威客根据自身能力预估的完成创作的时间，报价说明是文案威客针对自己的报价进行概括的说明，留下自己的联系方式及个人简历信息、荣誉等。第四个区域是用来填写文案威客自己的联系方式如手机和QQ等。在所有填写的信息确认无误后，即可单击确认投标，并弹出投标成功界面（如图6.12所示）。

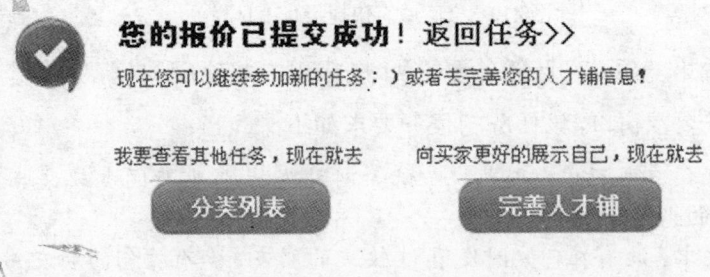

图6.12　投标成功提示页面

这时我们可以单击返回任务重新回到刚才的任务界面,查看自己的报价,也可以查看别人的报价。

此处需要提及的是,在投标任务中,一旦文案威客成功投标以后,其快捷操作工具栏也会发生相应的变化(如图6.13 所示)。

查看任务需求　修改我的报价　查看联系方式　查看我的报价　收藏此任务　举报任务/买家

图6.13　报价后的快捷操作工具栏

没错,通过上图我们可以看到"修改我的报价"、"查看联系方式"和"查看我的报价"三个标签,其中"修改我的报价"主要是针对威客与雇主协商之后,或者威客参考其他文案威客的报价之后,用于修改原有报价。

而"查看联系方式"标签,单击后会弹出雇主预先设置好的联系方式(如图6.14所示),这样我们在报价后第一时间和雇主取得联系,然后更深入地了解雇主对于任务细节上的要求,重新定制任务的报价和细节规划,最终与雇主达成一致。

图6.14　雇主联系方式窗口

(注:由于此处的联系方式涉及某招标任务的雇主,所以已经抹去。)

文案类招标任务经验心得

首先在招标任务中更注重的是第一印象，也就是我们常说的品牌、包装。可能你会问"什么是品牌、包装？"（1）对文案威客来说，你在某威客网能力值的等级就是文案威客的品牌和包装。这也是为什么笔者前期一再强调新手文案威客一定要从基础的悬赏任务开始，也可以说悬赏任务就是我们在威客网的一个原始积累的过程。（2）个人的形象和包装，即威客利用网络对自己进行推广和宣传的能力。

比如成立自己的工作室，然后陆续在百度百科、搜搜百科等创建一个关于工作室的词条，这就是一个运营、推广的过程，将自己和工作室更好地展示给雇主！

其次在招标任务中，更注重的是一个沟通的过程。在招标任务下投标以后，都应在招标任务的快捷工具栏中查看雇主的联系方式。在报价后第一时间和雇主取得联系，然后更深入地了解雇主对于任务细节的要求，从而重新定制任务的报价和细节规划，最终与雇主达成一致。

另外，进行人才铺的装修和在人才铺内进行相关的案例上传和展示（注：关于如何装修人才铺、如何上传案例请参看本书第七章"如何让雇主找上门来"）也非常重要。通过人才铺内容的完善和案例的展示，可以让雇主更多地了解威客的实际情况，留下一个良好的印象。

在这里分享一位名为"feiniao8"的威客发表的帖子《我终于知道了，招标任务为什么你总是失败……》，或许能帮你总结出自己在招标任务中不能中标的原因。

今天早上发了一个招标的小任务，编号163031然后很快就有人加我QQ谈任务的事情……（请看下面截图，保护隐私昵称已隐藏）。

```
          15:46:11
     您好在吗
  飞鸟@老泰  15:46:20
     在的
          15:46:20
     [自动回复]您好,我现在有事不在,一会儿再和您联系    不再提醒
          15:46:30
     您的任务外包出去没啊
  飞鸟@老泰  15:46:39
     暂时还没
          15:47:12
     那说说您的任务我们分析分析
  飞鸟@老泰  15:47:51
     任务要求说的很详细了,请给报价和案例
          15:48:21
     还有什么要补充的啊
  飞鸟@老泰  15:48:31
     没
          15:49:03
     那您急不急啊
  飞鸟@老泰  15:49:31
     3天能完成就行
          15:49:41
     可以这个没问题
  飞鸟@老泰  15:49:48
     请给报价和案例
          15:49:56
     不过合作的过程中细节方面的一定要多配合我们的 工作大家共同
     完成您的任务
          15:50:02
     您要看哪方面的案例啊
  飞鸟@老泰  15:50:26
     wp主题的案例
```

图6.15　始终没有得到案例

我只想知道,谈了10分钟了,雇主仍然无法得到能证明你能力的东西,如何能将标给你?

雇主需要知道的只是你有能力完成任务,然后一个合理的报价。这样双方都方便。

我自己也是威客,这个任务自己也完全可以完成,只是不太熟悉,需要多花时间而已。就想着发个任务请人代劳算了,可紧接着通过QQ与几个人联系后,全都无法让我相信他们对wordpress很熟悉。

我只想跟大家说,威客们在投标的时候一定要知道雇主想做什么,想

要什么。这样才能提高中标率。

发布招标任务的雇主，没人会花个上千块甚至上万块给你时间让你学习，给你机会让你成长，所以任何一个威客在招标任务中一定要拥有丰富的案例，拥有长时间的写作经历，才能令雇主信服，放心地将任务交托与你！

总之招标任务的中标经验可以总结为以下几点：包装、展示、推广、营销、沟通、信任。其中信任是指买卖双方的一种信任。如果我们希望与雇主达成长期的合作意向，那么就应该建立在相互信任的基础上。

第七章
如何让雇主找上门来

网赚的最高境界是让客户找上门来

在前面的介绍中，我们了解了威客网赚的悬赏和招标两种模式，这两种模式竞争都非常激烈。不过有些威客网上还有一种任务模式——就是直接雇佣，在直接雇佣任务的交易过程中，威客占据着主动地位。直接雇佣模式是威客网赚的升华阶段，藉由在悬赏和招标模式中形成的品牌效应，威客将跳出竞争，成为网赚Vip。不过，这种模式对于威客要求比较高，通常这个阶段的威客已经具有一定的品牌效应。对于新手来说，绝大多数人，能够获得收入的途径仅仅是从悬赏任务开始。

为什么这么说呢？首先，作为新手，在威客网的能力值是有限的。因为，那些发布招标任务的买家，绝大多数都是按照能力等级以及报价单，来进行最终选择的。所以新手很难被买家选中。除此之外，参加招标任务的威客，都是具备一定水准的高等级威客，这也就意味着，在同一个平台上，存在着等级差。而他们的经验和实力，从某种程度上来说，确实要稍微强一点。这也就无形中增加了新手夺取招标任务的难度系数。

大家不要认为这不公平。所有高等级威客，也是从没有等级的菜鸟慢慢爬起来的，没有谁能够那么随随便便地就获得了高等级。所以，这样换位思考之后，便不再会这么想了。由此，我们不难看出，新手想要出头，需要靠悬赏任务不断地提高自己的能力。

我们也可以换一个角度来看，通过悬赏任务这样一个大的平台，在真正的实战中，我们可以及时了解客户的需求，从而把握市场运动的大方向，这也就能够为我们以后的发展，打下更好的基础，让我们走得更远，这不是一种更大的收获吗？

既然悬赏任务是比较适合新人进行锻炼的场所，那么是否就意味着招标任务全部是高手的天下呢？

答案是否定的。任何事情都有相对面。招标任务的参与者中，会有很多的高手。但是在这种任务中，最为核心的决定因素还是在雇主，由雇主决定到底该选谁,谁才是最为合适的。

这便暴露出招标任务中一个无法避免的核心问题,那就是很多参与招标任务的卖家,都只会填写一个简单的联系方式与报价,难以给买家提供详尽的信息。于是,买家便无法在第一时间得知卖家的能力,卖家因此而失去中标机会。这也就是为什么很多招标任务,会最终被作废的原因(因为买家无法看到作品,无法决定谁优谁劣,于是放弃选标)。

不管是悬赏任务还是招标任务,威客失败,究其原因,还是缺乏自身的核心竞争力。而这种竞争力,便是品牌力量。

对于威客行业来说,品牌力量,是无法忽视的一股网赚力量。一般而言,品牌力量多以"雇佣+招标"的形式进行呈现。其中,较为普遍的是雇佣方式。

下面,我们来看一组案例,进一步了解到威客品牌的重要性。

【案例一】

人才信息	交易记录	
天壹和创意文案营销工作室	累积收入 61138.84 元	成功交易次数 351 次
人才铺类型:个人	悬赏任务收入:23450.54 元	任务中标次数:326 次
飘渺弄影	招标任务收入:0.00 元	任务中标次数:0 次
所在地:江苏-南京	出售商品收入:0 元	出售商品:0 次
能力评价:	被雇佣收入:30902.42 元	被直接雇佣次数:25 次
5 猪五戒 好评率:100%	服务质量动态评分	

图7.1 案例1

悬赏收入是23450元,而雇佣收入已经达到了30902元,两者之间的差距,大家也许觉得并不大,但是忽略了一个问题,那就是时间。

同样是该威客,第一次中标是在2010年1月份,而且当时的中标金额很少,也就几十元,试想,要通过多少个几十元,才能够拥有现在悬赏任务的23450元?答案是1年。那么30902元的雇佣收入用去了多久呢?答案是3个月。现在,大家还觉得这之间的差别很小吗?

由此可见，在前期的1年时间内，该威客都是处于一种积累的状态，不管是能力，还是等级，都是一步一步逐步累加的。可以说，这个阶段，是一种隐形的扩张。1年之后，随着人脉的积累与知名度的打开，其订单量也在短期迅速累积，成功地实现了厚积薄发的华丽转变。

而这一切，都是因为威客自身的实力已经铸就了一份属于自己的品牌力量，而这一点也是吸引顾客选择你的真正原因。

【案例二】

人才信息	交易记录	
恩尼邦策划	累积收入 82246.57 元	成功交易次数 116 次
人才铺类型：工作室	悬赏任务收入：7062.64 元	任务中标次数：39 次
jswlyx	招标任务收入：12594.00 元	任务中标次数：1 次
所在地：山东-潍坊	出售商品收入：7790.31 元	出售商品：32 次
能力评价：	被雇佣收入：53313.9 元	被直接雇佣次数：44 次

图7.2　案例2

悬赏收入是7062元，而雇佣收入居然已经达到了53313元，招标任务是12594元，出售商品7790元。这一系列悬殊的数字，已经从另一个方面折射出品牌力量的神奇作用。

通过以上两组真实案例的对比，我们不难发现，真正的顶尖网赚高手，都能够让客户自己找上门，仅仅通过一台电脑，轻松赚钱实现致富的梦想。

这种方式，既没有悬赏任务中先提交稿件、等待审判的不安，也没有招标任务中看似投标却无法中标的悲剧。巧妙地化被动为主动，实现交易角色的完美互换。我的地盘我做主，让订单尽情飞舞，这才是网赚的最高境界。

那么如何才能够修炼到这样的最高境界呢？别急，下面就给大家揭秘。

加入人才库

要实现与雇主直接雇佣交易，就必须在威客网站建立自己的个人人才库。直接雇佣虽然源自于威客在长期的网赚过程中形成的品牌效应，但最终需要落足在威客网的人才库上。可以说，威客网构建的人才库系统，将是现在和未来所有网赚的中枢神经。通过这个神经,可以将你的网赚衍生到所有互联网和传统领域。

为什么要加入人才库?

❀ 高效执行化

高效一词,现在可以说是普遍存在于各行各业,无论是个人还是公司,高效的办事模式,无疑会将工作完成得更好。

同样,对于威客领域来说,也是如此。客户有需求,当然希望在第一时间就能够获得最好的方案。而第一步,当然就是寻找人才。

那么到哪里去寻找专业人才?哪里的人才是最多的呢?很显然,这便是人才库。

人才库作为一个聚集人才的中心载体,不管是从数量上,还是质量上,都可以说是威客行业的No.1。客户在这里寻找人才,很显然,能够得到事半功倍的效果。

与此同时,作为威客,在人才库,能够获得比不在人才库更多的机会。数据显示,75%以上的客户,都会选择在人才库中进行搜索。而剩下的25%,一般是通过朋友介绍,或经威客网推荐,以随机选择的模式,进行搜索。很显然,这样被客户找到的概率是小之又小。中标率明显低于人才库的威客。

❀ 沟通双向化

在人才库,客户一般在第一眼就会看到威客的基本信息,包括等级、好评率、诚信保证、技能范围等。

同时,很多威客,也都会留下自己的联系方式。这样客户便能及时和自己心仪的威客进行沟通,通过QQ、电话、邮件等多种形式,进行双向了解,以此来确定该合作是否进行。

一旦确定合作,只要点击人才信息栏中的"雇佣"按钮,填写相应的需求,托管一下赏金,合作便正式进行。

这样的双向沟通，是没有加入人才库的威客所不具备的优势。在这里，雇佣与合作，买家与卖家，实现了信息、需求的专属沟通，大大缩短了中间的延迟时间，从而提高了资源的合理配置与执行的可操作性。

❀ 主页推销化

威客网会将人才库放在主页的醒目位置，占据了"地利"之妙。在如此醒目的位置，自然会吸引众多客户的关注和点击进入。

这样的优势，可谓得天独厚。相比较而言，没有加入到人才库的威客，便显得有些孤掌难鸣了。因为威客网站拥有海量的人才，客户想要在如此众多的人才中选中你，无疑如同大海捞针般艰难。

装修人才铺

如果你认为加入到人才库中，就能够轻松坐享其成的话，那么现实会给你残酷的答案。虽然，相对于那些没有加入其中的威客，你已经占据了地利优势，但有一个因素无法避免，那就是在人才库中，依然会拥有海量的威客，这里的竞争压力，并没有你想的那样简单。

那么，如何才能够从这么多的威客高手中脱颖而出，迅速抓住客户的眼球呢？学会装修人才库，才是王道。

顾名思义，装修人才库，便是DIY地设计一下属于自己的个性空间，让客户在进入空间的第一眼，就能够被深深吸引，从而加深对你的印象，这样便能够加大赢取订单的可能性。对于威客而言，人才铺的装修，便是一件华丽的衣服，让你瞬间便赏心悦目。

如何装修我们的人才铺呢？

首先，我们登陆威客网账号，然后点击自己的威客名，进入个人空间页面，然后进行装饰设计。

现以某网站为例进行说明。进入该网站个人空间，可在右上方看到三个按钮，分别是自定义样式、自定义促销区以及内容管理。

图7.3 某网站个人空间

单击"自定义样式",弹出以下窗口,在最上方,有进行选择的模板/色调以及自定义设置。选择你自己喜欢的风格,进行设置。

图7.4 设定的模板

如果你不想选用设定的模板,还可以进行自定义设置。步骤和以上相同,点击"自定义"。根据各人喜好对logo、页面背景、形象图以及标题栏进行自定义设置。

图7.5 自定义设置

例如你可以点击"选择图片"按钮,从你的电脑中或者网络选择你喜欢的那一款图片,点击"浏览",注意一下对于图片的要求,最后点击"确定"按钮便可以了。

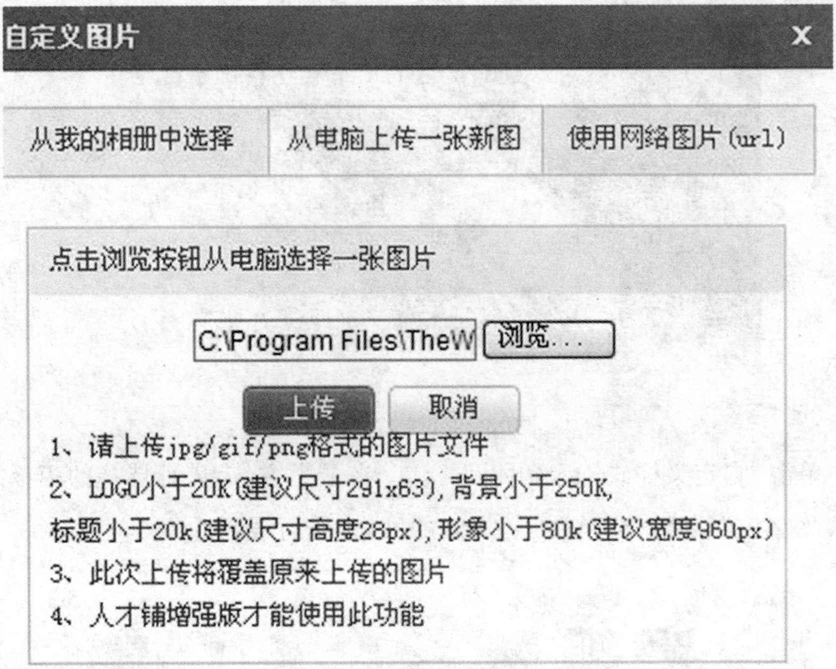

图7.6 自定义图片

　　以上模板与自定义设置完成之后，点击右上角的保存按钮，那么你的人才铺的基本格调便设置好了。

　　下面，我们来看一下，自定义促销区，能够为我们的人才铺增加什么魅力。

　　同样的方式，点开"自定义促销区"，会弹出以下的窗口，上面会显示：新增促销区的设置按钮。注意隐色的字（在新增促销区中可设置背景图片以及超级链接地址）。

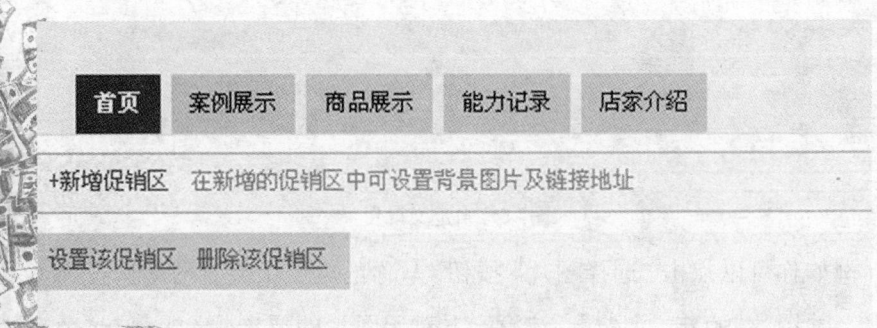

图7.7 自定义促销区

下面，点击"设置促销区"按钮，便会出现一行列表。分别是区域高度、上传背景图片及链接地址（这个链接，你可以自行设置，比如可以链接到自己的淘宝店，或者官网均可）。这时候，你按照自己心仪的图片，进行添加，接着点击保存按钮，便会设置出一款精美的背景图片，以及属于自己的链接地址，最后点击保存便可以了。

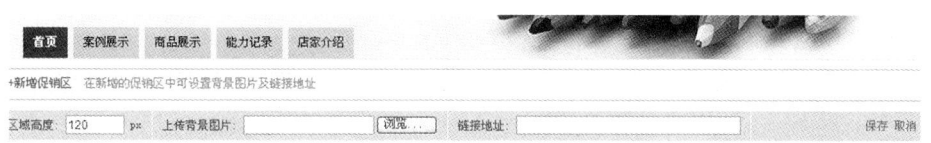

图7.8　设置促销区

最后，我们来看一个版块：内容管理。这部分内容，主要是人才铺名称以及人才铺简介，编写完相关内容上传就行了。

以上都是一些人才铺装修的简单步骤，大家在以后的学习路上，可以充分地发挥自己的特长，从而打造属于自己的梦幻人才空间。

以下是一个典型的优秀人才铺设计案例，仅供大家参考。

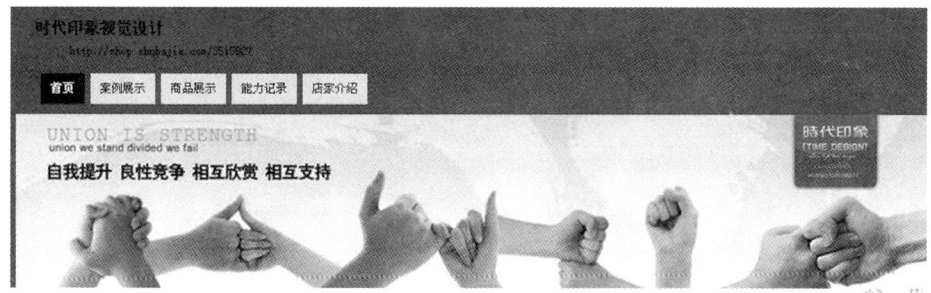

图7.9　优秀人才铺设计案例

上传服务让业务找上门来

除了人才铺装修能够带来大量的订单之外，上传服务同样能带来可观的收入。什么叫上传服务呢？

所谓服务，本身应该是虚拟化的，但是可在威客网将它实体化，将服务

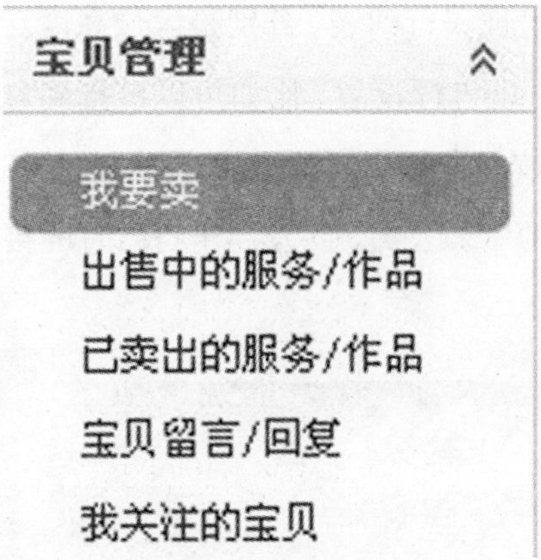

引申为一种商品,买卖双方进行购买与销售服务,形成双向交易。

我们可以通过上传服务产品来让业务找上门来。以某威客网为例。首先,进入"我是卖家"的页面,点击之后,会出现一个窗口"宝贝管理"。点击,并选择"我要卖"的按钮。

这时候,在右方将会弹出一个界面,如下图。

图7.10 "宝贝管理"页面

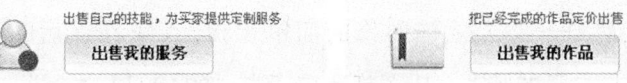

图7.11 上传服务和作品

点击"出售我的服务",会出现以下的界面,按照自己的产品,进行信息的填写,如下图。

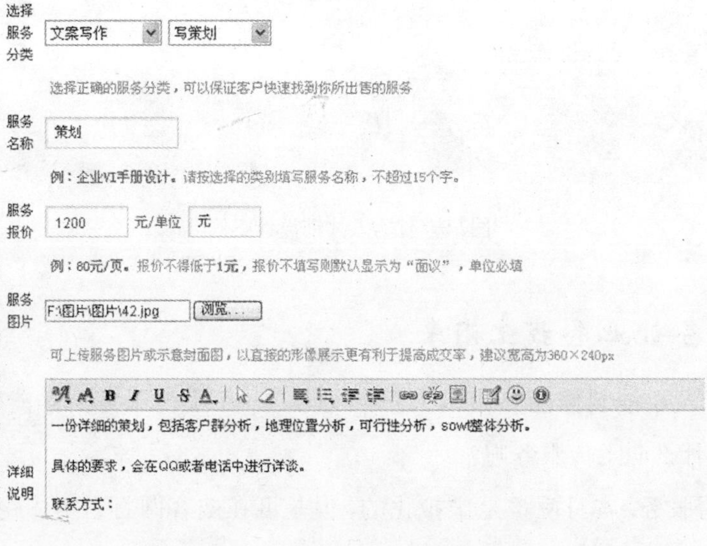

图7.12 出售服务信息的填写

点击"保存"。这是生成后的服务图形。

如果想要管理好自己出售的服务时,只需要点击"宝贝管理"——"出售中的服务/作品",就可以进行编辑以及删除处理。

同样,上传作品和上传服务的步骤基本上大同小异,两者之间的差别不大。作品买卖是指对卖家已有的作品进行买卖,而服务买卖是指对卖家的服务和技能进行买卖,买家购买卖家的创意等。

在威客网上,现在出售的商品(作品与服务)可以在人才铺中按销售的多少、上传的时间先后顺序、热卖程序等进行排序,使商品的排列呈现多样性。

图7.13 生成后的服务图形

通过这种上传服务或作品的方式,让更多的客户能够关注到你的作品,从而增加中稿的几率。让客户主动来找你。这样的状态,是不是很让人向往呢?不要羡慕了,从现在开始,上传属于你自己的精品服务吧!

人才库一览

图7.14 某威客网人才库简图

每家威客网都会有自己的特色人才库,而且网站时常会举办各种各样的特色人才推荐活动。

如前所述,威客注册登录,经审核通过后,便能够出现在该威客网的人才库中。

通常威客网的人才库由两方面内容构成:人才筛选列表与人才信息专栏。

人才筛选列表

人才筛选列表一般由四方面内容构成。

1. 人才类型

威客戒网的人才类型,主要由个人、工作室和公司三种形态组成。

个人:现在很多威客都是兼职身份,而且以个人形式为主要形式。目前这类威客充当了威客行业的"主力军"角色。

工作室:所谓工作室,是以团队为核心的竞争联合体。这类威客一般等级较高,在威客领域享有一定的知名度,能力也较强。团队成员一般3~10人。目前,这一群体,呈现出逐步增加的趋势。

公司:是以团队为核心的联合体。区别于工作室,公司更加具有说服性,一般而言,是实体公司的网络旗舰店。这类群体,在威客网较少,可以说是凤毛麟角。

2. 能力等级

能力等级,是评价威客实力和竞争力的指标体系。如同职场上的升迁模式,需要依靠经验与实力来不断累积,方才能获得更高的等级。买家可按威客能力等级来选择适合自己的威客。

3. 诚信保证

诚信保证:是威客对于每一位客户的承诺,包括原创保证、保证完成和免费修改。这三个阶段是顺序渐进,相辅相成的。

原创保证:客户无论是采用悬赏、招标还是雇佣模式,威客都要保证其创作均是原创,不能侵犯别人的著作权。这一保证是最基本也是必须具备的承诺。

保证完成：客户一旦选择某位威客来完成，那么威客便应按照客户的要求进行创作，最终双方确定完稿。部分交稿或者是稿件不全等问题，都是不可以存在的。

免费修改：这一承诺的难度系数，很显然要比以上两个要大很多。毕竟一稿就过的概率并不大，任何稿件，几乎都是通过和客户的交流，进一步修改和完善的。所以，这一保证，降低了客户所要面对的风险。当然，对于威客自身的要求，也相应要高一些。

4. 身份认证

身份认证：是一个专属于威客本身的特定属性。每一个威客，都拥有自己的独一无二的威客会员名。同时，这些附加的身份认证，也增加了自身的真实性。主要分为以下五类。

实名认证：此认证是根据注册会员的身份证，进行的实名注册。例如某威客网规定，所有参加文案类任务的威客，都需要进行实名认证。因此，对于文案威客来说，此认证是必不可少的。

银行卡认证：此认证，主要应用于提现记录使用，会员需要提供银行卡号，开户行等信息，并与身份证进行同时确定。以便确认打款的真实性。

手机认证与邮箱认证：这两种认证，是为了能够及时收到威客网发出的消息所特别设置的。一般而言，客户的反馈意见，也会通过会员留下的有效邮箱，进行及时的反馈。

营业执照认证：此认证多用于企业以及工作室类型的威客，进一步增加其真实性与可信度。

人才信息专栏

人才信息专栏是所有人才的集合地，只要按照一定的要求进行搜索，客户便能够在最短的时间内，寻找到对自己有所帮助的信息。

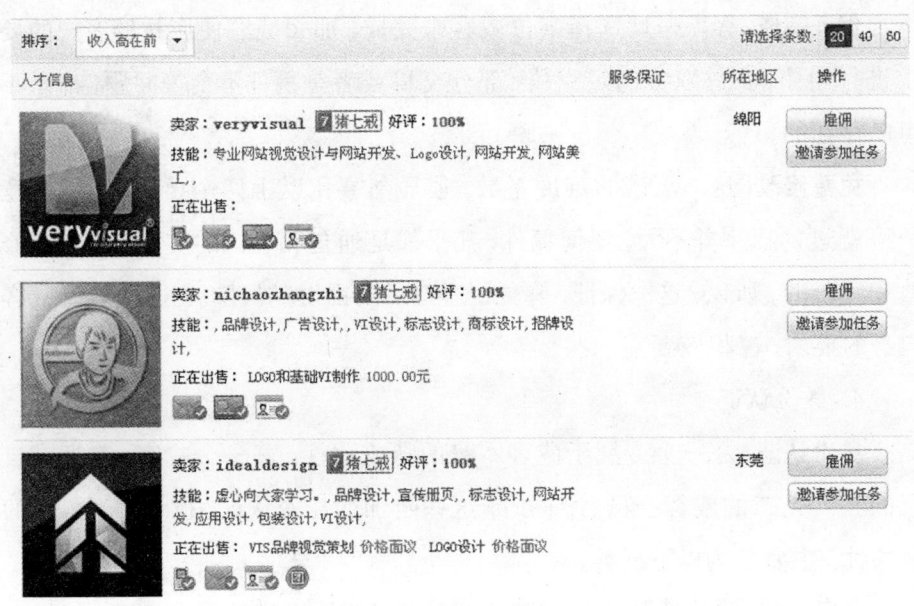

图7.15 某威客网人才信息专栏

上图为某威客网人才信息专栏,鼠标点击左上角的"排序"按钮,我们会看到四个选择,分别是:能力值高在前、收入高在前、注册早在前以及默认排序。

通过这种模式,客户可以充分了解到人才库中,每一位威客的能力值与擅长方向,从而大大地缩短了时间。

【案例一】

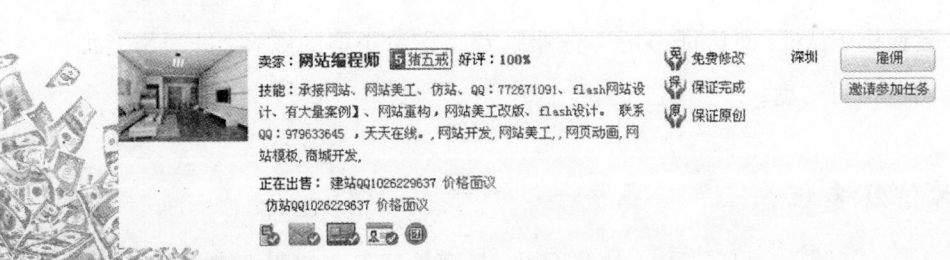

图7.16 案例1

我们从这张图中,便能够第一时间了解到该威客的基本情况。首先,是他的等级相对比较高,再者便是好评率100%。这也就说明,很多客户,都给出了满意的反馈。

在技能这一专项中,我们看到,他所擅长的是网站美工、网站建设领域。如果一个正好需要网站建设的客户,来人才库搜索的话,第一时间内便能知道这位威客,再加上他的服务保证中,已经明确表明会:免费修改,保证原创以及保证完成。

有了如此众多的保证,客户会不心动吗?而这正是合作成功的第一步。那就是,赢得客户的好感。

【案例二】

图7.17 案例2

这位威客和上面一个威客相比,很显然,能力等级没有那么高,但这是否就意味着客户不会选择吗?不一定。为什么呢?我们来看一下他的技能。

相比于前者,无疑他的领域更为广泛,不仅可以进行网站美工,而且还能制作logo、VI等设计,多项发展,增强了自身的优越性。

人才库作为一个公平公正的交易平台,只要你能够进一步发掘出自己的优势,那么便一定能够在这里,打出自己的一片天地。

而且,人才库装修的好坏与服务的全面优质,也是决定你在威客领域能否取得巨大成功的关键。因此,加入人才库,活用人才库,将会是你修炼最高境界的必备阶段!

诚信保障计划

想要成为顶尖威客,除了要会装修人才库之外,还有一种必备的素质,便是加入到威客网的诚信保障计划中来,通过自己的诚意,来打动客户,从而建立自己的品牌与美誉度。

什么是诚信保障计划

诚信,这是每一个人都应该具备的良好素质。

同样,作为威客,诚信,也是不可或缺的基本素质。

卖家即威客能申请提供的诚信保障服务有:原创保证、保证完成、免费修改三项,其中"资料认证"是加入诚信保障服务的必要条件。

❀ 原创保证

指卖家承诺提供的作品属于原创,没有涉及作品抄袭、剽窃、盗用等不符合原创性质的行为。若卖家未能履行该项承诺,则买家有权对卖家提出赔付要求。

❀ 保证完成

指买卖双方约定需要制作的任务内容,卖家承诺按照任务内容完成任务。若卖家未按承诺履行其义务,则买家有权按照本规则向卖家提出赔付要求;若买家在制作中修改或增加任务需求,则卖家有理由只满足原有的任务需求。

❀ 免费修改

指卖家向买家承诺,只要买家购买自己的作品,则会为买家提供作品免费修改。当买家对购买的创意作品需要作修改的时候,卖家会根据买家的修改要求提供"免费修改"服务。卖家提供的该项服务,作品修改时间最长不超过20天,最短不低于5天(修改内容不应超出约定的任务要求,并且明确、具体,比如颜色、线条、字体等可实际操作的内容)。

❀ 资料认证

资料认证包括:实名认证、银行卡认证、手机认证、邮箱认证,以上四项认证均能反映买家、卖家的有效资料信息及真实的身份。在任务交易中能起到提高买卖双方可信度和打击作弊的作用,最大化保障交易质量,是诚信保障服务中的基础服务。

我们可以用图标的形式,来简单地阐述一下诚信保证计划的步骤与基本流程。

图7.18 图解诚信保证计划

在威客网诚信保障计划中,最为核心的便是三大支点,分别为:保证完成,原创保证,免费修改。三者形成一个有机的整体,共同打造威客网的诚信交易。每一条保证之后,都存在一定的赔付条件,以此来平衡买卖双方的纠纷。

如何加入到威客网诚信保障计划中来呢?

很简单。登录威客网,成为注册会员,填写相关资料,经威客网站审核认证后,缴纳一定的保证金就可以了。

那么什么情况下,能够获得诚信保障的赔偿呢?针对3种保证,存在以下情况,客户会得到相应的赔偿。

图7.19 获赔的3种情况

加入诚信保障计划有什么好处

其实这很容易理解,假设实力相当的A和B,同时被客户看中,一时间无法抉择。这时候,客户突然发现,A已经加入了诚信保障计划,并且承诺免费修改,保证原创以及保证完成。而B却没有加入。

那么很显然,在A和B之间,虽然实力相当,但客户还是会好不犹豫地选择A来作为合作伙伴。这是为什么呢?答案很简单。因为,A给了客户更多的信任。而作为客户,当然是希望将风险降到最低,既然A能做到,那么有什么理由去拒绝呢?

这样的道理,其实大家只要换位思考就能体会了。毕竟威客行业,作为一个依托于互联网的产业,与实体公司不同,客户在选择的时候,难免会多考虑一些。而这样的怀疑,便大大降低了威客的中标率。一旦你能给客户更多的信任,无疑在这一点上,你已经比别人离成功中标,更近了一步。

威客网很推崇诚信交易,会在人才筛选专栏中,特意开辟出"诚信保障"的选择条件。

这样,客户在选择的时候,便会有所侧重,虽然不知道对方的实力到底如何,但是会认为已经加入了诚信保障的威客,比那些没有加入的威客,更加可靠一些。

现在,我们来看一看,这些加入到诚信保证计划中的大神们的"心里话"。

图7.20 加入诚信保证计划大神们的"心里话"

成子中:"提供诚信保障服务实现排名的检索优势,能够让我们在客户群中有更多的展示的机会,提升我们子中策划团队的曝光率,这对于我们能力的提升,无疑是大有裨益的。"

Jin_quy:"大家都知道商场上从古到今讲求诚信,诚信乃发展壮大之根本!很高兴有这样的契机让我为客户提供诚信保障服务,现在慕名而来的客户比以前多了很多,感谢大家。"

Road设计师:"……更多的设计者和雇主愿意选择这样一个平台来进

行创意交易,而诚信保障恰好在这个时机给予了强有力的支持,让诚信用眼睛就能看得见!"

既然这么多"大神"都加入了诚信保障,你还在等什么呢?

只要大家人持之以恒地坚持下去,多用心一点,多思考一些,那么,在不久的将来,你一样能成为文案领域的"大神"!

第八章
向互联网进军

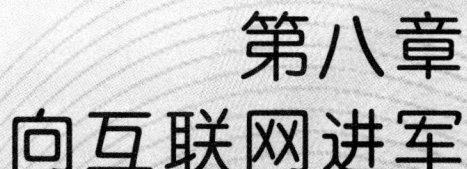

在威客网做威客到一定程度后，几乎所有的威客都会面临一个共同的问题——发展瓶颈。这种瓶颈有的是外部大环境的原因，有的是威客自身的原因，比如因为过多地投入任务而忽视了学习，缺少创新，无法突破自己原先成功的案例，或者是因为自身能力成长后对威客网任务赏金太低无法再继续接受，或者是因为已经组建了威客团队，需要更多的业务支撑等。这个时候，威客就必须学会突围，而突围方向就是依托威客网，向整个互联网拓展业务。

要达到这个程度，并不是一件容易的事情，至少在通常情况下，绝非一人之力能完成，所以本章的内容主要是给有志于整个互联网的个人或团队参考。威客向互联网进军的步骤如下。

打造个人品牌

美国管理学者彼得斯有一句被广为引用的话：21世纪的工作生存法则就是建立个人品牌。他认为，不只是企业、产品需要建立品牌，个人也需要建立个人品牌。这句话的广泛流传也说明了个人品牌已经为人们所重视。在这个竞争越来越激烈的时代，不论在什么样的组织里面。要让人们认识你、接受你，首先你要充分表现自己的能力。倘若你埋头工作却不被人认知，你的杰出表现就会被铺天盖地的信息所淹没，因此，个体的价值被认知比什么都重要，要想推动个人成功，要想拥有和谐愉快的生活，每个人都需要像明星一样，建立起自己鲜明个性的"个人品牌"，让大家都真正理解并认可，只有这样，才能拥有持续发展的事业。

个人品牌的重要性，在威客网赚市场显得更加重要。因为在威客模式构建的人力资源系统中，威客如同商品市场的企业，成为参与市场竞争的主体；遵循着商品市场企业所要遵循的法则，无论是个人还是威客团队，要在市场竞争中获胜，打造威客品牌将成为威客突破瓶颈的必经之路。

关于如何打造个人品牌，诸如教程、图书、培训等市场上随处可见，当然，其涵盖的范围也十分广泛。不过，这些教程里面的内容，通常是针对传统行业的工作者来说的，因此与威客品牌存在着一定的差异，所以本书特别针对威客提出了铸造品牌的思路。

虽然打造威客品牌在本书中的最后两章作为威客高手进阶提出，但是在传统行业里有经验的威客，可能从一加入威客就已经具备了充分的品牌意识，这从威客网的注册昵称上就可以看出。由于其昵称易于传播（当然还有许多其他推广方式），名气一路直上，为其威客网赚加分。

那么威客如何去打造品牌，提升威客品牌价值呢？

首先是学习。由于威客在投稿的过程中，往往会形成一些比较容易中标的案例模板，由此导致了惯性思维，不愿意也不敢去创新，因为成本大，而且风险不可控。这里笔者要提出的是，威客不要局限在自己过去的成功案例里，要知道网上的雇主千差万别，不仅专业能力不一样，就是审核标准也是不同，这就需要威客在与客户的沟通过程中，不断创新，做出让雇主满意的作品来，并且力争能够成为一个细分领域的专家，打造核心竞争力。

其次是要学会推广包装自己。互联网的兴起，让品牌传播更加快捷迅速，对于一个企业来说，没有企业网站，就没有互联网上承载其品牌价值的载体。对于威客来说，同样如此，如果想要让我们的网赚之路走得更快更远，这将是威客网赚必须要了解的一部分。许多顶尖级别的威客如今已在互联网上自立门户，跳出了威客网站的买卖市场。

接下来，我们将具体谈谈如何打造威客品牌。

成为一个领域的专家

众所周知，随着社会化大生产的发展，社会分工将越来越细。这种趋势，在传统行业体现出来的就是各种各样的专业化服务公司，在威客模式下，则表现为具有各种专业化才能的个人。因此，威客网站的个人，实际上是社会化分工的最终极阶段。在这种趋势下，威客要想通过威客模式生存和发展，首先就是要对自己的行业进行行业细分，精准定位，在一个自己足够应付的细分领域打造自己的核心竞争力。

那么我们又该如何行业细分呢，这里我们以软文写作行业为例进行阐述。

我们知道，对于绝大多数文案这种细分类别之间门槛不是太高的行业，几乎每个威客都会采取眉毛胡子一把抓的方式去接单，但是效果往往并不理想。不过这种方式，在加入威客网赚的初期，虽然效果不是很好，但是也十分有必要的，因为这可以帮助我们更好地发现自身的潜力和优势，只有对这些任务都去做尝试，我们才能对自己进行精准的定位。不过，如果我们要想实现发展，就要像一个企业在创立时一样，先对行业进行细分，找准自己最擅长的领域，精准定位，打造自己的核心竞争力。这个过程，其实跟企业经营的本质是完全一样的。因此，威客网赚，常常也有威客创业之说。

以笔者为例，在加入威客的初期，几乎把所有文案类的任务都了解了一遍，即使很多原本都未听说过的文案工作，都尝试着去投过稿，尽管有的幸运中标，但更多的是石沉大海。当然，笔者在后来的网赚过程中发现了另外一片蓝海，而这片蓝海，就是软文写作。实际上，软文写作占据着文案网赚市场很大一部分市场份额。

关于软文的一些基础内容，前面我们已经提到过，这里不再累述。由于软文写作在现在和未来的地位越来越重要，因此软文写作成为许多威客的行业细分发展方向，许多威客在软文写作方面都找到了自己的位置。当然，可能有的威客会问，软文写作行业本身并不大，如何在这里面进一步细分，找到自己的位置打造核心竞争力呢？

软文营销的根本是为销售服务的，因此无论是其宣传功能，还是基于SEO的原创、外链等功能，都是为了实现企业的产品或服务销售目标。

前面提到，软文的种类有新闻式软文、体验式软文和SEO软文。

SEO软文是基于搜索引擎的工作原理而出现的，在搜索引擎的网站关键词排名算法中，网站原创内容和网站外部链接一直是影响网站关键词排名的最重要因素，因此SEO软文主要有两种用途，一种是用于网站内部优化，一种是用于网站外部优化。作为一个软文写手，只有了解了这类软文的写作目的，才能更好地进行这类软文写作。

通常情况下，一些基本的企业宣传文章也会纳入软文里面，但本质上，那只是文字形式的硬广告。

任何一个行业，哪怕再细再小，只要你能做到行业的前几名，你都有钱赚。这是一条在互联网创业者之间的共识。对于威客来说，作为行业细分的终端，这种优势被体现得更加明显，也给了威客无限的空间。

虽然软文写作行业本身并不大，但是这个行业仍然有很多可以进行行业细分的机会。比如，在软文的分类上，虽然你可以三类软文都写，但是一定要在某一类软文方面有所建树，或者构建起一套这个细分行业的理论系统，或者确立一套这个细分行业的参考标准，或者研究透一类文体所涉及的方方面面的内容，为客户提供足够有吸引力的增值服务。

以笔者为例，由于是媒体人出身，对于杂志类深度文体比较擅长，因此，在给客户提供软文服务的时候，往往是从这个角度入笔写作。同时，由于平时工作较忙，并没有足够多的时间去研究所有的软文形式，的确也对于某些文体并不擅长，因此，笔者直接放弃了这些软文领域，专注在深度报道这个笔者擅长的领域，自认为具有足够的竞争力成为这个领域的前几名。那么笔者是如何分析自己的竞争力的呢？一是曾经长期从事杂志采写工作，有一定的写作能力；第二，对于市场营销有足够深入的研究，能够跳出传统记者在文章写作时的思维模式，巧妙地将文章的可读性与宣传目的融为一体，真正实现软文营销的目的。同时，笔者还对软文营销的整个产业链进行了深入研究，在此基础上，提出了关于软文营销的一系列观点，对于强化笔者的专业身份具有重要作用。

在不断强化威客的专业身份的时候，另外一个问题就自然而然地出现了，那就是品牌传播。如何通过互联网将你的专业身份不断传达出去，这是打造威客品牌进军互联网的最关键一步。

建立品牌门户

互联网的迅速发展，让信息传播变得方便快捷，同时也让传播成本十分低廉。在互联网诞生之前，由于传播渠道都被政府和组织机构垄断，因此传播成本是十分高昂的，而且也不是人人都可以利用。对于商业活动来说，要借助这些渠道，企业需要付出大量的成本。当然对于个人来说就更困难了。

所以，互联网诞生之前的个人品牌，往往都依赖于其在传统领域的成功，通过口碑传播或传统媒体的报道进行免费或者付费传播，用一句话概括就是精英的传播。不过这种局面，随着互联网的迅速发展，特别是以博客、SNS、微博等为代表的个人媒体的兴起而很快被打破。个人媒体终端和低廉的网络传播成本，让几乎每一个人都有能力通过网络来传播自己的信息，当然这种能力也包括一定的物质基础，但更多的在于各种网络传播思路和执行。如此，也涌现出来了一大批草根网络名人，包括草根博主、个人站长等，这些人在传统领域并没有多大名气，但是通过互联网，他们把自己的能力推广出去，让自己成为了某个领域的品牌。

当然对于威客来说，由于威客网赚性质更接近于企业的性质，即以赢利为目的，因此对于威客来说，打造个人品牌门户与企业网站有些相似。因此本书将对这方面做一个详细的讲解。

❂ 认识网络门户

要打造个人品牌门户，那么我们必须对各种能够承载个人品牌的互联网应用有一定的了解，然后根据各自不同的具体情况，选择最适合自己的载体。互联网上主要有哪几种适合建立品牌门户的载体呢？

博客：又译为网络日志、部落格或部落阁等，是一种通常由个人管理、不定期张贴新的文章的网站。博客上的文章通常根据张贴时间，以倒序方式由新到旧排列。许多博客专注在特定的课题上提供评论或新闻，其他则被作为比较个人的日记。一个典型的博客结合了文字、图像、其他博客或网站的链接及与主题相关的媒体。能够让读者以互动的方式留下意见，是许多博客的重要要素。大部分的博客内容以文字为主，仍有一些博客专注在艺术、摄影、视频、音乐、播客等各种主题。博客是社会媒体网络的一部分。

博客包括独立博客和第三方博客，独立博客即采用独立的域名、空间和后台系统，具有较高的主动性。第三方博客就是以新浪、网易、腾讯等为代表的互联网服务商提供的博客服务。第三方博客由于有共同的后台系统，博主之间数据相互打通，再加上第三方服务商的品牌影响力，因此会员基础庞大，博主之间的相互交流也变得更多更方便。但也正因如此，博客的主动性和可发挥的空间并不大。第三方博客适合对互联网了解不太深入的威客，无论你做不做威客，或者做哪种门户，第三方博客都是必须而且有必要建立的。如果你是一个互联网新人，可以很快利用第三方博客建立属于自己的门户，通过这个门户，不仅可以向来自威客网站的雇主很好地传达自己的品牌形象和服务，而且也有可能带来博客服务提供商的其他会员客户资源。如果你打算做成独立博客或者网站，那么利用第三方博客的权重进行外链建设也是必须做的工作。

SNS：SNS，全称Social Networking Services，即社会性网络服务，专指旨在帮助人们建立社会性网络的互联网应用服务。也指社会现有已成熟普及的信息载体，如短信SMS服务。SNS的另一种常用解释：全称Social Network Site，即"社交网站"或"社交网"。

目前，SNS在全世界发展迅速，其领先者FACEBOOK目前正冲击着互联网霸主谷歌的地位。在中国，由于国内的特殊国情，SNS发展得并不十分理想。对于建立品牌门户来说，如果以SNS为核心，并不十分合适，不过作为补充部分，还是具有一定作用的。

微博：微博客（MicroBlog）的简称，是一个基于用户关系的信息分享、传播以及获取平台，用户可以通过WEB、WAP以及各种客户端组建个人社区，以140字左右的文字更新信息，并实现即时分享。最早也是最著名的微博是美国的twitter，根据相关公开数据，截至2010年1月份，该产品在全球已经拥有7500万注册用户。2009年8月份中国最大的门户网站新浪网推出"新浪微博"内测版，成为门户网站中第一家提供微博服务的网站，微博正式进入中文上网主流人群视野。

目前，微博发展十分迅速，但是由于微博本身的特性，作为品牌门户来使用效果并不佳，不过对于那些经常四处活动的人来说，通过微博来完成信息的聚合，进而形成品牌效应，也是一件十分值得尝试的事情。当然，由于微博服务商基本都同时提供博客和微博服务，而且数据实现了互通，因此，配合博客和微博将是那些对网站建设、网络营销等没有基础的威客最好的选择。

网站：对于网站，相信只要知道互联网的人都不会陌生，因为整个互联网就是由网站构成的。

一直以来，互联网就呈现出两种网站，一种是纯粹的提供互联网应用服务的，包括大型商业网站和各种中小型网站，大型商业网站通常由成千上万的团队运营，中小型网站则人数相当少，甚至大量小型网站都由个人运营，这也就是人们常说的个人站长；一种是传统企业入驻互联网的，这又分成两个层次，第一个层次是简单的品牌形象宣传网站，第二个层次是集成电子商务运营功能的企业网站。

由于威客是参与市场竞争的独立主体，因此，威客的品牌门户更多地与企业网站类似。同时，由于威客提供的基本都属虚拟创意、经验服务，因此对于开展电子商务具有天生优势，所以，威客的品牌门户应该是集成电子商务功能的，而这种功能除了提供程序类的威客，一般都是比较简单的，只需要在恰当的地方适当引导就足够了。

不过这个时候，一个问题横亘在所有威客面前。这就是关于网站建设、域名、空间的成本、技术问题。前面我们提到，对于没有网站建设方面基础知识的威客，建议直接利用第三方博客打造品牌门户。对于有一定建站基础知识或这方面的高手，可以建设独立博客或网站，因为毕竟，这能够更加向客户强化自己的品牌形象。

一步一步打造品牌门户

利用第三方博客打造

第三方博客通常为门户网站的标配，依托门户网站的品牌影响力，汇聚了大量的用户，比如新浪、网易、搜狐、腾讯、百度、和讯等。这其中，新浪博客以名人博客见长，搜狐、百度、腾讯强调交友互动功能，某种意义上更具SNS特征，作为提供专业服务的品牌门户，并不理想，因此笔者推荐没有网站建设基础的威客可以选择新浪博客来打造自己的品牌门户。

关于如何开通新浪博客等问题，新浪博客已经提供了详细的图文教程，这里不再累述，仅提供新浪博客帮助中心地址（http://help.sina.com.cn/p/i_1.html），按照这个图文教程，就可以很容易地打造一个专业的品牌博客。

利用第三方博客建立品牌门户需要注意的问题：

(1) 博客的版面设置

品牌博客不同于个人生活博客，因此品牌博客的版面设置要美观大方，既要有一定的严肃性又不能太死板，给予访客最佳的用户体验。同时要注意访客的转化率，在适当的地方即时引导访客需求。

(2) 博客的内容

博客的所有内容都是为了建立威客品牌服务的，因此，无关和有损威客品牌的内容绝对不能放上去。对于许多与工作无关的，但是能给威客品牌整体形象加分的东西，是可以的。比如摄影作品，既可以美观博客，让访客视觉愉悦，也体现出作者对于美的欣赏。当然也可以包括作者对一些事物的评论之类，以此可以体现出威客的博闻强识。

(3) 博客的更新频率

博客的更新频率也是一个需要注意的问题，保持一定的更新频率，既可以让访客知道，他面对的是一个活生生的人，他的问题可以得到即时解决，也能让博客在搜索引擎中加分，在品牌关键词的排名上取得优势。一般来说，保持每周3~5篇的更新频率就可以了。当然如果你是文字工作者，可以加大这个频率。另外文章发布时，最好有插图，即使没有与内容相关的图片，也可以加上让人视觉愉悦的自然风景图片。这里有一个小技巧就是，在每篇文章的题目和正文开头或结尾加上威客的品牌名称，这样无论是对于客户或者搜索引擎，都能起到品牌强化的作用。

(4) 博客的友情链接

博客的友情链接，对于一般人看来，是一个无关紧要的东西，但是对从事网络营销的人来说，却是一笔宝贵资源。当然如果你的博客原创内容超过80%，更新稳定，这个资源则更具价值。威客可以利用这个资源出去广交朋友，给企业站点或者个人站长交换友情链接，获得广泛的人脉资源，即使这些人并不是直接的客户，但是他们肯定会在朋友等身边的人有相关需求的时候向他们推荐你。

(5) 博客的推广

博客的推广是一件比较复杂而且周期性长的工作，品牌博客主要是提升威客的品牌价值，业务不是十分繁忙的威客可以将博客营销纳入常规工作。

博客推广主要有第三方服务商站内推广和站外推广两类。站内推广比较简单，就是到那些人气比较高的博客留言。当然留言要有技巧，而且可以是评论性的，评论有意思就会吸引访客点击你的博客链接。不要为了推广而推广，那样反倒让品牌建设功亏一篑。站外推广相对较复杂，不过也有些简单的思路，比如QQ群、论坛之类的，因为站外推广与独立网站推广基本是一样的，所以博客的站外推广可以参看独立网站的推广。

利用开源程序打造个人独立门户

拥有一个自己的网站，按照自己的想法来展现自己的生活、工作等，相信不少人都有这个想法。但是，在很长一段时间以来，由于建站成本较高，不懂网站编程技术的人是很难实现这个愿望的。不过，随着近年来网站建设技术的飞速发展，特别是以康盛、PHPwind为代表的开源程序的发展壮大，简单可操控性极强的DIV可视化网页编辑技术，让大量没有网页编程基础的人都能很轻松地完成一个相对简单的网站建设，打造属于自己的个人门户。

在上一节笔者提到，相比第三方博客，由于独立网站的特点，相对于品牌门户来说，更具有优势。但是，独立网站涉及方方面面的内容非常多，对于单独从事威客网赚的威客来说，无论是在知识层面还是在时间精力上，都是很难独立完成的。这里推荐一种比较可行的思路是，创立和加入各种威客联盟，通过团队的力量来完成威客品牌门户的构建。

以笔者为例，由于笔者从事的是文字方面的工作，主要是软文、图书的编写，这都是需花费大量时间的工作，需要全力以赴才能做到最好，因此无论是在时间还是精力上，都有没有足够的能力来打造自己的独立品牌门户。但是，不能因此就放弃建立自己的品牌，否则笔者将长期停留在当前的阶段，不能突破瓶颈。尽管如此，在很长一段时期，笔者都曾想依靠自己的力量独立完成，为此，恶补了关于网络网站建设、网络营销方面的知识。但是后来发现，每一件事都要自己去独立完成的话，显然是对资源的极大浪费，即使个人悟性再高，可以在短时间进入一个新行业，但你绝对不能做到最好，而且为此浪费掉的时间将远让自己失去很多自己所擅长领域的业务。

经历了这一番摸索后，笔者开始尝试其他办法，也就是前面提到的联合打造品牌。笔者联合了几个文案类的威客和懂网站建设、网络营销的威客,一起来打造几个人的共同品牌门户。因为笔者提供的是软文写作服务,这个行业未来很有发展潜力,于是我们经过商量,打造了一个软文营销门户网站,网站内容部分由几个搞文案的负责,网站建设归负责程序的威客负责,营销则主要由做营销业务的威客负责,每个团队成员都享有门户网站的品牌提名权,同时为了扩大团队的品牌影响力,团队在运营上还成立了联盟。这样,团队成员的品牌价值在大家的共同努力下,得到了有效的提升。

由于网站建设是一件系统复杂的工作,因此具体的如何通过开源程序打造独立品牌门户,这里仅仅提供一些思路性的东西,如何让品牌门户价值最大化,需要根据具体情况,来分别对待。

以上是关于威客打造品牌的两个方面的内容,供各位读者参考。

用威客网推广员系统增收

威客打造个人品牌,向互联网进军,在提升威客品牌价值、扩展业务的同时,如果能成为某威客网的推广员,将带来另外一条增收之道。无论你是用第三方博客打造个人品牌,还是利用独立网站打造品牌,都可以实现增收。那么具体该怎么做呢?下面我们将对此进行简单的介绍。

什么是威客网推广员

答:是指通过宣传推广某威客网站和相关产品以及威客服务,从而获取佣金赚钱的人,与淘宝客类似。无需投入成本,无需承担风险,真正实现零成本创业!

如何加入威客网推广员

答:首先得成为该威客网注册会员,只要愿意通过推广该威客网站和相关产品及威客服务赚取报酬,那么获取推广代码进行有效推广之后,您就已经是该威客网的推广员了。

推广代码与推广链接有什么区别

答：由于代码和链接的形式不同，就决定了其用途和表现形式不同。推广代码通常用于个人网站或者博客推广，其代码最终展现形式可以是文字、图片甚至是Flash动画，形式很丰富；推广链接通常用于QQ聊天推广或使用超链接，其最终展现形式就如同网站的地址一样，可以通过浏览器直接访问。

如何赚取威客网的佣金

答：(1) 在你的成功推荐下，用户通过推广链接\代码注册成为威客网会员并发布悬赏任务，你将获得发布任务实际消费金额一定比例的提成。例如某威客网从该会员注册的时间开始，在未来1年之内发布悬赏任务，推广员可获得该网站收取的平台服务费的50%（即客户发布悬赏任务实际消费金额的10%）。在有效时间内，会员发多少次悬赏任务，推广员就有多少次提成且提成没有最高上限限制。

图8.1　推荐发布悬赏任务

(2) 在你的成功推荐下，新用户通过推广链接\代码注册成为该威客网会员并通过实名认证，你将获得一定金额提成。例如某威客网从该会员注册的时间开始，在未来1年之内通过该网站实名认证，推广员就能获得1元提成。

图8.2　推荐通过实名认证

(3) 在你的成功推荐下，新用户通过推广链接\代码注册成为该网威客网员并参与悬赏任务中标，获得任务金额一定比例的提成。例如某威客网从该会员注册的时间开始，在未来1年之内参与悬赏任务单人中标，推广员能获得任务金额1.6%的提成。在有效时间内，会员参与多少次悬赏任务单人中标，推广员就有多少次提成且没有最高上限限制。

图8.3 推荐中标单人任务

总之，成为威客网推广员，可以根据你的推广业绩，包括推荐了多少人注册、推荐发布了多少悬赏任务、推荐通过了多少实名认证以及总的推广收益等来赚取佣金。不要小看佣金收入哦，积少成多，数目还是很可观的啦！参见下图某威客网推广员收入排行。

推广收入排行	我的排行 NEW
1：九天浪人	收入：100675.52元
2：威客管家网	收入：50979.22元
3：搜索引擎1	收入：11619.96元
4：spcx1709	收入：10366.43元
5：曾丽华新浪博客好	收入：9711.24元
6：xulin1567	收入：8237.86元
7：litanwei	收入：7470.15元
8：psxzmg	收入：6519.52元
9：沛沛来咯	收入：5931.16元
10：ecyjia	收入：5000.00元

最新推广动态

恭喜！ 会员huxiao380278，邀请注册的会员 参加了 200元悬赏任务成功单人中标 获得 3.20元提成…

恭喜！ 会员baidu_1922，邀请注册的会员 成功发布了 300元任务 获得 30.00元提成…

恭喜！ 会员死神的悲泣，邀请注册的会员 成功发布了 50元任务 获得 5.00元提成…

图8.4 某威客网扩广收入排行　　图8.5 某威客网最新推广动态

推广员图文教程

接下来，将以某威客网为例，介绍如何通过威客网推广员赚钱（由于独立网站更加复杂，对网站运营方面的能力要求较高，基础的推广只要做好了就可以了，不过要想获得高收入，则需要更多的付出了）。

第一步：从该威客网首页进入推广员专区

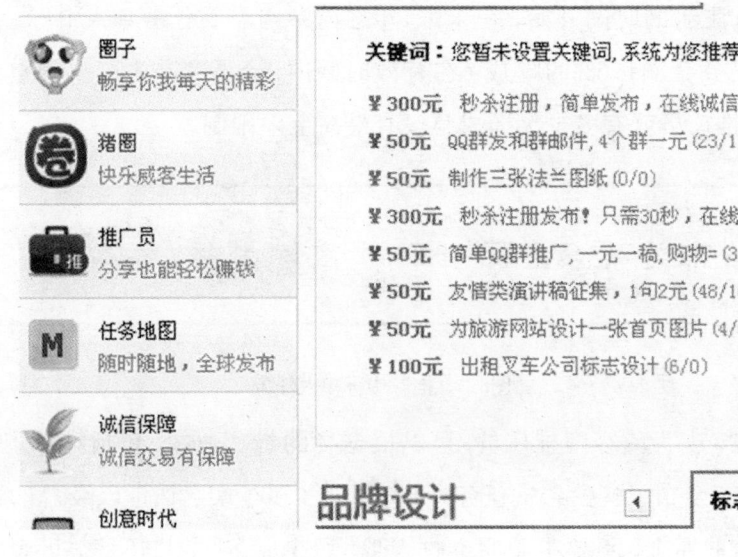

图8.6　进入推广员频道

第二步：在专题页面的右侧获取对应会员账户的推广代码。

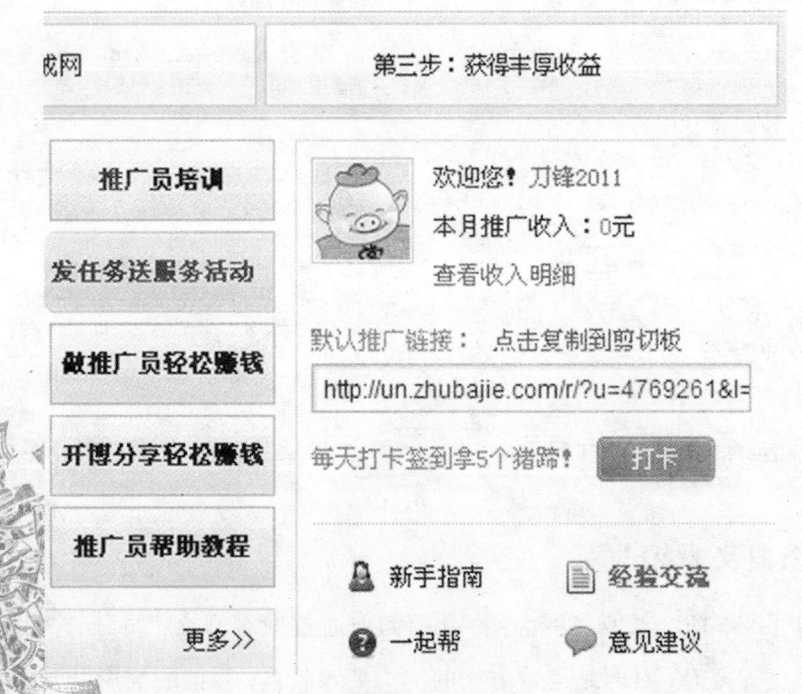

图8.7　获得推广代码

第三步：在博客或者任何地方留下你的推广代码。

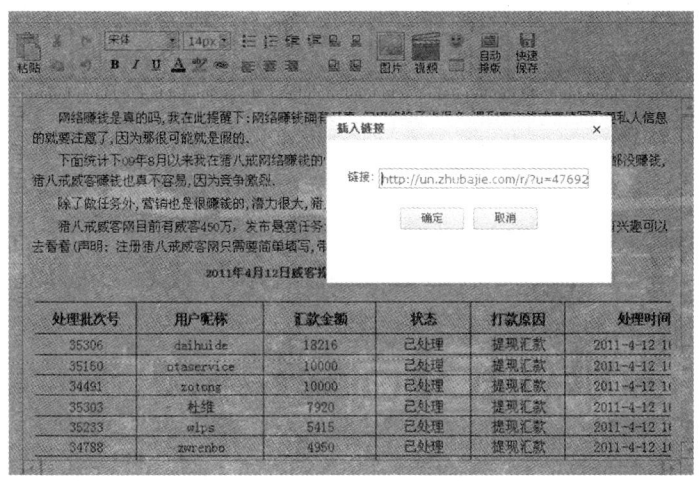

图8.8 把推广代码设置为超链接

推广文章发布后,如果你的博客流量足够大,你就可以坐收其成了。如果流量小,当然就需要运用多种方式去推广。

其他推广方式

1. 利用聊天工具推广

在聊天窗口中将推广链接通过MSN、QQ等聊天工具发送给您的朋友进行推广,如下图:

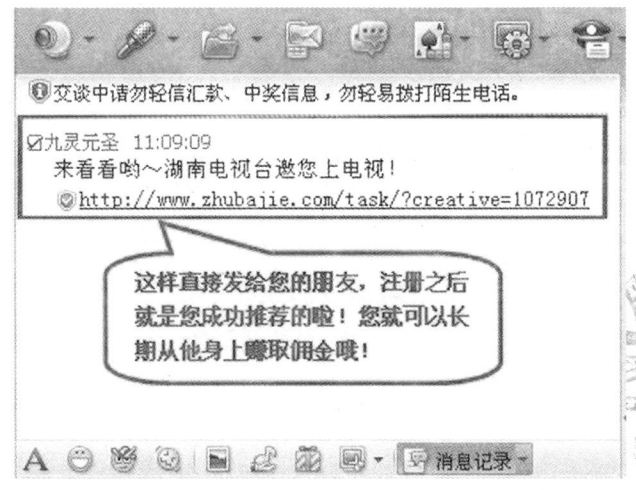

图8.9 利用聊天工具推广

2. 使用邮件推广

在自己的邮箱中新建邮件,在邮件正文中写明相关推广信息让您的朋友有打开链接的欲望和好奇心!如下图:

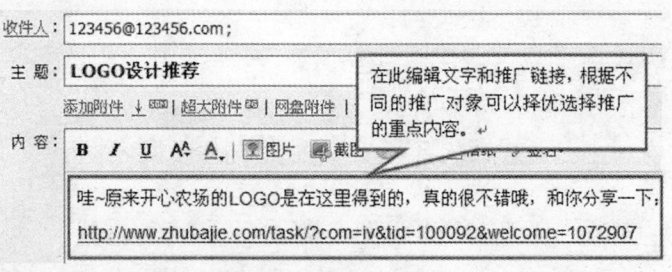

图8.10 用邮件推广

3.使用论坛推广

进入论坛后发表新帖,在编辑框输入能引起人们好奇心的内容,最后在文中加入自己的推广链接。论坛、博客推广的方式大致相同,不同之处就是所支持的推广工具不同,总之是万变不离其宗。

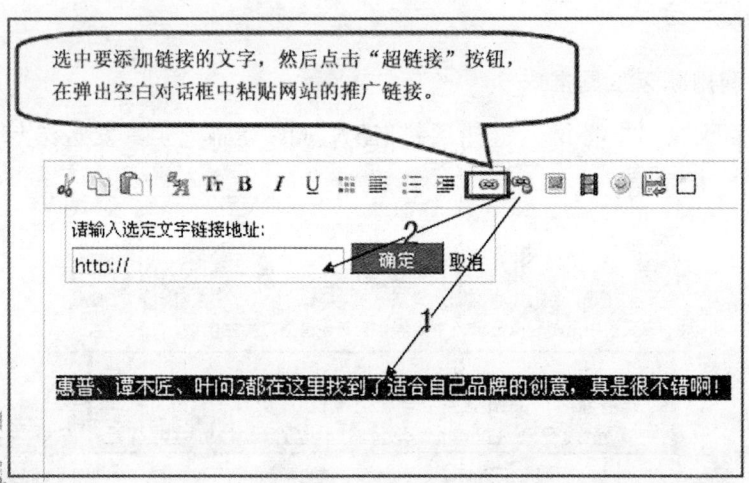

图8.11 论坛推广

4.独立网站推广

拥有个人网站的推广员可以将推广工具效用发挥得淋漓尽致,可以结合各种推广方式,包括:文字、图片、Flash、弹窗、浮窗,等等。

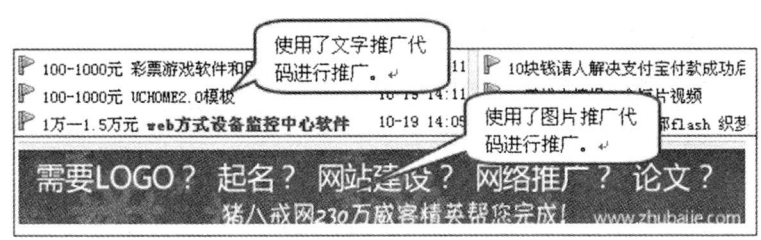

图8.12 独立网站推广

推广经验技巧

◆ 推广过程中应注意什么？

(1) 了解：在推广之前一定要先尽可能地了解威客能给企业和个人带来什么好处，了解发布任务和接任务的流程，如果你连威客是什么都不了解，那怎么能让浏览的人感兴趣？

(2) 计划：要给自己定一个持续推广的计划，推广只有持续进行才能达到效果。发一篇软文、上一个QQ群推广、给你的好友推荐一次是永远不可能产生持续而长远的效果。"凡事预则立，不预则废。"这句话就是说做什么事情都要有计划，如果你没有事先计划，那你做起来就很盲目，推广效果自然就不好。

(3) 维护：一个好的推广比如论坛发推广帖，如果你只发帖了但没有去顶帖，或没有去给顶帖的人回应，那这个推广帖的效果也只是昙花一现，很快就会被其他新帖给淹没。又比如你建一个威客推广博客，一开始费了很大的劲去写原创文章或收集推广文章，但没有去定期维护，那你这个推广博客的作用也微乎其微。所以推广是一定要去认真维护，才能将所做的推广效果最大化。

(4) 调整：在这个高速发展的网络时代，任何当前最新的推广方式都可能在很短的时间内变成落伍的方法，比如前段时间在百度知道里回答威客新手的问题是很好的方法，但在2010年这种方法就不好用了，为什么？就是因为大量复制的方法已经用滥了，百度知道里已经对很多威客网站网址进行了屏蔽，但还能不能在百度知道回答问题来推广呢？可以的，但你的方法一定要调整，那就是在百度空间里开一个个人空间，回答问题的时候留上你的空间地址，这个空间里面有你之前准备好了的推广文章和推广代码，这样就不会被百度知道屏蔽掉了，你的推广就能奏效。当然，若现在这方法又不能用了，那就记住，又到该你调整的时候了！

　　(5) 持续："坚持做正确的事！"如果你的某种推广方法已经确认是有效果的，那就把这方法持续地应用下去，坚持坚持再坚持！坚持才能把一种好的推广方法发挥到极致，达到最好的效果。

论坛推广12法则

1. 选择合适的论坛

　　论坛推广首先要选择有自己潜在客户的论坛；其次是要选择人气旺的论坛，但人气太旺也有弊病，因为帖子很快就被其他帖子淹没了，再说人太多，登录也困难；三是要选择有签名功能的论坛；四是要选择有链接功能的论坛；五是要选择有修改功能的论坛。

2. 选择一个论坛导航类网址

　　要想在很多网站上进行推广，需要寻找一个论坛入口网址。搜集近1000个人气很旺的论坛网址，并将其分为16个大类，不仅很全面，使用起来也很方便。

3. 要有一个很抢眼的题目

　　一个抢眼的题目就会引人注目，而且题目要给人一种犹抱琵琶半遮脸的感觉！这样就会激起人的好奇心，很自然的就会进入你的主题，看你的帖！这样你的帖点击率就会高！当然，题目应当与内容相关。

4. 内容要有争议性

　　内容没有争议性，人家都只是一看而过，很少会留下一言片语！所以内容要有争议性，如果你真的想不到有好的争议性主题，你不妨试写一些关于男女方面的东东！情情爱爱！这些内容的帖一般回帖率都较高！

5. 借助于他人的热帖

　　要想创造出受欢迎的帖子不是一件容易的事情。但我们可在论坛上寻找一些回帖率很高的帖子,再拿到其他论坛进行转帖,并在帖子末尾加上自己的签名进行宣传或加上自己的广告进行宣传。哇哈哈!

6. 长帖短发

一般论坛中看帖的人都是没有耐性的!太长的帖,不管它有多大吸引力,都很少有人能够把它看完!所以一定要长帖短发!如何长帖短发呢?长帖短发并不是叫你把帖尽量缩短!而是将一帖分成多帖,以跟帖的形式发!就像电视剧一样,分多次帖!但要记住不要超过7帖!并且可以每隔一段时间再发一帖,以让他人有等待的欲望。另外也可以增加帖子的人气。

7. 发广告要巧妙

帖子发表时不要一开始就发广告,这样的帖子很容易被当作广告贴删除,怎么办?你可利用长帖短发方式,在后面的跟帖里发广告,一般不会被删除。

一个帖子刚刚发表时,版主一般要进行检查,如果此时有广告内容,一般会被删除,但经过一段时间后再对原帖进行修改,重新将广告内容加上,这样的成功率要高一些。

也可以找一些人气很旺的论坛及主题,事先准备好相应的广告帖子,然后迅速地将这些帖子贴出,等到版主发现时,可能已经有几百人光顾你的网站了。如果帐号被封,改天换一个再发。当然,帖子要与主题相关才好,并且在论坛里要有链接功能。

8. 用好头像和签名

头像可以专门设计一个,宣传自己的品牌。签名里可以加入自己网站的介绍和链接。

9. 发帖要求质量第一

发帖不在乎数量多少,发的地方多少,而帖子的质量特别重要,为什么呢?因为我们发帖,关键是为了让更多的人看,变相宣传自己的网站。所以追求的是最终流量。发高质量的帖子,专注一点,可以花费较小的精力,获得较好的效果。另外,如果你的帖子质量好,很可能被别人转载。

10. 利用回帖功能

如果要在回帖中发广告,一定要争取在前5位回帖,这样被浏览的概率要高一些，这时你就要搜寻那些刚刚发表的帖子。

11.适当顶一把

在论坛，有时候为了帖子的气氛和人气，你可以适当地找个托，帮你顶一下。当然你也可以自己注册几个帐号演一把。

12.帖子的管理

在哪些论坛发过帖，这些帖子的宣传效果如何，这需要统计和管理。一种方法是用电脑软件或纸笔进行记录，这种方法适用于发帖初期。另一种方法是借助于专用网站统计软件，这些软件一般有"来路统计"功能，借助这个功能，可以查看在哪些论坛发过帖及帖子所带来的流量，并且可以很方便地根据这些记录，及时地进行回帖，将帖子暂时置顶。

推广牛人谈推广

九天浪人，威客界的知名人物。虽然很多人都知道他九天浪人的名号，但是知道他是个残疾人的并不多，他在某威客网上主要做推广员的工作。从2006年11月开始，他一共为某威客网推广注册了会员55365人，推荐发布任务2455件，推荐会员中标1750人次，推荐实名认证人数3720人，是目前某威客网上推广收入最多的推广员。

九天浪人：推广——威客受用一生的技能！

❀ 网友的一句话

2006年10月的一天，一位网友在聊天中跟我说起在某威客网推广可以赚钱，正缺钱的我从此就和该网站推广结下了梁子……

❀ 推广之路启程

经过前期一系列笨拙而艰苦的推广，在该威客网的营销统计里陆陆续续地看到了我推广的成果，每天都会有新增的推荐注册会员。在2006年11月6日的上午，我打开电脑后第一动作就是习惯性地打开该网站的推广统计，就此发现了或许会影响我一生的推广记录"公益网站求logo和美化"，悬赏金是500元！说实话这么久了也记不清当时的心情有多么的激动，感觉应该像是打了鸡血一样血脉膨胀、头皮发麻吧!

呵呵,我这人不太容易记忆过去已经发生了的事,而对未来则有着天马行空般的胡思乱想。

❀ 无法抑制不去看推广统计

自从有了第一笔推广收入,我就确信可以帮威客网站推荐任务和注册会员来赚钱了。每天推荐的会员数在不断上升,隔个七八天还会推荐成功一个发布任务,只要上网了就按捺不住地要看下推广统计,看多了自然就上瘾了,也不知道该网站的推广统计怎么有这么大的魅力,我真的就跟着了魔似地,1小时不看就不舒服,哎!后来发展到要强迫自己不去看,规定一天只许看一次,结果我食言了,忍不住啊,真的是忍不住啊!

晕,真难为情,写到这里居然又忍不住打开该网站的推广统计偷看了一眼。

❀ 风油精与滴眼液

在夜以继日的推广工作中,我有两个随身宝贝,一个是风油精,一个是滴眼液。风油精可以帮助我在瞌睡袭来的时候挺住,我也不可能像古人苏秦一样"头悬梁,锥刺股",再说我的头发太短也悬不起来呀,呵呵!困的时候用风油精擦擦太阳穴和人中确实能起到不错的清凉提神效果。而看电脑时间过久就会发生干眼症和雾视等症状,我已经多次出现这些问题了,好点的滴眼液能缓解我的症状,助我推广持续地进行。

不过这两样东西真的不能放在一起哦。我有一次深夜推广的时候,因为太困,有点意识模糊,在眼睛不舒服的时候顺手拿起一瓶东西拧开就准备往眼睛里滴,挤了几下没挤动,再定睛一看玻璃瓶的。天哪!是风油精!吓得浑身一哆嗦。

❀ 3年之内你能赚50万吗?

"3年之内你能赚50万吗?"这是一位老总朋友希望我帮他打理公司时对我说的一句话。说实话,这句话刺激了我!当时我就脱口而出:"能!"挂下电话后我心里也没底,冷静下来认真思考,做推广到底能不能赚到50万?思考很久后得到的结果一样是"能!"为什么?

第一，威客模式还仅仅开展了三四年时间，还处于幼儿阶段，未来的市场规模会比现在大很多倍！

第二，威客模式可以帮助更多没找到工作或者崇尚自由赚钱的朋友提供一个自由工作的机会，既然能解决"就业"这个社会敏感问题，就一定会得到政府和社会的支持！

第三，威客悬赏模式和招标模式可以帮助国内众多的中小企业节约设计和宣传成本，能为企业打开更多的营销推广渠道，只要是"开源节流"的事就一定会有大市场！

第四，目前国内大部分企业对网络应用没有概念，很难让他们去应用"威客"这种新鲜的互联网产物。当"威客"应用的益处不断深入人心的时候就会再次迸发出持续的应用热潮！

针对以上四点分析，威客的发展趋势是毋庸置疑的，我们要做的就是现在把推广渠道架设好，当热潮来临的时候就一定会坐享其成了！那时我还用担心赚不到50万吗？

❀ 专注？！推广和股票

在这3年的推广经历中，只有一件事让我差点离开了推广，那就是"股票"！

在那股票疯狂炒作的时期，在受到电视、报纸和朋友的"引导"下，我入了股市！但很不幸的是在头一个月赚了1万多块钱后就"郭晶晶"了！（呵呵，郭晶晶从容地走上3米跳板，向前踏了三步，奋力起跳腾空而起，空中翻腾了720°，入水笔直笔直的，一点水花都没有，泡泡也没有鼓一个！）就这样，我靠推广辛苦赚的钱就因为这么一个高难度的股市"跳水"而消失得无影无踪了！

在那段不堪回首的跌宕起伏中，让我几乎忘掉了还有推广要做，每天一起来就是盯着股票软件上的波浪线，心情也为之七上八下焦虑不堪，哪还有心思专心做推广啊？当发现股票这种东西是我根本无法掌控的，就毅然和它绝交了！也正是这次的决定让我重新找回了应该属于我的领地！在绝交后的2个月，通过尽心地推广，业绩逐渐地恢复了正常，并持续地增长中。

从这件事上我深深地体会到，只有"专注"一件事、一件你擅长的事、一件你可以通过努力去掌控的事，那这件事就一定会朝好的方向去发展。

"专注"是能将所有力量汇集在焦点上的神器！

❀ 成功推荐单笔2万元任务纪实

推荐这笔任务真不容易，经过了不少环节才成功发布。那时我已经建了好几个威客群，客户是从网上搜到我这QQ群后加了进来，在群里是想找设计师帮他公司设计一套VI，正好我在线，就立即在群里回复，并加他为好友进行私聊。

为什么要私聊？呵呵，在群里人多嘴杂啊，说不定哪一个群友的插话就会把这单生意给我搅黄了。私聊安全多了，哈哈！在私聊中我告诉他通常在群里找单个设计师做效果不太好，一般我们都建议客户直接在网站上发布一个公开悬赏任务，这样就会有很多设计师帮客户设计，会有更多更优秀的设计方案供客户选择，客户要做的就是择优录取就行了。他看到我的确是站在他的立场考虑，表示这种方式确实不错，可以尝试下。在交流的过程中得知他公司的VI预算是2.5万，这报价让我感觉到这任务非同小可，一定要好好把握，说心里话很担心这笔单飞了，所以马上把我的某威客网推广营销代码发给他让他注册，只要他注册了就是我推荐的会员，以后发布任务都会是我的业绩了。后来一想，推荐代码发给他了万一不注册那怎么办？这时我马上跟客户说："这样，我帮您快速注册一个发布专用账户吧！"他很高兴，说我们的服务很到位，呵呵！我就按照他提供的邮箱和会员名通过我的推荐代码注册好后发给他，并提醒他登陆后立即修改密码以保障账户安全，他连声说谢谢！

从刚才的沟通中就说明一点，当你诚心为客户着想，那客户就会对你产生很强的信赖感，要知道建立"信赖感"是销售沟通过程中的非常重要的第一步，没有信赖感十有八九这生意要丢！

有了一个好的开端，接下来就是要让客户去发布任务。但想到这个任务金额这么大，可能我对任务发布流程和平面设计专业知识的了解还不足以圆满完成这笔交易,那我就想到了"借力",马上跟客户说因为任务金额较大,可以为他安排一个专职的任务秘书提供更加专业细致的服务。我立马QQ联系了该威客网的一位任务秘书,简单说明情况后让他立即加客户QQ,我这边也跟客户说了任务秘书已经安排,会马上联系他的,客户再次表示感谢,并说我们的工作效率真高,呵呵!

确认他们接上了头,我的心也暂时放了下来,默默期待这笔任务能顺利谈成吧。第二天得到任务秘书留言,说这任务经过艰苦的谈判已经谈得差不多了,悬赏金最后确定在2万元整,很有希望发布,就等最后支付了。听到这消息,我心中涌起一阵阵兴奋而又略带抑制的骚动,毕竟这任务金额还没有支付啊。第三天终于得到任务秘书的消息:"那个任务合同已经签了!款已支付!"我赶紧打开该威客网推广统计查看,一看这客户发的任务标题明晃晃地横在"推荐用户任务"的列表最高处,任务金额是大大的20000元。我一下子激动得肌肉僵硬,握紧拳头用力在空中急顿了一下!深深地吸了一口气再用劲呼了出来,紧张的情绪一下得到了极大的释放,呵呵!终于搞定了。我立马给任务秘书表示感谢,感谢他这次经典的配合。

通过这次合作发现服务客户的流程中每一个细节都非常重要。比如这次的推广流程:QQ群接洽、私聊交流、帮客户注册、巧借任务秘书配合、任务秘书的服务,如果当中某一步没有做到位,可能这任务都不会发布出来。"细节决定成败",这话没错!

推广技巧与理念

在3年的推广中,我学习到了非常多的推广技巧,也自创了不少推广技巧,我现在发现推广技巧有成千上万种,网络中一搜到处都是,技巧是"取之不尽,用之不竭!"。而比推广技巧更重要的是"推广理念"!

理念一:更长的效果

很多推广新手做推广是1分钟的推广得到1分钟的效果,比如在QQ群里发了推广代码就跑,在论坛里发了一帖就被版主删掉。而高手推广是花1个月时间思考做方案再推广,而得到的是1年甚至多年持续的效果!

理念二：站在浏览者的角度

如果你的推广只是在推荐代码旁加上几句话，当浏览者是普通网民、潜在客户或者是版主的时候，你会发现你做的推广帖会很快被版主删除或者沉到看不见，也根本吸引不了别人来浏览。而当你推广的帖子内容对浏览者是有益的，那就会达到不错的效果，版主也不会对这样的好帖下毒手，而普通会员或潜在客户也会被帖子吸引而点击推广代码进入注册。

理念三：推广维护

推广不是发了就不管了，是需要精心维护的，一个好帖在于能引起他人的互动，如果没有人互动，就请再换个IP注册一个用户来自己和自己互动吧，但注意别让版主看到你的自问自答，否则一样惨遭被删的结局！

理念四：把有效的方式持续去做

持续去做就是"坚持"，你坚持把有效的方法一直做下去，那迟早都会有好的结果，要知道成功不是运气，而是"坚持"做"正确"的事情！

只要你的推广技巧是建立在正确的推广理念上，那么半年以后你的收获将是巨大的！

❀ 问题—思考—解决

很多威客推广新手在推广时遇到一点很小的问题就喜欢问问别人，我的意思不是不能问，而是不能把一切问题都寄托在别人的经验上。当问题来临，要勇于面对问题，积极思考解决办法，并将问题进行有效处置。只有这样才能把自己解决问题的"能力"开发出来，一味用别人的经验只能把当前的问题解决了，而不能把所有的问题解决！

❀ 尾　序

以上只是我个人一点点实战的经验心得，该威客网里其实有很多推广高手比我还要低调，希望能在共同交流的环境中不断提升，为了更耀眼的成果去做更多有效的准备！

最后祝大家好运！祝该威客网好运！同时也祝我自己好运！

第九章
威客网赚体验日志

看完了整本书,再来看看加入文案类威客朋友们的网赚体验日志吧。

品味真情,书写洒脱,无心插柳成就的威客梦

文/威客:mmzhchml

在某威客网,威客mmzhchml算是文案圈子里的"怪客"。有熟识他的朋友甚至直接称呼其为"懒汉写客"。mmzhchml是兼职写手,在现实生活中,他是一名教育工作者,然而就是这样一位在威客网以文笔洒脱出名的写手,求学时学的却是美术专业,毕业后一直从事数学教学。只是因为对于文字的爱好,与威客网文案从此结下了渊源。

无心插柳,诹来的威客账号——mmzhchml

以前,我根本不知道有威客这个词语,更别说是理解威客一词的含义了。2009年的年末,在外求学学习logo制作的弟弟回来,向我提起了威客网,当时的情景我现在还记得清楚,弟弟说威客就是在网站完成客户的任务需求,然后就给你发放酬金。当时我听了立刻笑起弟弟幼稚来,我告诉他说现在的网络上除了游戏就是广告,一根网线就能收获现金?那咱们老家的田里的土坷垃也会唱歌了。现在回想起来,自己眼下做的正是凭借一根网线创收的活儿,难免就有些脸红啊。

我用自己的身份证给弟弟注册了某威客网的账号,看着弟弟每天忙忙碌碌的模样,心里还是抱着看热闹的心态去规劝他:别浪费时间了,什么威客啊,网赚啊,还不如好好学学你的专业技能。弟弟也不搭理我,只是气咻咻地说,等我赚到钱的那天再跟你说。一周以后,弟弟真的有了收获,是一个店铺收藏任务,赚了8毛钱。这下,我更有了理直气壮感,我嘲讽弟弟说:这么多天,好歹赚了1度电的钱了。弟弟看样子也很失落,后来,学校开学就带着这个我信手诹来的mmzhchml走了。关于威客之事我也渐渐淡忘了。

等到弟弟满腹抱怨地再次回来,我的幸运时刻也随之来到。弟弟告诉我说,因为他自己的能力值太低下,所以即使很用心做的作品,雇主看都不

看一眼。我当时一听也为弟弟感到不平（现在我可不会这样理解），于是，弟弟就央求我用他的账号写点文案，好增加一些能力值，等能力值上去了，他也就能做得顺手了。在弟弟对我进行了几个小时的培训后，我正式上岗了！

中第一标——给个回扣散红包

第一次上手写文案，自己靠的全是写纯文学类文章的思路，洋洋洒洒的一篇文章写下来短的也有2000多字。我以前写过很多小说，不少文章在《小小说月报》、《热风》以及我们本地的《洛阳日报》发过。每当我看到软文文案任务后，就认真构思设计，然后以小说的手法写个一两天就交稿了。不知是不是因为以前自己投稿给报社等的缘故，从做文案的第一天开始，我的心态就摆得很正，用心做任务，淡然看选标。在我的眼里没有高手什么的存在，大家都是一样的，靠文章说话，文章好就能中标，文章不中标，那是技不如人。就这样，很快我的一篇以第一人称写的文章就中标了，是一个300元的单人中标任务，写的是推广手机充值软件。因为是第一次中标，所以心里很高兴，在QQ上，我竟然吆喝着感谢雇主的话，非要给人家回扣不可，雇主也很纳闷，连连推说不要。但是，我始终热情似火，那段时间，只要看到雇主的QQ上线就去向他讨要银行账号。弄到后来，人家雇主可能把我列入了黑名单吧，竟然再也不敢理我了。

走过路过——威客网络真情演绎

渐渐的我中标的次数多了起来，和一些同行、客户也逐渐熟识了。说实话，可能是我运气好，做威客这么久我还真没有遇到过骗子客户。相反，我遇到的客户也好，同行也好，我们都很谈得来。在我的个人主页里，曾收到一个留言，是一个新手问我文档是如何加密的，还留了QQ号，就这样我们认识了。这是一个四川姑娘，远嫁在广东，因为自己生小孩，带小孩就一直赋闲在家，为了减轻家庭负担，于是就想做一下威客。我暗地里帮她做过不少事情，最多的是帮她修改文章。到了后来，我们同在一个任务里递交了各自的稿件，不过，不幸的是我们都落马了。我倍感汗颜，她倒是看得很开，还劝我说这是雇主有眼不识我的金镶玉，她的文章可以不中标，我的文章怎么能不中标呢！她就是这样一个语出惊人令我时常快乐的朋友。在刚刚过去的2010年的中秋节，我收到一份包裹，几包麻辣牛肉干，是她老家的特产。直到现在我们还在联系着，只不过，她现在转行做了淘宝掌柜，生意也算不错。另外一个令我难忘的人是一个网站站长，年纪不大，是个刚出校门的大学生。他直接找我做的论坛宣传帖子，当时，他告诉我说赏金那个月他会在自己的生活费里省下来支付给我的。所以，我就先给他做了任务。后来，到了约定的日子却迟迟不见他的任务赏金，当时我很不理智，在QQ上说了他几句，他只是一直向我道歉，说很快就会给我付款的。随后，也就一直没有了音讯。我还以为是遇到了骗子，谁知，后来隔了大概有半个月，他把款子打给我的支付宝，并且简单地介绍了一下说是自己的父亲不在了，他家在陕北农村，经济条件也不宽裕，希望我能理解。当时，我明确地告诉他钱我不要了，随后，我就把钱又打回他的账户里面去了，谁知，他很快再次打过来。我干脆在原有的基础上加了200块再给打了过去。最后是他的任务款加上我的200块，我们兄弟俩一人一半平分了。除了这些，我收到《磨81》推广任务的雇主给我寄来的书，收到内蒙古的客户春节时送的马奶酒。在网站做威客，我一直过得很快乐，正是因为这些看不见彼此的真情相处，让我时时刻刻感受到真情的演绎，它让我开心、感动，让我一边过着现实的实在生活，同时又开启了更为广阔丰富多彩的网络生活，让我的人生又多了一份精彩。

班门弄斧——我的威客感言

其实威客并不神秘，并不是遥不可及的事情。尤其是文案威客，对于一些朋友来说是完全值得一试的。我在做威客之前，业余生活"丰富多彩"，但是没有多少是值得提倡的，喝酒、打牌、打网络游戏。虽说只是和自己很知己的朋友一起玩玩，但是一时的痛快过后，依然感到生活的空虚和寂寞。做威客，简单的注册即可全身心地投入进去，虽说每天忙忙碌碌，但是每当夜晚感受一下，全身的细胞都充斥着难以言表的满足。

一些小收入受之无愧。文案类的任务在威客网也算是一个重头戏，网店需要文章去推广，网站需要推广，品牌需要推广，怎么做推广？其实很简单，就是侃大山，然后，就像赵本山在小品里放进去了一瓶"国窖1573"一样，就成了。几十块、上百元的小钱看似不值一提，但是，这些是自己实实在在靠劳动得来的，积少成多，付出了就有回报，也许有人说，这是技能啊，并不是谁想做就能做的。错！用一句俗语就能说明问题：常在河边走，总有湿水时。坚持用心做，你也会中标的！

闲情雅致一样可以拿下。在前言里就有提到我是个"懒汉"，除了个人的工作原因以外，我认为自己懒得还是不错的。写东西本身就是一种修为，在现实生活中，浮躁、急功近利等等习性实在扼杀了不少人的本质。做文案，写稿子，行就中标，不行你也没办法，久而久之，一种积极的态度就会彰显出来，用大道理讲叫：拼过、努力过，纵然失败也是光荣。还有，一大堆的任务在你面前，你东挑西捡，但是自己也就长了一双手，只能做自己最有把握的一个。这叫什么，不是懒，这叫：取舍。在道家、佛家这种也算是比较高的境界了，做威客简简单单帮你完成取与舍的修炼。

开阔视野足不出户交天下朋友。这一点我在前面就提到过，不论是新手、高手，也不论是同行还是客户，山南海北，大家就因为一个简单的任务聚在一起，打声招呼，就是一份开心。试问，生活中又有多少这样的机会呢？

写给正在做文案的威客和准备做文案的威客——我们一起努力

种下一粒种子，发芽一棵树苗，小树终有一天会长大，大树终究有一天会成为栋梁之才。在文案威客这片沃土中，我们时下正如沐浴在春天里一样。有广阔的天，任我们去舒枝展叶，有博大的地等我们去蔓延生根，在文案威客这条路上，我们始终在努力，你，准备好发芽了么？

等你！

放飞梦想，任成功飞扬

文/威客：鑫丫头

冬去春来，光阴荏苒，岁月的河边曾留下多少闪亮的记忆。回忆中，曾有失望、有激动、有欢笑也有甜蜜，还有那说不出的怅惘与淡淡的温馨。这可能就是传说中青春的滋味，正如我与某威客网结下的不解之缘，一路上伴随我的成长。

从2010年加入威客网这个大家庭以后，其中的苦乐只有自己知道，凭借自己不断的努力，还有在努力中积累下来的经验，在任务中标的同时，依然坚信只要努力，就会得到相等的收获，相信自己，一定会成功的。在此，把我自己在威客网的成长历程与大家分享。

初试——备选让我爱上了威客网

毕业参加工作后，每天就那么两点一线的跑，生活就这么平淡地过着。一天晚上陪发小逛街，我向发小诉说着上班的平淡，工资的多少，不停地发着牢骚，上学的发小备受我话语的煎熬，便将自己喜欢的某威客网介绍与我，让我在工作回家之余可以看看，也可以提高一下自己。

回家打开电脑，先看了看该威客网站，便和发小在网上聊了起来，我说："这都是专业的人在玩，我又不会什么专业，又不像你是学设计的，让我怎么进行下去啊。"发小告诉我："上边有好多呢，不是光为设计人员准备的，你要好好看看啊，一定会有适合你的。"

听了发小的话，我便注册成为了该网站会员，第二天进行了实名认证，开始寻找适合自己的任务。将全部的交易分类看了一遍，文案写作类的还是可以参加的，其中的广告语写作吸引了我。便投了一些广告语写作的稿件，每天都会投写新的稿件，关注已交的稿件，最有感觉的就是为一个丝绸产品写的广告语。记得一次中午提早了1小时去上班，便先登录该威客网看了看，只见站内信有一条信息，说我参与的丝绸产品的广告语被列为了备选，内容是"绿之情意,丝之表达"。就是这一稿件的备选,让我在办公室不顾形象地狂高兴了一番,以至于班上一同事哥哥说我:"妮子,发什么疯呢你。"也许就是从这刻开始,我爱上了威客网。

虽然最后中标的稿件不是我的,但这一备选就是对我的肯定,也让我知道了山外有山,人外有人,输得也是心服口服,也让我明白,我应更加努力,自己还是很有潜力的。

投标——多项努力会有多项收获

从那以后,除广告语写作任务外,我也参与软文写作和短信写作等任务,经过自己的努力与不断的尝试,参与的任务也渐渐出现了成果,每项都有了一些收获。

记得,第一个中标的稿件是一个广告语任务,那是给一个翡翠写的广告语,"翠然天成,翡我莫属"。看见参与的威客那么多,等级大多都比自己高,也就没抱多大的希望,可就在任务快要结束的时候,我收到了来自买家的留言,说是稿件中标了,让加其QQ详谈。我抑制住心中的兴奋,便加了买主的QQ详谈。谈论中买主说:"是自己的老板很喜欢这条广告语。"其结果是我的稿件中了个二等奖,这次的中标无疑给了我莫大的信心与鼓励,从而我也相信我可以做得更好。

有了第一次的中标,我也开始参与软文写作,虽然对软文不是很懂,但我坚信自己可以边投稿边学习,经过了好多不中标的结果,又看了许多前辈们中标的稿件,从中看看自己写软文的不足在哪,再加以认真学习,经过一段时间的努力,软文也有了第一次的收获,这次是给学习产品写的软文,买家说内容不错,但要进行一些修改,根据买家的要求修改后,中标的内容是这样的:

今年孩子上高三了,马上就要面临高考,作为家长的我们,也在为孩子的成绩而担忧,便去学校问老师孩子的学习情况如何,结果老师说:"你家晨晨学习还是可以的,只是化学课学得不太好,拉他的总成绩了,可能家长都觉得给主课学好就行了,殊不知在考场,1分也会落下好多名次的。"

回到家里,脑子里一直在想着老师今天给我说的话,这可怎么办啊,和老公一商量,不如给孩子请个家庭教师吧,可以给孩子重点补补化学,把落下的成绩给补上，补了一段时间后，再去学校问老师，老师说还是化学拉成绩了，没什么大的进步。听到这可把我给愁坏了，到底该怎么给孩子补化学啊。

见补课不行，我便去百度上搜看看有什么好的方法，一网友说他孩子也是化学不好，他给孩子在网上订了一套VCM仿真实验满分王的光盘，上面讲的知识通俗易懂，孩子比较容易接受，吸收得也会很快，听了他的话，我便去网上搜这个VCM仿真实验的网站，原来VCM仿真实验是以立体的教学方式来教孩子的，先看光盘学知识点，再跟着做实验来了解知识点，最后可以在他们提供的网络服务卡上做历年考试的试题。我看了觉得他们的教学方法不错，便给儿子也订了一套。

儿子用过后对我说："妈妈，这个VCM仿真实验很不错啊，我用的这一段时间，感觉比在班上听得懂，而且它是用Flash做的，学习起来不会感觉到枯燥，可以在不知不觉的情况下记住要学的公式，学习起来再也不用死记硬背了。还可以做一些练习，亲自动手去试验，记起来也就方便多了，快多了。它们那配套的网络服务卡，在我解题有不懂的地方，还可以问他们的老师。以后每周让爸爸把里面的模拟题和复习题都给我打印一些，好让我检测一下自己的学习成果。"听了儿子的话，感觉这VCM仿真实验，对儿子的学习还是很有帮助的，就这么让儿子用下去，待儿子又用了一段时间后，我再去学校问老师孩子的成绩，老师说，晨晨这次考试不错，化学成绩进了一大步，总体成绩一下子就上去了十几名，保持下去，一定能考上理想的大学的。

看来以后有VCM仿真实验来帮儿子，我再也不怕儿子的化学拉他的名次了，我心里的这块石头也终于可以放下了。

这篇软文的中标让我觉得，之前没中标的软文都是在为这篇的中标打基础，一切的努力都是值得的。更让我了解到，只要按照买家的要求来完成任务，那就等于你成功了一半。

在不断地努力中我还参加了原创短信的编写任务，而我编写的短信得到了买家的肯定，在编写与修改的同时，与买家也建立了良好的合作关系，努力修改中标的部分短信内容如下：

1. 金虎跑，玉兔跳，噼噼啪啪年来到。穿新衣，戴新帽，大红灯笼高高照。福也到，运也到，大家都把财神抱。包饺子，看春晚，乐乐呵呵闹一晚。拼祝福，看谁早，恭祝大家新年好。

2. 春天越走越远，夏天近在眼前，在夏天来临之际，为你送去四个宝，愿你立夏没烦恼，一宝送你青蛙叫，工资不断向上飙，想要多高有多高，二宝送你蚂蚱跳，薪水奖金都来到，想拿多少就多少，三宝送你蚯蚓出，事业起步不会输,想不输来就不输,四宝送你蚊虫咬,红包一个都不少,想要多少有多少。

3. 四幺八、誓要发,财神陪着到你家。事业发、爱情发,身体健康全家发。工资涨、薪水发,钞票来得哗啦啦。买新房、住新家,崭新汽车开到家。买彩票、中头奖,巨额奖金齐分享。开银行、当管家,大家跟着一起发。天天发、月月发,春夏秋冬四季发。誓要发、就要发,快乐群发送大家。

每次的努力都会换来同等的收获,只是看你是否愿意去努力,只要努力,一定会得到买家的赏识,我的努力让我在该威客网上尝到了成功的快乐,也让我赚到了威客网上的兼职金。

威客——只要肯努力定会成功

这之后,我总是借着空闲的时间来参与威客网上的任务,在参加任务的同时,隔三差五地也带来个中标的小惊喜,我从来都不去管赏金的大小,只要有一点点进项,那就证明我又上进了一步。随着这些小小的惊喜,生活从此变得不再平淡,反而多彩了许多。不光是生活上的变化,就连自己的写作水平,也在学习的过程中不断地长进,从而变得越来越喜欢动脑筋写作了。

在这里我要告诉新手威客们,不管你是不是学的设计专业,这里都会有你发展的领域,有适合你参加的任务。不要为了一次或几次的不中标,而放弃自己的努力,不要害怕失败,就像我一直相信,失败才是离成功最近的。一定要相信,只要不断地努力,成功就会和你的努力成为正比。

在此我希望所有的威客朋友们,都可以借助威客网放飞自己的梦想,愿我们的梦想在威客网上,像风筝一样一点一点地向上飞扬,最后演变成永不落的太阳,照亮我们前进的方向。

越努力,运气就越好

文/威客 朋大的丽多

翻开第一次做任务的记录才发现我已经是一个拥有2年威龄的"老"威客了,可我真正做的时间全加起来却还不到半年,与我不太多的收入相比我觉得2年的威客经历给了我太多的感受。我写这篇威客故事的目的就是：为像我一样处在奋斗中的年轻人鼓劲加油。

梦很美——现实很残酷

在大学的时候我的心中就有一个梦想，我梦想着有一天可以开创一家属于自己的广告公司，我总以为我可以在文字方面做出独特的创意来。等我大学毕业去一家广告公司应聘时才发现，原来广告创意根本不是我想的那么回事，我落聘了，最后我应聘到一所学校工作，可我的文字创意梦想并没有消失，只是由于一开始工作，事情太多，被暂时搁置了起来。

等我慢慢适应了新工作，我的空余时间相应地也多了起来。一次偶然的机会，我在《中国青年》杂志上看到一篇关于威客的报道，直到现在我还清楚地记得他们举的那个起名字的例子，为一个"高"姓小孩起名，任务主对许多交稿都不满意，可有一个威客创意很好，利用一句古词"高处不胜寒"，起名"高胜寒"，一下博得了雇主的满意，并且这个威客朋友还自晒了一下自己不错的收入和幸福的感觉。当时的我，兴奋地都能听到心跳声，就感觉威客这个平台就是为我量身定做的一样，我那曾经的文字创意梦想一下子就被激活了，立刻上网，注册，稍稍了解了威客规则后，我便迫不及待地做起了任务。那时的我只做起名和广告语的任务，我非常固执地认为我就是这方面的人才，并且对自己做过的每一个任务都很自恋，就这样做了一通后，停下来等任务结束，等通知我中标，我几乎每天都要看上几遍，可最后的结果给了我不小的打击，我连一个标也没中！那时候我才清楚原来在我脑子里的创意梦想只不过是一些毫无根据的美丽幻想罢了，就好像人人都想成为白手起家的李嘉诚一样，梦想很美好，可现实会告诉你不是你想怎么样就能怎么样。

选对方向，努力，沟通，耐心过后——标来了

当火热的梦想遭遇了当头一盆冷水，我爱凭空幻想的头脑清醒了许多，

可我并没有就此服输,而是更加努力地继续我的威客之旅,还是在坚持着做起名和广告语的任务,我坚信付出总会有回报这句话。可等我这样做了一段时间后才得到这样一个结论:有时候收获和付出不一定成正比!我很努力做的许多任务犹如泥入大海一样,一点音信都没有,慢慢地我的威客热情就消失殆尽了,在坚持了差不多有3个月的时候,我只好无奈放弃了。这次的威客经历否定了我有文字创意方面的才能,我又重新回到了我的工作上来,再也不想令我伤心的威客了。

2010年的一次教师招编考试,让我的工作发生了很大的变化,我被分到一所乡镇的小学任教,和原来相比,我的空余时间更多了,而且晚上不上班,空闲时间我看自己喜欢的电影,甚至是长长的韩剧。可慢慢地我感到这样子的日子过得很无聊,人也很快变得没有上进心了。我又要结婚买房子,我那点工资哪够用啊。于是就在网上搜索,看能不能在网上做做兼职什么的,多少也能挣点啊。说实话,我搜到的网络兼职倒是不少。可等我试着做了几个后才发现大都是骗子,最后比较了一下才发现威客最靠谱,毕竟这是一个凭自己真本事挣钱的网站。并且在当时有几个威客网已有相当的规模,央视又有报道,国外也有成型的模式,这个不会骗人。可是一想到我原来失败的经历,我就没有信心了。最后是一篇介绍如何做一个成功威客的文章给了我信心和勇气,看完后我才明白一个成功的威客首先要做的是选对方向,我仔细分析了我的优势,发现我的文笔还可以,在学生时代就发表过不少东西,就这样确定方向后我又卷土重来威客网,专做文案写作。

我永远也忘不了我做的那篇10年狱庆文章,在认真研读了任务要求后,我写了改,改了写,大概从下午3点钟一直忙到晚上10点钟,直到我感觉满意了,才交稿吃饭。交稿后的第三天,我打开电脑,一个声音响起,您有新的短消息,我迫不及待地打开一看,哇!我中标了!说实话,我的那个高兴劲不亚于金榜提名,尽管我只挣得了40元,可它是我从网络上挣的第一桶金,它对我的意义重大,至少说明我也可以从网络上挣到钱。

接下来我专做文案写作任务,尽管不断中标,可大都是钱比较少的,钱稍多一点的最好也就混个备选或入围,我挺纠结。后来还是该威客网搞的培训帮我迈过了这道坎:要学会与任务主沟通交流。接下来我一般是先根据任务要求写好稿子,然后设法和任务主取得联系,在任务主的建议下精准修改,这个方法一下子打破了我只能中小标的尴尬。有一次任务主都差不多要选别人中标了,是我和任务主的良好沟通让我写出了让任务主最满意的稿子,那次的部分QQ交流如下:

朋大丽多 0:15:08
您只是备选,还没默认最后选稿吧?
咕咕果.co 0:16:25
我备选了两份,打算,明天与他取得联系后,做进一步的更改,然后再比较下,从中选择一份。
朋大丽多 0:17:37
哦,那就算了 本打算再交一稿呢。
咕咕果.co 0:18:19
如果再交的话,内容和风格有大的变动吗?
朋大丽多 0:19:51
新闻稿件,标题:《惊,这个咕咕果不一般;奇,创业也能很快乐》。
朋大丽多 0:20:30
你参考下,不过有可能的话也要明天出稿了。
咕咕果.co 0:22:10
好的,那你的名字是?我先选为备选。
朋大丽多 0:22:39
朋大丽多。
咕咕果.co 0:22:43
好。
朋大丽多 0:23:13
明天见哦,睡了。注意身体哦,呵呵。88!
咕咕果.co 0:23:20
晚安!
日期:2010-12-9
朋大丽多 10:36:39
感谢您选我的稿件中标,努力没有白费。继续关注您的网站建设,有什么需要,您说话。
咕咕果.co 11:33:25

呵呵，不用谢，你写得不错！

当然，由于篇幅的原因，我只复制了交流的最后一部分，前面还有很多。正是和任务主的直接交流让我知道了他究竟想要一篇什么样的稿子，不得不说是良好的沟通让我迅速打开了中大标的局面，紧接着我的好运来了，俄罗斯商务建站网不仅选我中标，还给我线下任务做，我想这都是良好沟通的结果。

慢慢地我中的标越来越大了，终于在一次演讲稿任务中我中了个1000元的标！这是我以前想都不敢想的事情，说起那次中标的经历，我有很多感受要说，除了上面我说过的要选对方向、和任务主良好的沟通、努力认真之外，我感到做大任务一定要有耐心才行。说实话，我做这个任务用时大概两周，在任务主的建议下我一共做了3次比较大的修改，其中有几次我都快要放弃了，值得庆幸的是我坚持了下来，我的认真态度以及较好的创作不仅赢得了雇主的满意，而且我的一个主要竞争对手还成了我的粉丝，这样的喜悦是钱买不来的。

现在我在文案这块也算是做得顺手了，有不少客户线下给我任务做，以至于我现在的线下收入都超过线上了，可我不会停止线上的任务，除去线下做任务风险太大这个因素，我还有我的一个威客梦想，那就是我一定要做到猪八戒，试想那时候的我将是何等的幸福！

奇语新人——越努力，运气就越好

尽管我也是刚刚才走上威客的正轨，可2年来曲折的威客经历让我感触颇多，我想我的这些感受对威客新手也许是有用的，尤其是那些和我一样处在奋斗中的年轻人，如果我的感悟可以为他们在前进的道路上增添一份力量的话，我将由衷地感到高兴！

是啊，做威客需要努力、耐心和不断的交流学习，而做其他的事情又何尝不是如此？做过威客的朋友都知道一开始是很不容易的，交出大量的稿子连一点回应都没有是常事。这也应了那句话了,万事开头难。在动辄成百个对手的激烈竞争中,有很多威客新手朋友逐渐消失了。而我认为,这正是检验你的能力的时候。只要你够自信,你坚信你的能力,找出失败的原因,耐心做下去,最终一定是可以中标的!所以,在一个竞争激烈的任务中能够脱颖而出,其收获的不仅仅是金钱,而是人生的一次小成功!幸福是什么?幸福就是成功后心头的那份喜悦!

有不少威客朋友总是为自己的失败找各种理由,老是埋怨任务主作弊了,任务主欣赏水平有问题了等,我也经历过这些事情,可现在我明白了,其实世界上根本没有十全十美的事情,摆正心态才最重要。2年的威客经历告诉我:无论做什么事情,只要是决定做了,就一定要做好,绝不可以半途而废!经历过曲折的成功会增强你人生的自信,以后再面临困难的时候,你就会对自己说:那么难的事情我都做成功了,这也难不倒我的!

最后,我想对那些把不中标归罪于运气差的朋友说:其实这个平台还是蛮公平的,你越努力,你的运气才会越好!

做一个任务,交一个朋友

文/威客:dxweilianqi

应该说,我很早就开始接触网络了,但在做威客之前,我经常漫无目的地在网络上游荡、逛论坛、看新闻、玩游戏、看电影,时光消耗在网络上,却没有产生任何价值。我常常想,应该通过网络这个工具做一些有益的事情,威客这种工作模式给自己提供了机会。做了威客以后,我真正体会到只要肯付出,虚拟的网络世界也能挣到真金白银,更重要的是,能够利用我的些许特长和努力,帮助一些需要帮助的朋友,我感到很充实和快乐。

我本科学的是物理专业,但工作后却阴错阳差地到了一所区级干部培训学校工作。在这里,主要的工作任务是管理类知识的教学和社会调研、科研工作。为了适应工作的需要,我迅速从理科转到文科,念了行政管理的研究生。在单位工作10年后,我顺利取得了副高职称。因为我所在单位是大专体制，职称只能评到副高。这就意味着刚刚34岁的我，职称已经到头了。

在完成教学工作的同时，我在省市以上媒体发表了几十篇论文，撰写了上百篇杂文，一些文章获得了国际级奖励。应该说，我在工作领域也算是取得了一点成绩。但内心中，我还是很不满足，我感觉还有潜力没有发挥出来。我要寻找突破，要通过努力真正体现人生价值。

一个偶然的机会，我知道了威客这个词，了解了威客的工作模式。我被这种工作模式深深吸引了。在悬赏任务中，众多的威客提供作品，由雇主最后择优选择。这是一种竞争非常激烈的工作模式，是一种充满了挑战的模式。在威客世界，人数参与众多，竞争非常激烈；而在单位内部，人浮于事，没有竞争，也体现不出价值。这不正是自己一直寻找的，可以挑战自己、证明自己实力的工作模式么？于是，2010年1月自己在某威客网站上注册了。

出师不利——曾经想到放弃

成为一名威客后，我主要做论文任务，这是因为我的工作是管理类的教学，对管理类的相关知识比较熟悉。但到了威客网，开始在林林总总的论文任务中选择的时候，却并不顺利。网上的论文任务五花八门，几乎包含了各个学科的各个方面，我熟悉的管理类论文有时很长时间才有任务。当好不容易有了一个任务时，我按照原来在工作期间写东西的习惯，写好交稿后却没有被选上，这个时候我的失落感只有自己知道。在做威客1个月时，我在网上写了一篇"上了威客网，才知挣钱难"的日志，表达了自己的感慨。

面对强手如林的威客和异常挑剔的雇主，我确实曾经想过放弃。但不服输的性格又把我拉了回来。难道在竞争激烈的威客领域，我真的就不行么。我不相信，我要在这里找到自信。于是，凭着一份执着，自己坚持了下来。

柳暗花明——沟通产生效益

在做威客之前，我从不用QQ聊天，因为我从内心深处就抵触这个东西，认为在网络世界，网上聊天并不能交到真正的朋友。但做了威客之后，我发现威客要和雇主进行有效沟通，才能了解雇主的真正需求。我所以出师不利，就是自己按照雇主出的题目，按照自己的想法写好了文章，但因为没有沟通，往往我的思考和雇主的需要有很大距离。这正是自己做威客初期不顺利的原因。于是我下载了QQ聊天软件，也开始和雇主在网上沟通起来。应该说，有效沟通确实产生了奇效。有的雇主在写任务要求时，表述得并不全面，很多时候通过交流我才能能够了解雇主的真实意图和写作目的。有效交流使我写作文案任务能够有的放矢，达到了事半功倍的效果。慢慢地，自己在文案写作上有了一些收获。

更上层楼——原创才是硬道理

应该说，在写文章领域，一些威客是存在抄袭借鉴问题的。自己要在威客文案方面打开市场，就不能走那样的"歪门邪道"，因此，我认真面对每一个文案任务，真正做到原创。比如我在威客网上接的一个论文任务，雇主将每一篇稿子都通过检测系统进行了检测，发现很多人交的稿件都存在抄袭问题。而对我的稿件却非常满意。因为我的稿件是在讲稿的基础上撰写成的，没有借鉴网上的资料。最后，我的这篇稿子顺利中标。

文案写作，原创才是硬道理。现在是网络非常发达的社会，如果想借鉴别人的东西很容易，在网上一搜索就能找到很多。但凡事有其利必有其弊，存在抄袭问题的文案通过网络一搜索就原形毕露了。因此，要在威客的文案领域有一番作为，就一定要坚持原创这一最基本的原则。

以诚相待——网上交到真朋友

在做威客的过程中，我始终秉承做一个任务、交一个朋友的原则，和众多的雇主成了好朋友。比如我曾经帮一个第二天就要将论文交给老师的兄弟改了论文，第二天论文顺利过关，这个兄弟在QQ上给我留言：多亏有你，谢谢！看到这样的留言，我自己也很欣慰。毕竟做威客不是简单地挣别人一点钱的问题，通过威客任务，彼此能够建立起真正的友情才是最重要的。我曾经给一个朋友写了一篇用于评定人力资源师的文章,这个朋友和我建立了友谊,每到节假日都要通过QQ留言向我问好,经常和我交流一些问题。比如,她在工作上需要写作的一些总结、方案,都会征求我的意见,我也会热情地给予帮助。当然这都是免费的,因为彼此是朋友,互相帮助是应该的。

特别值得一提的是,我曾经中标的《双百人物》建设设计创意策划方案任务,我和雇主建立了深厚的友谊。在工作中,他有问题经常向我请教,我有问题也经常请他帮忙。在网上交到真朋友,这还真要感谢威客网这个平台。

所思所感——文案任务的经验

就像多数做文案的朋友体会的那样,在威客的任务中文案任务是比较难做的。这是由各种因素造成的。我国向来有"文无第一、武无第二"的说法。就是说文章到底好不好,其实是很难有统一的说法的。威客自己认为文案写得好还不够,还必须让雇主满意。因此,威客认认真真写好的文案,而从雇主的角度来看却很不满意的情况是客观存在的。如何做好文案类的任务,我认为应从以下几个方面进行努力:

首先是全力以赴。需要做文案任务的雇主多数都是个人,这些人有的是需要写的东西自己无力承担,有的是有能力但没有时间写,这些雇主对这些任务并非完全不懂。因此,威客在做文案任务时,必须全力以赴才能得到雇主的认可。比如,我曾经帮一个雇主写过一篇风筝线电阻测量的文章,我到图书馆查阅了大量相关资料,又找出自己念大学时的课本和笔记,经过认真分析写了出来。雇主看到文章后非常满意。

其次是要多沟通。威客任务是通过网络完成的,威客和雇主通过网络接触,彼此并不见面,在信息沟通上存在一定障碍。为了做好文案任务,威客要尽可能多地和雇主进行沟通交流,了解雇主的需要和真实意图。

再次是要多修改。好的文章都是改出来的,因此做文案的威客一定要有不断修改稿件的意识。在这方面自己也有过切身体会。我帮一个兄弟写的一篇文章,初稿是按照他最初的思路写的,但交上去后,他的思路发生了较大变化,又重新进行了修改,修改后他又提出了很多想法。这一篇稿子前后共修改了六七次,到最后他都不好意思了。但最后这篇稿子他非常满意,也非常感激我,对我的工作态度表示了认可。

最后是要坚持原创。威客的工作性质就是一种文化创意,原创是其灵魂。因此,做任何创意性威客任务都要将原创性作为第一原则。要将每一份文案任务都当成一个创作的过程。在日益浮躁的社会,威客朋友们一定要保持一份淡定和宁静,在提交的每一篇文案中,都要有自己独到的见解和创意,要有自己独立的观点,只有这样,从事文案任务写作才有意义。

激扬文字,酿造生命的芬芳

文/威客:hnmn20033

拿破仑·希尔告诉我们,心态是成功的关键,我们怎样对待生活,生活就怎样对待我们。于是在我的处女作小说《流淌的日月》里,我对生命是这样感悟的:"一个弱小的生命,在岁月里枯萎,你可否听得见心跳?一段日月的流失,是精彩生命的瞬间绽放,你又能亲历多少?此生行走在滚滚红尘里,你是选择悄无声息谢幕还是力争向上努力成为主角,没有谁主宰这结果,唯有自己才是生命的真主。"

生活因阅历而丰富,生命因分享而精彩,人生因跋涉而独特。于是,我把细小的文字写成涓涓思念,在思念里让这个世界丰富,让天下的孩子找到感触心灵的气息。

出生于甘肃一个文化气息贫瘠、远离都市小山村里的我,如饥似渴地读着每一本能够到手的书。1999年接触到计算机后,一直保持着了解IT的良好习惯,多年来对IT的了解在同事中间成为很有影响力的人。偶然的机会,在《电脑报》上了解到威客也能赚钱。在2008年尝试着到某威客网注册成了会员,不到1个月,我兴奋地赚了第一桶金,虽然只有1块多钱,但这为我之后积累经验和努力参加任务开了个好头,俗话说:"良好的开端是成功的一半。"凭借这,我才一直坚持了下来,并多次成功获得赏金,卫冕一等奖。

在这里,我希望将我成功的经历整理出来,与各位威客朋友在以后的日子里共同分享。

初次邂逅——喜获第一桶金

时间记得不大确切了，大概是在2008年的某个夏天，我在学习之余，信手翻阅桌子上的《电脑报》，好像是在网络一叠里介绍最新网赚时，第一次认识了"威客"这个新名词。看过详细的报道后，我抱着试试看的心态，在网吧边玩游戏边打开了一家知名的威客网站。这是第一次邂逅威客，注册后在任务里即兴寻找自己擅长的任务，看到一个赏金为100元的任务，是《不上当资讯网》征集防骗的软文，我手头刚好有这么一篇文章，于是没抱任何希望地提交了上去。过了几天去看结果，任务还没结束，我就迫不及待了，以为这是不可能发生的事。

时间很快，过了1周多，就在我不再期待的日子里，手头没了花费的钱，于是想起了参加的那个100元任务，在心里说，若能中标，我就可以有100元了，这样好度过目前的难关。不料一登录到该网站，就看到有新消息，打开后一看，是客服的恭喜中标通知，我心里乐开了花，想着即将到手的100元，跟朋友吹开了，事后小心地到账户里一看，才1元多钱，我以为是看错了，事后才知道，原来任务主发的是多人中标，我只是中标者里的一个。这让我的信心大增，为以后常去该威客网、勤奋地做任务打下了基础。慢慢地，我才懂得了该威客网里的好多规则，它有任务周期，也有不同的中标模式，还有类别不同的任务……

第一次参加任务并获得奖金，到现在都记得我中标的那篇软文的题目是《经典骗区进行曲》，有些精彩部分现摘录如下：

情境：

坐长途汽车外出，行至途中，偶尔会遇到如下镜头，一个貌似乞丐的乘客，拿出一听易拉罐饮料，自己折腾半天都不能打开，此时旁边会有"好心"乘客帮其打开，饮料喷洒一车厢，"好心"人从罐中拿出印有5万元奖金的标签，惊呼中奖。终于，坐不住的乘客，眼馋了，从乞丐手中买过兑奖凭证。几分钟后，一伙人下车了。

漏洞一：

乞丐不知怎么开启易拉罐饮料，怎会要买易拉罐包装的饮料呢？就算某人送的，按中国人的思想，送佛送到西，帮人帮到底，既然送了，打开才对呀！就算没有时间开启，车上"好心"人帮忙打开，发现中奖了，乞丐怎会知道呢？干脆好人做到底，让乞丐喝完后给他2元钱把饮料罐买回来，乞丐是满心欢喜，自己更不用说了，真是一举多得呀！再说，"好心"人跟一个乞丐在那么多人面前抢，用得着大呼小叫吗？秘密进行对自己更有利呀。

漏洞二：

真的中奖了，乞丐不会认识那几个大大的红字，你不说，乞丐怎能知道是什么东西？你随手装进自己的口袋里，不乐呵乐呵，还惊叫什么，或许你会说情绪激动，一时失控，才惊叫出声的，这也是人之常理，但兴奋过后还会满车厢叫嚷吗？除非傻子。

漏洞三：

叫嚷有了结果，身边另一位乘客，顺手拿出一本杂志，醒目地写着，中奖后详细操作程序，此乘客加以详细解说，以消除中奖者不会领奖的迷惑，天下竟有这等巧事？乘客随身带着某公司的产品宣传资料……

漏洞四：

经此君一番详解，打动了另一乘客的心……交易都没发生，居然有了结果，这是商品市场规律吗？

漏洞五：

此翁钱不足，乞丐没发话……

漏洞六：

终于，坐不住的乘客，眼馋了，从乞丐手中买过兑奖凭证。几分钟后，一伙人下车了。不是说好到县城的吗？半路下车去哪？戏落幕了，你还不明白吗……

初次尝试成功，我开始提高了自信，不断地在很多的任务里提交自己的作品，只有这样，我才能够得到更多的成功。

埋头深造——精品才有话语权

时间像风一样吹过，我只是添了几许皱纹，其他的事，似乎就没有发生过。唯有这家威客网记录下了我这几年的时光。之后参加的很多任务，压根就不中标，好像在这个平台里，所有人都遗忘了我的存在，我得努力寻找原因，才能获得客户的认可和自己的成长。于是仔细研读中标的文章，并和一些优秀的写手成为朋友，互相交流经验，彼此借鉴写作思路。1年多的时间里，我很少参加活动，甚至连该威客网都不上了，我要突破，这是必须的。经过读书和积累，终于悟出了一个结论，自己的文章只有个性，缺少共性，引不起大家的共鸣，说白了就是写的文章没有站在读者和客户的角度去思考，而是以自我为中心，且交稿时间相对较晚，有时候写好了却提交不上了。于是我开始先跟客户沟通，然后定位读者群，最后再下笔，并尝试用不同的风格和文笔书写同一个故事。

经过3个月的努力，我终于在突破后获得了不错的一笔收入，喜获一等奖，价值400元，入账320元，这是基于良好沟通和对市场信息的准确捕捉上，拿市场空白而写就的，在软文里我这样写到：

印刷市场鱼龙混杂 谁将一统天下

在商业印刷领域，初期限于技术与成本，好多成长型小企业不得不依赖于专业打印技术提供商，诸如惠普、佳能、爱普生等，他们为小型企业提供服务时，赢利点并不全在产品上，而后期的服务及耗材成了最大的利润成长点，为此他们设置各自的技术堡垒，成为自己的圈钱点，这给小企业的成长设置了一个又一个的技术障碍，于是技术专利的多少，就决定了该提供商的研发能力和赢利的空间。

耗材不通用，甚至有些厂家就连不同型号的都加了细化区分，使得小型企业初期投入看上去不高，但后期运营成本不断增高，为此很多企业负责人想过节源，但无本何以节源？……

借市场东风，以善于捕捉机会的敏锐眼光，在行业里打拼多年的厦门好印象数码科技有限公司，经过多年的潜心研究，终于研发出了能够在流行的Windows系统与强劲的mac os x系统间全方位工作，集"多、快、好、省"特点于一身的新产品印捷珑CMS全流程多介质数码输出系统，该系统的推出，很好地解决了纸张介质的选择，以油代墨印刷耗材成本的减少……（更多新特性，请登录www.XXX.com了解）。

很多新技术的融入，降低了商业印刷标准，给客户易用的同时，直接带来了看得见的收益。新产品推广活动中，我们看到了该技术的不俗表现，在跟汕头华达印刷公司前期的合作中，助力华达取得了骄人的成绩和丰厚的回报……必然能取得不俗的成绩,成为市场的领军者。

此软文得到了发布者的好评，我以积累的经验为荣，只有准确把握市场，才能写出富有针对性的文章。

再次邂逅——分享无所不能

400元一标的收入，确实让我很是惊喜，这算不算王者归来，我还没有定论，因为王者不是自己封的，而是客户给予的赞赏，我经历了沉思的阵痛，终于又来到了某威客网的平台上，开始了新的征程，我要做一名真正的威客，参加了很多任务，中标算不上丰收，与其他威客而比，简直是冰山一角，但自己的努力有了美好的结果，这就是自己对生命最大的奖赏。

有朋友的日子是快乐的，我算不上威客里的强者，但我在埋头思索的日子里，从威友的身上学到了很多东西，他们的热心，让我的思维更加开阔，他们的支持，让我践行得更加实在，我要在接下来的日子里，跟大家一起编织美丽的生活，分享进步的点点滴滴，唯有分享，才能让未来的日子更加辉煌。

将自己积累的经验和见解分享给朋友们，成了我生活的乐事。在2010年作为某知名威客网讲师，做了一期针对"软文"的零碎讲解，主题是《让软文插上腾飞的翅膀》，内容部分摘录大概如下：

下面先就本次讲座的内容做一个简短的概述，本节课主要分四部分，分别是软文的意义，软文的表现形式，软文的创意获取和软文的目标，在下面将逐一讲解。

1. 软文的意义

（1）什么是软文

软文是通过文字的形式，杜撰出故事、新闻或事件，借机表达、宣传、描述产品的一种营销方式。

（2）软文的意义

软文述事完整，有引人入胜的情节，可读性强，能够增添产品的内涵和外延，从而摆脱了传统广告就事言事的直白、毫无生机的表现形式，使得产品宣传效果进一步扩大，令用户对所要接受的产品产生了理性的认识，减少认识的模糊性，有助于产品品牌的清晰分类。

2. 软文的表现形式

软文表现形式多样化，可根据产品的特性及产品所要诉求的平台，进行针对性的诠释。既能用诗意化的语言描述成诗歌形式，也可用新闻类的炒作，甚至用长篇小说经典演绎。根据表现形式将软文分为以下五类，突出各自应用的特点和行业特色。

（1）体验式软文……（2）新闻类软文……（3）诗歌类软文……（4）短信类软文……（5）笑话类软文……

3．软文的创意

或许更多的软文写作者或朋友们认为软文是广告，只是换了一种形式，因此软文对于构思、创意、文笔等传统意义上表达写作的词语可忽略不计……下面就具体创意的获取途径作以下小结：

（1）体验式软文的创意首先来源于生活……

（2）创意不是信手拈来的，有时候实在没创意怎么办，只有寻找……

（3）寻找创意，借鉴创意，但永远不要照搬创意……

4．软文的最终目的

软文是广告，广告的目的是消费者能了解产品、接受产品，进而让产品占领市场，为企业获取利益，这也是软文的使命和目的，达到这一目的的软文才是好软文。

在上面没用灵感而是用创意来描述，是因为创意跟灵感是有区别的……

点金之见——准确定位最重要

限于篇幅，就不再多说了，只要细心观察生活，生活绝不会亏待你，只要努力学习，威客会让你美梦成真。最后，我想建议所有后来者，威客上面的任务门类太多，你不要试图去做全才，做自己擅长的，准确定位方能走得更远，术有专攻，你就一定能成功。

打开岁月的门，沐浴着生命的真光，在文字的清香里品味生活的绵长，激扬着生命的精彩，我就是活着的精灵，给这网络的世界更多的活力！

在这里，有想法就能美好，有知识就能荣誉，有时间就能成才。有你，有我，这世界就能创意无限！在这里互动，在这里交流，在这里进步，知识汇集成海洋，你们就能成为这个世界的弄潮儿。

科 学 出 版 社
科龙图书读者意见反馈表

书　　名：_____

个人资料

姓　　名：_____　年　　龄：_____　联系电话：_____

专　　业：_____　学　　历：_____　所从事行业：_____

通信地址：_____　邮　编：_____

E-mail：_____

宝贵意见

◆ 您能接受的此类图书的定价

　　20元以内□　30元以内□　50元以内□　100元以内□　均可接受□

◆ 您购本书的主要原因有(可多选)

　　学习参考□　教材□　业务需要□　其他_____

◆ 您认为本书需要改进的地方(或者您未来的需要)

_____
_____

◆ 您读过的好书(或者对您有帮助的图书)

_____
_____

◆ 您希望看到哪些方面的新图书

_____
_____

◆ 您对我社的其他建议

_____
_____

　　谢谢您关注本书！您的建议和意见将成为我们进一步提高工作的重要参考。我社承诺对读者信息予以保密，仅用于图书质量改进和向读者快递新书信息工作。对于已经购买我社图书并回执本"科龙图书读者意见反馈表"的读者，我们将为您建立服务档案，并定期给您发送我社的出版资讯或目录；同时将定期抽取幸运读者，赠送我社出版的新书。如果您发现本书的内容有个别错误或纰漏，烦请另附勘误表。

回执地址：北京市朝阳区华严北里11号楼3层

　　　　　科学出版社东方科龙图文有限公司经营管理编辑部(收)

　　　　　邮编：100029